U0444488

# 人际网络的潜在力量
## ——工作在组织中究竟是怎样完成的

〔美〕罗布·克罗斯 安德鲁·帕克 著

刘尔铎 杨小庄 译

商务印书馆

2007年·北京

*Rob Cross & Andrew Parker*

**THE HIDDEN POWER OF SOCIAL NETWORKS**

Understanding How Work Really Gets Done in Organizations

Original work copyright © Harvard Business School Publishing Corporation.

Published by arrangement with Harvard Business School Press.

图书在版编目(CIP)数据

　　人际网络的潜在力量——工作在组织中究竟是怎样完成的/〔美〕克罗斯,帕克著;刘尔铎,杨小庄译.—北京:商务印书馆,2007
　　ISBN 7-100-05241-6

　　Ⅰ.人… Ⅱ.①克…②帕…③刘…④杨… Ⅲ.组织行为学 Ⅳ.C936

　　中国版本图书馆 CIP 数据核字(2006)第 115633 号

所有权利保留。

未经许可,不得以任何方式使用。

**人际网络的潜在力量**
——工作在组织中究竟是怎样完成的
〔美〕罗布·克罗斯 安德鲁·帕克 著
刘尔铎 杨小庄 译

商 务 印 书 馆 出 版
(北京王府井大街36号 邮政编码 100710)
商 务 印 书 馆 发 行
北京瑞古冠中印刷厂印刷
ISBN 7-100-05241-6/F·642

2007年5月第1版　　开本 700×1000　1/16
2007年5月北京第1次印刷　印张 20½
印数 5 000 册

定价:41.00 元

## 商务印书馆—哈佛商学院出版公司经管图书翻译出版咨询委员会

（以姓氏笔画为序）

方晓光　盖洛普（中国）咨询有限公司副董事长
王建铆　中欧国际工商学院案例研究中心主任
卢昌崇　东北财经大学工商管理学院院长
李维安　南开大学商学院院长
陈国青　清华大学经管学院常务副院长
陈欣章　哈佛商学院出版公司国际部总经理
陈　儒　中银国际基金管理公司执行总裁
忻　榕　哈佛《商业评论》首任主编、总策划
赵曙明　南京大学商学院院长
涂　平　北京大学光华管理学院副院长
徐二明　中国人民大学商学院院长
徐子健　对外经济贸易大学副校长
David Goehring　哈佛商学院出版社社长

# 致中国读者

哈佛商学院经管图书简体中文版的出版使我十分高兴。2003年冬天，中国出版界朋友的到访，给我留下十分深刻的印象。当时，我们谈了许多，我向他们全面介绍了哈佛商学院和哈佛商学院出版公司，也安排他们去了我们的课堂。从与他们的交谈中，我了解到中国出版集团旗下的商务印书馆，是一个历史悠久、使命感很强的出版机构。后来，我从我的母亲那里了解到更多的情况。她告诉我，商务印书馆很有名，她在中学、大学里念过的书，大多都是由商务印书馆出版的。联想到与中国出版界朋友们的交流，我对商务印书馆产生了由衷的敬意，并为后来我们达成合作协议、成为战略合作伙伴而深感自豪。

哈佛商学院是一所具有高度使命感的商学院，以培养杰出商界领袖为宗旨。作为哈佛商学院的四大部门之一，哈佛商学院出版公司延续着哈佛商学院的使命，致力于改善管理实践。迄今，我们已出版了大量具有突破性管理理念的图书，我们的许多作者都是世界著名的职业经理人和学者，这些图书在美国乃至全球都已产生了重大影响。我相信这些优秀的管理图书，通过商务印书馆的翻译出版，也会服务于中国的职业经理人和中国的管理实践。

20多年前,我结束了学生生涯,离开哈佛商学院的校园走向社会。哈佛商学院的出版物给了我很多知识和力量,对我的职业生涯产生过许多重要影响。我希望中国的读者也喜欢这些图书,并将从中获取的知识运用于自己的职业发展和管理实践。过去哈佛商学院的出版物曾给了我许多帮助,今天,作为哈佛商学院出版公司的首席执行官,我有一种更强烈的使命感,即出版更多更好的读物,以服务于包括中国读者在内的职业经理人。

在这么短的时间内,翻译出版这一系列图书,不是一件容易的事情。我对所有参与这项翻译出版工作的商务印书馆的工作人员,以及我们的译者,表示诚挚的谢意。没有他们的努力,这一切都是不可能的。

哈佛商学院出版公司总裁兼首席执行官

万季美

# 目录

译者序 …………………………………………………………… i
前言 ……………………………………………………………… v
致谢 ……………………………………………………………… xi

**第一部分　工作在组织中究竟是怎样完成的** …… 1

第一章　人际网络的潜在力量 ………………………… 3
第二章　实现无缝连接：寻找与整合人际网络的"分断部位"
　　　　………………………………………………… 23
第三章　从自在到自为：培养感应—反应的组织行为能力
　　　　………………………………………………… 47
第四章　赋能：激发组织能量 ………………………… 73

**第二部分　怎样管理人际网络** ………………………… 101

第五章　寻找症结：网络成员如何影响人际网络 …… 103
第六章　关系建设：人际网络的启动、发展与维护 …… 135
第七章　突破模式桎梏：改造组织背景，支持人际网络 …… 163
第八章　发展中的组织网络——前瞻与挑战 ………… 191
附录A　人际网络分析实施与诠释 …………………… 211
附录B　促进人际网络连通的若干方法 ……………… 247
注释 ……………………………………………………… 275
参考文献 ………………………………………………… 291
作者简介 ………………………………………………… 303

# 译者序

对"人际网络的潜在力量"这样一个话题，人们一定不感陌生。一些人勤于此道，业精于此，并且热衷于罗致、寻读这方面的书籍，希望从中汲取"人生的养料"。然而眼前这本《人际网络的潜在力量》(the Hidden Power of Social Networks)，也许未必能够让这些人感到"食之有味"，因为它不是一本类似于中国传统文化意义上讨论人与人之间的关系及其后果的书籍。

由美国学者罗布·克罗斯（Rob Cross）和安德鲁·帕克（Andrew Parker）合著、哈佛商学院出版社出版的这本书籍属于组织理论与组织行为学范畴的专著。本书的作者花费了5年的时间，深入到了世界上超过60家、覆盖12种行业当中的大型企业、金融、咨询以及政府机构等各种类型的组织当中（由于研究工作的要求，读者不会在书中发现这些组织机构以及有关人员的真实名称或姓名），开展了大规模、深入细致的跟踪调查与研究工作。他们将自然科学与工程技术当中的"网络"概念及其分析方法移植到了社会学的领域，诚

# 译者序

如本书副标题所言，致力于寻找在组织当中，工作到底是由谁（哪些人、哪些组织）在一起来完成的，以及如何完成的（从人与人之间如何结合在一起，进而发现信息、知识、经验、能力、能量，等等，是如何在人们之间传播、传递，相互依赖、相互影响——这样的角度而言）。按照作者的研究方法而言，也就是要研究，人际网络当中流通的内容是什么，人际网络是如何形成与实现连通的，从而试图从根本上——即从人的角度——探寻提高组织绩效的途径和方法。同时，作者还具体分析了作为人际网络节点的人或组织对人际网络产生的影响，为完善人际网络的连通、提高组织绩效，提供了具体的和可操作的方案。作为一本专业书籍，本书的作者向读者介绍了最基本的人际网络分析的技术工具。没有这些技术分析工具，人际网络分析将成为无本之木。

  本书的内容还同组织理论和组织行为理论当中的无形组织理论密切相关。人际网络在很大程度上属于无形组织理论的研究范畴。组织理论对于无形组织的研究已历时近百年，而用网络的观点与方法研究组织却是新颖的，尚待时日加以探索和发展。事实上，到目前为止，无形组织理论当中并未出现过一个十分明确而完整的理论框架，或者是模型，能够从整体上比较综合地描述与说明无形组织；而现在本书所阐述的人际网络观点及方法，实际上为研究无形组织提供了很好的研究方法，或者说是不失为研究无形组织的一种方法。这里要附带说明的是，目前国内不少学者把国外有关组织理论和组织行为学著作当中的 formal organization 译为"规范组织"，而将 informal organization 译成"不规

## 译者序

范组织",在本书当中,这两者则分别被译为"有形组织"与"无形组织"。这里无法就此详谈,我们的看法是,没有一个组织可以被假设为是"不规范的",每一个有形组织都会产生它的无形组织(还往往不止一个),二者"形影不离"。下了班之后,经常是一些人不论什么原因而在一起行走,那实际上已经就是一个"无形组织"了,显然,它不会是一个"不规范的组织"。不存在没有无形组织的有形组织,而无形组织既不能自生,也不能自灭。组织理论和组织行为理论之所以关注无形组织,其目的在于承认人类行为当中这样一种客观的现象而对其加以研究,以发现真正能够提高组织绩效的方法,同时,又能够使每个人的自身价值在工作当中得到实现,而不是机械片面地扼制人类的自主精神,这才是管理学的精髓所在。从早期的"泰罗制"演变发展到当今的人力资源理论,其发展的轨迹与西方的人文主义传统之间,是存在脉承关系的。早在1924年11月,哈佛商学院的研究生院便在美国的西屋电气公司所属的霍桑工厂里进行了著名的"霍桑实验",实验促生了"无形组织"的概念和理论的提出。*

哈佛商学院出版社出版的书籍难免有"居高声自远"的味道,然而人们之所以要问津本书,主要还是由于它是一本涉及组织理论及组织行为学的专业书籍。本书开拓了这些研究领域中的新思维、新方法,同时,必然也导致开创或者拓宽了其中的研究领域。值得一提的是,作者在本书的序言当中,把在社会学的研

---

\* 美籍华裔学者黄砥石先生对此曾有过专门的论述,另见 Tom Lupton 所著 *Management and the Social Sciences* (2nd ed., Penquin Books Ltd, 1971.)一书。

# 译者序

究领域中引入网络的想法与方法的发端,追溯到很久以前,因此可以说利用网络的观点与方法来研究有形组织与无形组织决不会是肇始于本书。之前,这方面的理论及方法在国外学界已经兴隆地开展起来了,这方面的文献也非常之多,读者及有关的研究人员还可以通过因特网上了解这方面的情况。然而对于国内的研究人员及出版单位,像这样的提法,这种类型的研究题材,似乎是首次遇到的,或者至少不是经常见到的,当然不排除由于种种因素的限制,使有关人员无法很快地接触到有关这些方面的信息。但无论如何,正如一些国外杂志的评论,像这样一本书籍,在如此短的时间里,完成如此大量的人际网络的调查分析工作,是十分不容易的。毕竟,本书以及类似的书籍正为组织及组织行为学的理论与实践的研究拓展出一方新的领域,这正是哈佛商学院出版社出版此书的原因,也是商务印书馆愿意将它译介给中国读者的原因之一。

　　本书当中所介绍的许多内容和概念的提法是译者首次遇到的,这当然是译者学识有限的缘故,望读者指出翻译当中有错误的地方。惟译者这里需要说明并表示感谢的是,本书的责任编辑叶冰女士在仔细阅读原著的基础上,对译文提出了许多有建设性和有价值的建议,如果没有她对本书译稿所做的大量修改与编辑工作,译者要想使译文呈现现在的面貌,是不可能的。这里,"人际网络又一次昭示了它的潜在力量",当然,译文中仍有可能存在的错误由译者负责。

　　无疑,本书的内容有其新颖性,值得有识的专业读者去慧眼问津,乃至去应用、发展本书当中所提出的那些理论问题。

# 前　言

谈到组织结构图，无论是普通员工还是管理者，大多数人会说那些方框与连线没有真正再现一个组织工作的实际过程。但就无形的人际网络对工作与创新的重要性，大家都表示认同。目前组织正在向层次结构扁平化、组织结构全球化的方向发展，同时由于知识密集型工作的大规模兴起，人际网络——例如那些围绕核心业务进程的跨职能合作，或者经企业合并、结盟整合后组织中形成的关系网络——已经成为组织的普遍特征。那些表面上看似无形的网络，已经成为提高组织绩效和贯彻企业战略中的核心问题。研究表明，在组织的内部，对于一个营造有方的人际网络，其适度的连通性对于组织绩效、学习以及创新的过程，都会产生重大的影响。[1] 如果在不同组织间，也同样存在着良好连通状况的网络，企业的效益将由此而获得稳步增长。[2]

　　人际网络的意义如此重要，高层管理人员却极少涉足其中或者采取主动的行动，[3] 他们认为对于人际网络很难有多大的作为。这或许是许多领导人员从商学院那里得到的教

# 前言

海，当然也可能是基于自身的经验做出的判断，毕竟，连我们自己都觉得是在雾里看花，又何谈管理它呢？领导人员确实也曾试图推进人际协作，但是其中许多人却认定，人际网络状况的好坏不外是信息流通的结果；把分散的网络联系起来，或者将连通稀疏的网络发展起来，仅仅是一个加强与改善人际交流的问题。他们声称，改善人际网络的关键无非是开展团队建设和召开场外会议（off-site meeting）。对这样的说法，研究人员早已"耳熟能详"。然而当被问及是否愿意参加更多的会议、收取更多的 E-mail 时，这些人的看法立刻发生了变化。看来，不少管理人员对于人际网络采取了虚与委蛇的态度，他们坦言，处在信息应接不暇的局面下，一味盲目增加信息的交流，对改善人际网络，并不是一个办法。

与上面的那些看法不同，我们认为，人际网络当中亟待解决的问题是要针对能够创造最大收益的组织环节，找到更为切合实际的方法，来改善位于那些环节的人际协作与人际网络的连通。本书的基本目的是要说明，领导人员可以通过开掘蕴藏于组织当中人际网络的潜在能量，实现这一目标。

诚然，对人际网络以及人际网络分析的考虑，并不是一个新事物。用图来表示人与人之间相互联系的关系——又称社会关系图（sociogram）——的最初想法一般认为是起源于 J. L. 莫雷诺博士（J. L. Moreno），[4] 他是早期的社会心理学家。他最初的研究工作后来发展成为社会计量学研究领域里的一个部分。莫雷诺最早运用图法，研究了纽约州立女子中学 500 名女学生之间、一所纽约公立中学 2000 名学生之间，以及其他社区成员之间的"联络"与"分离"的情况。[5] 在那之后,网络技术研究影响到了在许多领域学者的研究工作。例如,管理学者和社会学家,除了研究交际模型和诸如权力之类的社会现象之外,[6] 还对地方社区与虚拟社区进行过研究;[7] 文化人类学家把网络分析的应用范围扩展到社会结构、角色分析以及亲缘关系;[8] 通讯研究人员利用网络分析技术,研究了信息、药品以及传真机在其传播或推广使用过程中,受到人们接受与拒绝的程度;[9] 社会心理学家则说明了群体交际模式怎样影响了组织绩效。[10]

然而直到最近,人际网络分析才在更大的范围内引起管理人士的注意。马尔科姆·格拉德韦尔在他的 The Tipping Point(《引爆流行》,该书中文版由中信出版社出版——译者)一书中,唤起人们对于网络重要性的认识。格拉德韦尔通过大量丰富的事例说明人际网络是如何强烈地改变着人们对于社会观点与流行趋势的接受与认同。而其他一些著作,例如像 Linked, Six Degrees of Separation(《联系,六种分离》)和 Nexus(《网络》),则在推进网络研究使之成为一门科学的方面,引入了更多的技术分析手段。这些研究工作主要是基于对物理网络模型的观察,如因特网和电力网,或者更多的是针对具有某种契约性质的关系,如在一部影片中出演角色的演员搭配,或者公司董事会中董事们之间的关系。虽然上述很多方面都可以很好地移植到组织的人际网络管理中,管理者还需要注意员工网络的特殊性质。

首先,人际网络是动态的,它受一个组织的战略规划、基础设施以及在特定时期内要完成工作的性质等诸多因素的

# 前言

限制。经常有这样的情况,管理行为与组织设计在无意中和察觉不到的情况下,把人际网络割裂开来。例如,激励政策与企业管理的规章制度往往会影响到不同部门之间员工的协作。岗位设计可能导致某些人成为信息过度搜索的对象,使他们成为网络中的信息瓶颈。人事安排也可能导致具有某种专业知识的人员仅仅只能和掌握相同知识的人员为伍。因此,管理者必须通过发现组织背景如何影响网络模式和实现组织目标来看待与分析组织中的人际网络。

员工网络的第二个特殊性,是信息在人际网络中流通时将发生改变,这不同于它在因特网中的路由器通过时的情形。传递信息的人们会增加背景信息、个人的解释以及其他的信息,等等。我们可能记得那个"打电话"的游戏。当一个人与另一个人在电话里窃窃私语,哪怕是一句简单的话,传到他人那里也可能"变形走样"。"那只乌鸦落在篱笆上"有可能很快成为"那只红色的百灵鸟飞回到它的巢穴"。出现在组织成员网络当中的信息可能会被改变的程度也许会更大,因为大多数人际网络中的成员未必在相同的时间、相同的地点谈论相同的话题。那些充当领导角色的人物,或者是处于人际网络当中特殊位置上的人物,对于哪些信息是有用的,以及应该如何解释眼前一条信息的含义等诸如此类的问题,持有不同程度的发言权。遇到这种情况,信息可能会被改变的程度比起前一种情况还要大。因此,分析与改善有形组织当中人际网络的连通,与考虑电流如何在电网中运动,或者信息如何在因特网中进行传递时的情况是不一样的。它向我们提出了不同性质的挑战。

然而管理者可以利用人际网络分析方法所提供的工具，分析与支持在他们自己组织当中的重要的人际网络。我们应当采取有的放矢的方法，而不是对人际协作的状况采取放任自流的态度。在过去的5年当中，我们深入到了众多行业领域里一系列著名的企业组织当中，参与了超过60个具有战略重要性的人际网络分析研究工作。我们同涉及到以下行业领域中许多家著名企业里的管理者以及普通员工进行了密切的合作，共同分析与开发具有战略重要意义的人际网络。这些行业及领域包括：咨询、医药、软件、电子、计算机制造、消费品、金融、石油、重型设备制造、化工以及政府部门，等等。在这项研究活动过程当中，我们获得了一份极其奢侈的幸运：我们能够再次回到——至少一次——大多数我们曾经开展研究工作的组织当中，对我们当初的设想所产生的影响进行实地考察与验证，然后在接下去的工作当中，进一步完善我们的思想。没有哪一项对组织中人际网络的研究工作曾经像我们这样，做过如此规模巨大的改进工作，并且像我们这样，把改善的广度与深度结合起来。其范围之广——涉及到众多行业的不同组织类型；其程度之深——直至与每一个人际网络保持了长期的接触。类似情况的研究工作还未曾有过，至少在我们这里还未曾听说过。

本书综合了我们自己和其他学者们的研究工作的成果，为管理者探讨、分析与支持在他们自己的组织中具有战略意义的人际关系网络，提供了指南。我们希望，探索这些思想将会带给人们精神上的愉悦与物质上的回报，一如我们自己所经历过的那样。

# 致　　谢

**本**书正是其名称之下的一个产物。它的全部观点是由一个来自不同背景、拥有丰富资源的同事们所组成的人际网络发展起来的。与众多领域专家学者的交流合作，使我们的思维在方法和理论上都变得更加敏锐。而与众多行业中不同组织类型的人员的密切合作，又不断地推动我们把人际网络分析方法付诸实际的应用。简言之，我们自身的网络使得我们可以在专家学者与从事实践的人们之间，架起一座桥梁。在那些数不胜数的关系网络当中，有许多人为本书做出了贡献，这本书是奉献给他们的。

我们的思想受到了来自通讯、管理、社会学和社会心理学等许多领域专家学者们著作的影响，并在与他们进行的交流中受益。许多学者不但极其耐心，而且慷慨无私地奉献出他们宝贵的时间，与我们一起讨论网络分析技术和人际网络在组织中的理论意义。在一个短短的谢词当中，我们很难把所有参与形成本书的那些人们都包括进来——它的名单实在太长了。尽管如此，在此，我们还是要特别感谢我们曾经

# 致谢

与之进行过交流、并在一些案例当中合作过的以下人员：保罗·阿德勒（Paul Adler）、韦恩·贝克（Wayne Baker）、丹·布拉斯（Dan Brass）、凯瑟琳·卡利（Kathleen Carley）、唐·科恩（Don Cohen）、诺什·康托拉特（Noshir Contractor）、乔纳森·卡明斯（Jonathon Cummings）、汤姆·达文波特（Tom Davenport）、南茜·狄克逊（Nancy Dixon）、格里·法尔科斯基（Gerry Falkowski）、马尔科姆·格拉德韦尔（Malcolm Gladwell）、蒂姆·霍尔（Tim Hall）、莫妮卡·辛吉斯（Monica Higgins）、赫尔米尼亚·伊瓦拉（Herminia Ibarra）、米歇尔·约翰逊-克拉默（Michael Johnson-Cramer）、比尔·卡恩（Bill Kahn）、大卫·克拉克哈迪特（David Krackhardt，）、瓦迪斯·克雷布斯（Valdis Krebs）、丹尼尔·列文（Daniel Levin）、奈廷·诺赫里亚（Nitin Nohria）、拉里·普鲁撒克（Larry Prusak）、罗恩·赖斯（Ron Rice）、比尔·施奈德（Bill Snyder）、比尔·史蒂文森（Bill Stevenson）、鲍勃·托马斯（Bob Thomas）、迪安·沃尔什（Dean Walsh）、艾蒂安·温格（Etienne Wenger）、巴里·韦尔曼（Barry Wellman）以及迈克·扎克（Mike Zack）。我们尤其感谢史蒂夫·博格蒂（Steve Borgatti）在人际网络分析的技术方面所提供的指导。作为 IBM 知识与组织绩效论坛（IBM's Knowledge and Organizational Performance Forum）的咨询人员和本书的一名作者，他参与了形成本书的工作。

我们同样需要感谢在超过 60 个组织当中的众多人员所形成的庞大群体，是他们推动我们把思想落实到实际应用。这些人帮助我们深入接触到他们组织内部当中许多有趣的

## 致谢

问题,使我们看到了网络理论在企业当中的各种实际应用。不言而喻,我们能够提出的人员名单再一次是太长了——我们无法将他们一一列举。在采访面谈、召开工作会议以及举行现场演示的过程中,我们接触到了数以千计的人们,我们对他们付出的时间与努力表示深深的感谢。尤其是,我们曾有幸与以下几位人员进行过极其紧密的合作,我们需要在此提出表示特别的感谢,他们是:帕蒂·安克拉姆(Patti Anklam,)、卡洛尔·贝卡尔(Carol Bekar)、德里克·宾尼(Derek Binney)、安德鲁·伯顿(Andrew Burton)、拉里·蔡特(Larry Chait)、乔伊·科萨里尔(Joe Cothrel)、凯特·埃尔里奇(Kate Ehrlich)、斯考特·埃利奥特(Scott Eliot)、大卫·尤班克(David Ewbank)、内撒尼尔·福蒂(Nathaniel Foote)、基姆·格拉斯哥(Kim Glasgow)、道格·戈丁(Doug Gordin)、雷恩·格雷(Ryan Gorey)、理查德·格兰杰(Richard Grainger)、维克·古拉斯(Vic Gulas)、古奥拉·哈达尔(Giora Hadar)、夏洛蒂·霍姆伦迪(Charlotte Holmlund)、萨姆·伊斯雷利特(Sam Israelit)、阿尔·雅格布森(Al Jacobsen)、安德里亚斯·卡内特(Andreas Kahnert)、哈什·卡伦迪卡尔(Harsh Karandikar)、玛丽·李·肯尼迪(Mary Lee Kennedy)、约翰·卡罗斯(John Kloss)、莫尼克·兰勃特(Monique Lambert)、布鲁诺·拉波特(Bruno Laporte)、弗兰克·雷斯特纳(Frank Leistner)、理查德·李维斯利(Richard Livesley)、埃琳娜·洛(Elaine Lowe)、玛利亚·洛(Malia Lowe)、卡伦·莱昂斯(Karen Lyons)、戴安娜·马丁内斯-博伊德(Diana

xiii

# 致谢

Martinez-Boyd)、达拉·梅纳什（Dara Menashi)、特丽·奈尼（Terry Naini)、安·诺雷（Ann Noles)、维威克·帕拉楚（Vivek Parachur)、乔什·普拉斯科夫（Josh Plaskoff)、吉姆·波格（Jim Poage)、菲利普·拉姆塞尔（Philip Ramsell)、丹尼尔·兰塔（Daniel Ranta)、梅利西亚·鲁米赞（Melissie Rumizen)、道格·拉什（Doug Rush)、勒塞利·施奈尔（Lesley Shneier)、汤姆·肖特（Tom Short)、马修·辛普森（Matthew Simpson)、露丝安娜·史密斯（Ruthanne Smith)、斯考特·史密斯（Scott Smith)、比尔·斯宾塞（Bill Spencer)、乔尔格·斯塔赫利（Joerg Staeheli)、卡伦·尤赫达（Karen Ughetta)、吉尔勒莫·维拉士开兹（Guillermo Velasquez)、凯尔文·沃尔克（Kevin Walker)、利·韦斯（Leigh Weiss）以及唐·怀特（Don White)。他们，和其他许多人，是帮助形成本书的中坚力量。

同时，我们还对给予我们工作以极大支持的组织机构怀有深深的感激之情。IBM知识与组织绩效论坛为我们得以长时间开展这项研究工作提供了丰富的环境背景。在这个组织中，我们十分幸运地得到了一系列同事给予我们的巨大帮助和鼓励，他们是：莉莎·阿伯拉姆斯（Lisa Abrams)、迈克·方丹（Mike Fontaine)、乔·霍瓦特（Joe Horvath)、埃里克·莱塞（Eric Lesser)、埃里克·莫斯布鲁克（Eric Mosbrooker)、大卫·米伦（David Millen)、大卫·芒德尔（David Mundel)、萨尔·帕瑞斯（Sal Parise)、莉莎·萨森（Lisa Sasson）以及戴维·斯诺顿（Dave Snowden)。我们还要特别感谢朱迪斯·奎拉德（Judith Quillard)，她承担了本书大量的前期

## 致谢

编辑工作。她经常督促我们把工作做得更好,要求我们把思想更加深入,她始终极其投入地支持着我们。此外,我们还要感谢阿森切尔战略改革研究院(Accenture's Institute for Strategic Change)对于我们形成某些观点所给予的支持。我们要特别感谢苏·坎特莱尔(Sue Cantrell)、汤姆·达文波特以及鲍勃·托马斯,他们与我们进行过周密的合作。最后,我们要感谢达登商学院巴腾研究院(Batten Institute at the Darden Graduate School of Business)的有关人员为本书提供的帮助,尤其需要感谢伊丽莎白·奥哈洛伦(Elizabeth O'Halloran)为我们完成此书与我们进行的富有建设性的交谈,以及给予我们的莫大支持。

在本书的编辑工作方面,我们极其感谢两个人,在她们的帮助下,本书最终得以形成结果。第一位是美琳达·梅里诺(Melinda Merino),她周详地安排了我们与HBS(哈佛商学院)出版社的合作过程。从本书最初的内容框架设计,直到编辑方面的细节,她都提出了极有价值的建议。第二位是为本书进行了认真仔细的编辑校对工作的艾米·哈里德(Amy Halliday),正是由于她不知疲倦的工作,才使本书大为增色。我们真诚地感谢艾米在本书的内容安排与风格设计方面所做出的巨大贡献。没有她,我们是无论如何也做不到这一点的。

最后,我们要表达对妻子们无比的感激之情。

罗布此时最想说的是,戴比(Debbie),在办公室之外,是你经常呵护雷切尔(Rachel)和康纳(Connor)。在我外出旅

# 致谢

行之际,参加会议以及伏案写作之时,你是何等的耐心与理解!你对我以及书中的那些思想的信任与不懈的支持,是所有能够让本书获得成功的惟一原因。——谢谢你!

安德鲁在这里要说的是:莉莎(Lisa),在我进行研究与写作本书的整个过程当中,是你的耐心与鼓励,使它成为可能!——感谢你!

## 第一部分 工作在组织中究竟是怎样完成的

# 第一章 人际网络的潜在力量

我们花了很多年的时间，经历了重大的重组，过渡到了团队组织，采取了新的人力资源政策，进行了两次兼并和大量的技术投资。但是我认为，即使是到现在，我们还不敢说我们已经使一切都纳入了正轨。我们现在好像已经降低了成本，创造了一个更加灵活机动的公司，没有把精力消耗在纠缠组织的层次、权限上面。但是很难说这就是目前的情况。这间屋子里的人要对数以千计的、位于世界各地组织机构里的人负责，要想管理几乎是不可能的，甚至连知道现在组织内部正在做着什么都谈不上。我的意思是，我们每个人可以用这样的看法来安慰自己，说自己是精明强干的，牢牢地控制了企业这艘航船。而实际上，我们所能够做的事情只是创造一个组织背景，并且期待事情会按照我们的如意算盘去运转。但这是很难实现的，因为你实在无法看到，你的决定对人产生什么样的影响。所以你只能怀有某种希望，希望你想要的都能得到，于是和别人谈起事情来

# 第一章

的时候，才能显得信心十足。
——一位负责商业贷款业务的副总经理

在你个人的经历当中，或许有某些地方与这位执行官的感慨有着共鸣。无论你是一位权力在握的部门经理，还是其中的普通一员，都会受到人际网络中纷杂的信息和盘根错节的关系网的剧烈影响。通常从任何组织结构图当中，你找不到这些网络。但是它们却同一个组织的行为，组织制订及实施战略的方式，以及它的创新能力，深深地交织在一起。对大多数人来说，拥有人际网络很大程度上还意味着个人所具有的创造能力、学习能力以及事业前程。

然而，要想看清楚在这些规模庞大、盘根错节、表面上却看不见的组织里所发生的事情，并不总是那么容易。仔细想一下你同事当中的人际关系网，你可能会准确地描述与你关系紧密的网络，然而研究结果表明，越是远离与你有直接关系的那些圈子，你对于网络关系描述的精确性就要下降。[1]就其重要性而言，缺乏对网络关系的了解，无论对于个人业绩还是组织绩效，都会产生重大的影响。

我们在本章开头提到的那位感到沮丧的银行家深切地意识到，高级管理人员的工作主要是指挥协调其他人的工作。领导的这一功能总是处于核心与基本的位置上，这就率先造就了在某个、乃至某些个行业当中出现的旨在变革人类工作方式的革命。在过去的20年当中,创意如潮——组织层次结构的精简、企业重组、全面质量管理、供应链整合、企业联盟,以及层出不穷的技术,冲击着企业界。那些旨在提高效率、铲除官僚主义的措施的确已经改变了人们的工作方式。员工们很少像以前那样,单纯依靠行政系统,或者苛刻地履行官僚体制程序。在多数的组织当中,现在重要的工作是通过员工之间的人际网络来完成的。

由于工作及其协调越来越多地通过员工关系网络中的磋商机制来完成,新的管理挑战也随之而出现。根据以往的经验,要想真正管起来那些新兴的组织是不大可能的,因此管理者们对其组织内部中具有战略重要性的人际网络,很少采取任何实际和具体的支持行动。[2]管理者可以大力推动由企业联盟与战略合作伙伴关系建立起来的企业外部关系网络。他们当然也知道企业内部员工关系网络的重要性,但是除了开创专业社区(the community of practice)以及实施组织协作技术之外,大多数的管理层没有采取过任何实质性的行动,支持组织内部的人际网络。企业为这种忽视所付出的代价实在是太大了。

我们来看一家大型石油企业组织的例子。它的勘探与生产部中的经理人员形成了一个小型的人际网络。该部门正在实施一项分布技术,以使最佳技术方案可以在各个钻井队之间进行推广。而管理层也很想评估该部门在创造与切换传递(leverage)知识方面的能力。为了帮助完成这项计划,我们应邀对勘探与生产部的高层管理者之间例行的信息交流情况做一次人际网络分析。从图1-1a与1-1b中可以

# 第一章

看出，人际网络分析揭示了存在于有形组织与无形组织结构之间的鲜明对比。

图1-1a　有形组织结构图

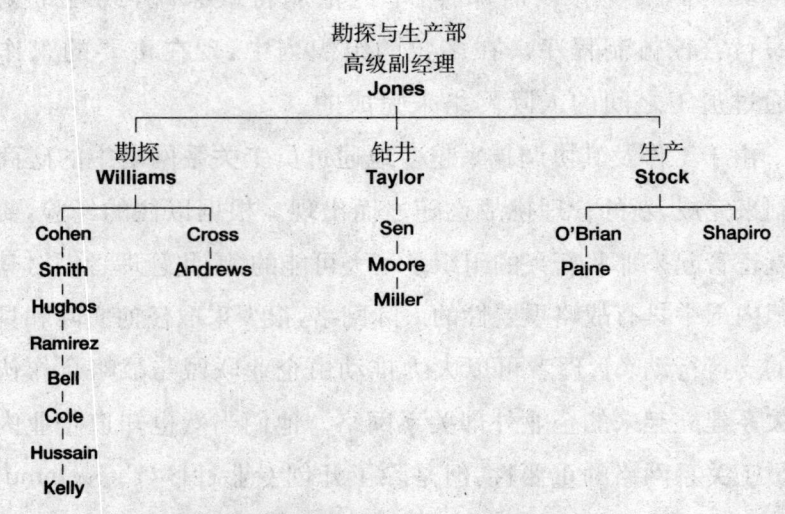

```
                    勘探与生产部
                     高级副经理
                       Jones
         ┌─────────────┼─────────────┐
        勘探           钻井           生产
      Williams        Taylor         Stock
     ┌────┴────┐       │         ┌────┴────┐
   Cohen    Cross     Sen     O'Brian   Shapiro
   Smith   Andrews   Moore     Paine
   Hughos            Miller
   Ramirez
   Bell
   Cole
   Hussain
   Kelly
```

注：根据该组织的要求，本图对原组织情况做了修改。
资料来源：图1-1a & b根据R. Cross等人所写"Knowing What We Know: Supporting Knowledge Creation and Sharing in Social Networks"一文，载 *Organizational Dynamics* 30, no. 2 (2001): 100-120. ©2001，经Elsevier Science同意转载。

除了某些妨碍人际联系的政治因素外，同该小组专业技术切换传递有关的三个问题反映出来。首先，网络分析表明，常常有这样的情况，中层管理人员对于信息流通起着至关重要的作用，而领导层原来却没有想到情况会是如此。尤其使人感到意外的是，在整个小组之内，以及在生产部与网

图 1-1b　人际网络分析揭示出的无形组织结构

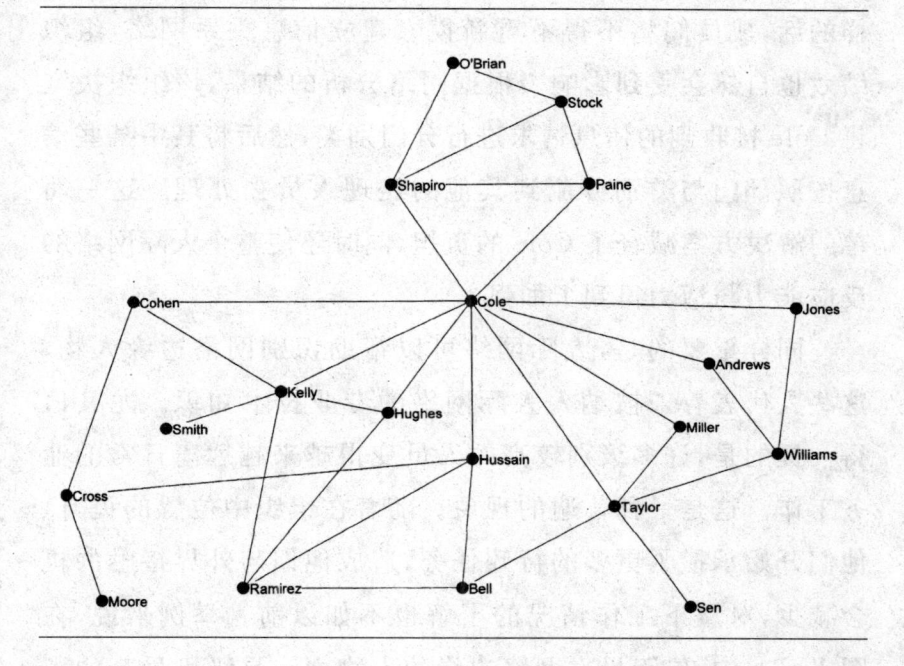

络中其他部门的成员之间,在这一信息流通的整个过程中,一位名叫 Cole 的人所起的关键作用。由于 Cole 在专业技术以及反应能力方面所获得的声望,因此他成为人们所需信息的重要来源。然而,由于他所接收的信息请求以及他所承担项目的数量过多,不仅使他承受了过大的工作压力,并且经常使整个小组的工作进程慢了下来。尽管这不是 Cole 本人的错误,然而他已成为信息瓶颈了。

人际网络分析还提示了整个网络对于 Cole 的依赖所造成的失衡程度。假如 Cole 受雇他人,公司损失的不仅仅是他

# 第一章

的知识,还有他所建立起来的那些关系。在很多方面来说,正是这些关系使得整个公司的网络凝聚在一起。如果是那样的话,成员们将不得不重新摸索建立信息关系网络,组织绩效也自然会受到影响。根据网络分析的结果,该组织决定将 Cole 接收到的信息请求进行分门别类,然后将其中某些信息按照部门与类别分流到其他的经理人员去处理。这一简单的解决方案减轻了 Cole 的负担,同时还使整个人际网络的反应能力与活力得到了加强。

同样重要的是,人际网络可以帮助识别网络边缘人物,这些人代表着未被纳入人际网络的专业技术知识。尤其值得一提的是,许多级别较高的人员变得越来越远离日常的业务工作。这是一种普遍的现象。随着在组织中位置的提升,他们开始承揽了更多的行政任务,造成他们与外界接触的机会减少,对属下工作情况的了解也不如以前。举例来说,在图 1－1b 中,位于最靠网络边缘的人物之一是级别最高的人员 Jones,当需要进行重要决策时,缺乏反应能力的 Jones 常常会使整个网络受挫。原本可能是同这位经理局促的面对面会谈,由于有了人际网络图,结果变成了一次建设性的讨论,使得这位经理后来拿出更多的时间投入到组织的业务上来。

人际网络分析还显示出生产部门(出现在网络图上部的网络小组)与整个网络分离的程度。在开始这项分析工作的前几个月,该部门的办公室迁至另外一个楼层。当看到我们的人际网络分析图之后,经理们意识到,这种物理空间上的分离,减少了在各部门员工楼层通道间的随机接触,近一个时期出现的一系列的业务问题,均与此有关。于是有关人员决定,增开讨论会,作为对失去沟通机会的一种补偿。

## 人际网络观点的力量所在

对该组织所进行的人际网络分析结果具有很好的代表性。甚至在那些小而全类型的群体组织中,经理们也常常会对那些与他们想象完全相反、与有形组织结构图完全不同的合作模式感到惊讶。建立对于人际网络准确的认识将有助于管理决策的制定,同时可以采取有针对性的行动方案以建立有效的人际合作。管理者可以利用人际网络分析所提供的观点来解决人际网络当中出现的分断部位(disconnects)或者僵化机制,并从组织的深层次结构上激发出网络成员的察觉与反应能力,而不是让这个人际网络随波逐流地自我发展。

这不是无足轻重的小事情。大多数的管理者会告诉你,有效的人际合作对于一个组织的战略成功至关重要。他们有时还坦率地承认虽然投入了足够多的人力与物力来倡导人际合作,但是收效甚微,甚至没有成效。通常,管理者在采取这类的措施时没有充分理解一个人际网络的内在机制。他们靠的仅仅是一种不甚清晰的理念,即更多的交流与人际合作总会是好的。例如,管理者可能会采取时下流行的人际合作技术手段,帮助员工实现无缝互动连接,提高他们的工

# 第一章

作质量。他们可能会安排一些文化交流活动,例如在上个世纪90年代中,人们试图建立的那种鼓励学习的组织类型,期望提倡开放诚恳的对话,改进组织创新,提高组织绩效。或者,他们可能会建立某些专业社区,旨在提倡改进工作的质量与效率,并且提倡知识的创造与共享,就像今天许多组织都正在做的那样。

有些时候这些举措取得了预期的效果,但是结果并不总是理想的。一个组织可能会陷入泥沼,决策者可能会变得身心憔悴,以至员工们无法及时与他们联系,错失商机。每个员工都穷于应付浩如烟海的电子邮件,各种各样的会议,各种各样的要求,以至于连他们自己手头上的工作都无法满足,甚至个人的身心健康也受到了损害。

我们无法接受按照这样的方式方法工作下去。管理者必须清楚,人际合作是有成本的,[3]他们需要采取更加有针对性的方法,而不是追求那些盲目的信息沟通方案。而采用人际网络的观点来分析问题,其有效性就在于,无论是将其应用于一个小组,还是针对个人,这种方法都可以准确地捕捉到对象的脉搏。

在人际网络当中,针对战略目标而动的管理人员可以很快地提高组织的效能、效率,并且增加创新的机会。我们并不是简单地支持网络连通越多越好。对任何规模的人际网络来说,任何两人之间都存在着连通是不现实的,同时也不需要。不加区别地增加人际网络连通只会拖生产率的后腿。人际网络分析的要害在于,通常它可发现冗余的人际关系。

这一发现可以帮助管理者寻找缓解有关人员过重的负担，减少消耗时间的人际网络连通办法。

　　从这一点来看，人际网络分析在揭示具有特定功能的部门或企业单位中的网络连通模式是非常有用处的。凡是能够在组织结构图中存在的单位，利用网络分析这面透镜，均可从中获益。这些单位包括某些核心业务部门，提供专业服务的分支机构，关键的业务骨干部门——例如研发部门。然而更为常见的情况是，组织中重要的人际网络并不出现在有形组织的结构图上，有关它的重要性的说明，也不会以表1-1那样的方式，出现在经理办公桌的电子屏幕上。各种人际组合——例如那些经过组织合并、企业联盟而形成的群体，新产品开发的研发小组、企业联合当中领导成员的综合人际网络、或者因核心业务进程而走到一起来的人们，需要为实现战略目标而很好地在一起合作。然而不幸的是人际网络中却常常缺少资源，并且常常无形中被组织设计方案以及领导方式所支解。网络分析将有助于使组织间的人际协作变得协调均衡，并且避免被物理空间、职能部门的层次结构以及组织边界分割开来。

表1-1　人际网络分析（SNA）的一般应用

| 分析组织合作与联盟关系的有效性 | 高管们正在越来越多地采用跨组织的企业形式，例如企业联盟或者建立其他形式的战略合作关系，来共享各个组织的特有能力。SNA能够说明这类组织合作的举措在信息流通、知识传递以及决策过程方面是否有效。 |
| --- | --- |

# 第一章

| | |
|---|---|
| 评估组织战略落实情况 | 知识密集工作中的核心能力通常是跨职能或跨部门边界之间人际协作的产物。SNA 使高管们确定，不同职能、不同部门之间当前是否存在着有效的人际协作，是否可以支持组织实现战略目标。 |
| 提高高层领导的战略决策能力 | 高层领导班子的核心职能之一是取得信息、制定合理的决策，同时把决策的内容在更大的组织范围内进行有效的传播。SNA 可在由高级领导层及它的下一级领导人员之间进行，因此它可以给领导人员提供有价值的诊断信息。它不仅可以帮助分析高层领导内部人际网络连通情况，还可以揭示信息在该领导小组内部与外部之间流通的方式。 |
| 整合围绕核心业务进程的人际网络 | 核心业务进程当中无形的人际网络常常被职能部门边界支解。人们的认识与组织结构的壁垒经常妨碍将特定的专业技术知识整合在一起，从而影响工作质量、组织效率与创新。像工艺流程图对工艺整合安排所起的作用一样，SNA 可以围绕在核心业务进程起关键作用的职能部门，对其间的信息与知识的流通情况做出诊断分析。 |
| 促进创新 | 大多数具有重要价值的创新活动都是人际协作、共同努力的结果，无论是对于新产品开发、还是对于过程改进的各种措施，SNA 对于一个组织如何整合其专业技术知识及其效率，具有独到的分析能力。 |

| | |
|---|---|
| 确保大规模改组或组织整合后，人际网络的后续整合取得成功 | 对知识密集型的组织类型而言，大规模的组织变革从根本上来说是人际网络整合问题。在这类改组措施实施之前进行SNA，有助于全体员工了解拟议中的改组方案，帮助组织者识别哪些员工是人际网络中的网络核心。组织者希望将其设计为网络的节点，这是由于这些人具有向他人传递信息的能力。SNA还可以作为一项跟踪项目，在SNA实施后6~9个月后再次进行。使领导者了解为使改组整合的举措获得成功，还必须进一步解决的问题。 |
| 有助于发展专业社区 | 专业社区通常不被认为是组织内独立存在的一种组织形式，但对有形组织需要获得切换传递、却由于物理空间或组织结构设计而分布开来的专业技术知识来说，这种形式起到重要的作用。通过SNA可以发现专业社区中的关键人员，并可以对社区当中的人际连通整体状况做出分析。 |

## 人际网络与组织绩效

尽管人际网络在有形组织中无处不在，然而这些"视而不见"的组织结构却很难引起那些忙碌的管理者们的重视。有一个问题我们时有耳闻，尽管有时对方没有说出来，那就是：现在为什么要提出人际网络？我们已经有了那么多的业务报表、财务报表、销售与市场的统计报告。我们这里仅举

# 第一章

出几例，还有许多蜂拥而至的信息报表想要引起管理当局的重视。为什么忙不叠的管理人员、经理们还要把触觉不到的网络纳入他们关注的视野？

对此，我们有两个答案提供给那些忙碌的经理们。首先，我们已经在前面陈述了——了解在一个组织内部完成一项工作、或者未完成一项工作的真实过程，具有巨大的组织诊断价值。其次，回过头去看，在我们所开展研究工作的60家组织中，我们发现了一条带有共性的规律：即良好的人际网络连通对于取得组织绩效、学习以及组织创新，是至关重要的。

我们来看两家企业战略咨询公司的例子。两家公司都声言自己执行的是一条与客户建立密切关系的战略。第一家公司有一长串同关键客户建立长期合作关系的记录。它通常让专家们来解决客户提出的问题，采用新知识、新方法。因此，这家公司常年保持了与客户的业务关系。第二家企业则正好相反。对同一个客户，一成不变地采用同一个策略，在保持与重要客户关系方面，比起前者要逊色得多。在对这家企业进行人际网络分析时我们发现，该组织围绕行业或者咨询项目建立了许多分组，每个分组都擅长于解决针对客户的具体问题。但是由于缺乏跨组织之间的横向联系，使得这家公司很难向客户展示新的前景。虽然两家公司采取相同的经营策略，第一家企业通过人员调度、人力资源政策、领导艺术，以及技术等方法，在行业与服务链之间精心培育了更为完善的人际连通。这些举措使得该组织对客户的要求有更强的反应能力,也更加成功。

无论对于临时组建的、还是长期存在的组织来说,保持良好的人际网络连通同样是极其重要的。[4]我们曾经同麻省理工学院的乔纳森·卡明斯一道,对182家为开发新产品或者进行工艺改造而临时组建起来的人员小组中的人际网络模式及其绩效进行过分析。我们发现,成员之间彼此的人际网络连通分断的组织——例如,以上司为核心的类型,或者将组织分割成更小的组织单位,要比成员之间彼此可以流畅地切换传递对方专业技术知识的组织,绩效相差很多。[5]

员工个人的人际网络也可以为改善组织绩效发挥重要的作用。在与阿森切尔战略改革研究院进行合作研究的一个特定阶段,我们对4个组织进行了研究,它们分别属于石化、医药、电子和咨询行业。我们的目的要确定,提高组织绩效在掌握专业技术、技术运用以及人际网络(无论是组织内,还是组织外部)等方面所具有的特征。[6]因为据我们了解,技术运用及个人的技术专长并不能反映一个人的绩效高低。确切地说,缺少技术专长,或者不能够恰当地使用技术,可能使一名组织成员成为效率最低、通常不超过人群总数20％的那些群体当中的一员。然而研究结果显示,高绩效人员与众不同之处,在于他们拥有一张范围更大、更加多元化的个人人际网络。这一发现同我们在其他场合下的研究结果是一致的。那些研究表明,更加多元化的个人人际网络,是与较早的升迁、更频繁的职业流动以及更高的管理的效率联系在一起的。[7]我们将在本书第五章中专门论述这一问题。

# 第一章

我们的研究结果还为人际网络对于学习与组织创新的重要性做了很好的说明。当我们想到人们会到什么地方去寻找信息与知识这一问题时，我们通常会认为是数据库、因特网，或者是更传统的贮藏地，例如装满了法律、法规、技术手册等的文件柜。然而即使是数据库（还有那些为其提供支持服务的人员），虽然规模变得越来越大，却常常得不到充分的利用，因为人们更愿意向同事咨询信息。[8]麻省理工学院的汤姆·艾仑(Tom Allen)进行了一项长达10年的研究，在总结其成果时他指出，工程技术人员或科学家在寻找信息时，其向个人咨询的可能性大约5倍于其通过非人力资源——例如查询一个数据库或者到文件柜去寻找的可能性。而其他的研究结果也一致表明，你所认识的人对于你的认识具有显著的影响力，因为人际关系在获取信息、解决问题以及认识如何更好工作的过程中，起着极其关键的作用。[9]

对上面的结论经过思考之后并不感到意外。然而，在我们的研究中，我们需要证明这一点，尤其是近来信息与技术正在"爆炸"。每一次当我们进行人际网络分析时，我们同时还调查员工们对现有技术的使用情况。只有一次我们发现员工认为企业内部数据库或知识管理系统比因特网在帮助他们完成工作方面更加有效。然而我们还从未发现过这样的情况，人们认为在寻找信息、学会一门工作方面，某项技术所起作用的重要程度接近于一个人所起的作用。这并不是暗示一个组织应当放弃它的数据库，人们在利用个人的人际网络寻求帮助之后，仍然会通过数据库寻求帮助，以便查询文件与信息,这些技术手段构成了丰富的信息来源。[10]然而许多组织正在将数百万美元投入到那些得不到充分利用的技术手段上面去,实际上,这些投资中的一部分可以拿来建设一个充满活力的企业员工人际网络。

　　本书第一部分描述在组织中工作是如何通过人们的无形网络来完成的,并给管理者提供了评估员工人际网络的方法。在第一章中,对于人际网络分析做了简要的介绍,说明如何利用这一工具,分析组织内部的人际协作与人际网络连通问题,并指出它可以成为管理者解决这类问题时更加行之有效、带有战略性质的方法。第二章、第三章从动态信息沟通和人际关系这两个影响人际协作质量与可能性的方面,分析评估人际协作的具体方法。第四章说明人际网络中的能量概念如何对人们的工作产生影响,并就如何看待组织中人际协作、组织创新以及人们是否相互学习,向管理者提供了一个新思路。

　　本书当中没有提供极其复杂的人际网络分析技术。相反,我们介绍了被管理者一致认同的、最实际的分析工具。人际网络分析技术十分复杂,其中一个基本程序代码可以长达800页之多,[11]最常用的程序软件也要提供数以百计的方案供人们选择。[12]曾经有几次,我们将几乎所有的分析结果放到管理人员的面前,以确定那些分析结果一贯具有可操作性。很明显,对于学者、物理学家,以及那些具有更加成熟背景的社会学领域,复杂而周详的分析要比一个典型的员工网络分析有用得多。而我们经常遇到的管理人员的情况是,认

# 第一章

为本书介绍的基本分析方法已经绰绰有余了。

除了人际网络分析，我们的研究还提出了大量的方案。这些方案的内容不是简单地提倡诸如更多的交流以及采用技术手段等等，它们是用来帮助建立一个充满活力的员工网络。本书的第二部分着重于向管理者们介绍这些可行的方案，以帮助他们在发现需要进行组织改善的地方，建立起良好的人际网络。第五章向管理人员及经理人员介绍改善人际网络的方法，包括如何对单个员工及其在人际网络中的位置进行观察，如何建立更加有效的个人（包括管理人员）的人际网络的方法。第六章介绍如何在人际网络发展的不同阶段，建立人际网络连通。在第七章，我们将观察构成组织背景中的关键因素，包括：组织结构、技术、人力资源、文化价值、领导行为，等等。这些因素必须能够支持新的人际协作模式，防止人际网络的结构功能无法发挥作用。在第八章当中，我们将讨论过度依赖人际网络以及滥用人际网络分析的潜在危害，同时前瞻人际网络方法的发展趋势。

本书的结尾是针对其他对实用分析工具感兴趣的读者而写的。附录A是实施人际网络分析步骤的向导。附录B提供了关于如何在组织中建立和维护良好的人际网络的培训方案。顺便一提，在因特网上，网址〈www.robcross.org〉提供了组织实施人际网络诊断活动的材料和软件。这些材料对于书中的内容及其在组织中的实际应用，是重要的补充。

## 使无形的工作成为有形

如今,组织结构更趋偏平。完成一项具有一定重要性的工作,往往需要在职能、工作地点以及层次结构的范围之内与之间,进行有效的人际协作。在过去,还从来没有像现在这样,人际协作更多的是通过无形的人际网络来实现的。这种情况对管理者提出了不同以往的挑战。根据我们的研究以及我们同管理者一道在组织内建立和改善人际网络时所获得的经验,我们发现,管理者在支持重要员工的人际网络方面大有可为。同时我们已经看到,凡是采取措施改善组织中人际网络连通的管理者,往往取得更高组织绩效,建设一个更加富于创新精神的组织。在第二章中,我们介绍了利用人际网络分析,找到组织之间人际网络连通中存在分断部位的方法。利用这种方法,管理者可以改善跨组织界限的人际协作与人际网络连通。

注意:本书中,读者将会看到各种各样的图。有些像图1-1那样简单,另外一些则比较复杂。图1-2提供了简单的方法,帮助读者熟悉如何阅读这些图。

图1-2 如何阅读人际网络图

**连线与箭头** 下面是一个表示新产品开发小组内信息流通情况的人际关系网络图。每一条连线表示两个人之间的信息联系,箭头代表着两个人之间关系的方向,指入箭头表示该网络成员为信息源,指出箭

# 第一章

头代表该网络成员向与此箭头线相连的对方人员寻访信息。

**网络核心** 人际网络图可以很清楚地显示哪些人在网络中地位最为突出。在下面这张图中,有 9 名成员依靠 Paul 来获得信息。Paul 在财务部门的同事前来向其寻访信息,同样地一些在市场部与制造部门工作的人员也前来向他访问信息。Paul 本人不向财务部门之外的人员寻访信息。仅凭下面这张图,无法向我们提供有关 Paul 所起的作用是积极的还是消极的信息。如果该小组成员过分依靠 Paul 的信息,那 Paul 可能是一个网络瓶颈,有碍信息的流通,并使某些决策的执行延误。另一方面,像 Paul 这样的人,往往起到非常积极的作用,提供有价值的信息,并使整个网络凝聚在一起。

**边缘人物** 某些人同人际网络仅仅保持松散的联系,个别人还可能完全游离于人际网络之外,这是理论上的假设,而并非现实当中的情况。在下面这张图中,没有人前去向 Carl 访问信息,而 Kelvin 则完全独立于人际网络之外。这里的情形同刚才谈到的网络核心人物的情况一样,单凭下面一张人际网络图,不能说明任何有关网络边缘人物价值的情况。这一类"局外人"往往代表着组织中未被开发利用的人力资源,将这类人员整合到人际网络中来对于发挥组织效率、提高组织绩效来说,十分关键。然而有些时候,某些人选择处于网络边缘位置有其足够的理由,或许这些人正在为设法维持家庭生计而辛劳,或许这些人是科技专家,例如企业中的科研人员,他们需要同科技界保持密切的联系。但同时有时这些人之所以停留在网络边缘的位置上则是另有原因,他们缺乏某项工作所需要的技能以及人际关系,等等。

**人际网络子网** 由于地理位置、部门职能、层次结构、工龄、年龄、性别等诸多因素的存在,在一个人际网络当中经常存在着各个独立的群体形态。在本案例中,该小组按照部门分为三个分立的网络子网,在它们之间很少出现信息交换的情况。此外,市场部与财务部门之间联系极为薄弱,而生产部门内部人员之间的信息联系却十分紧密。这种情况既可能代表好的方面,也可能代表坏的方面。有可能是这样一种情况,生产部门的人员在整个部门里建立起了交流机制,从而人人都可以利用,带来好处;但也可能是另外一种情况,部门里人人互相依赖,造成排斥其他群体的介入。只有通过接下来跟踪分析的调查结果,才能判定是属于哪一种情况。

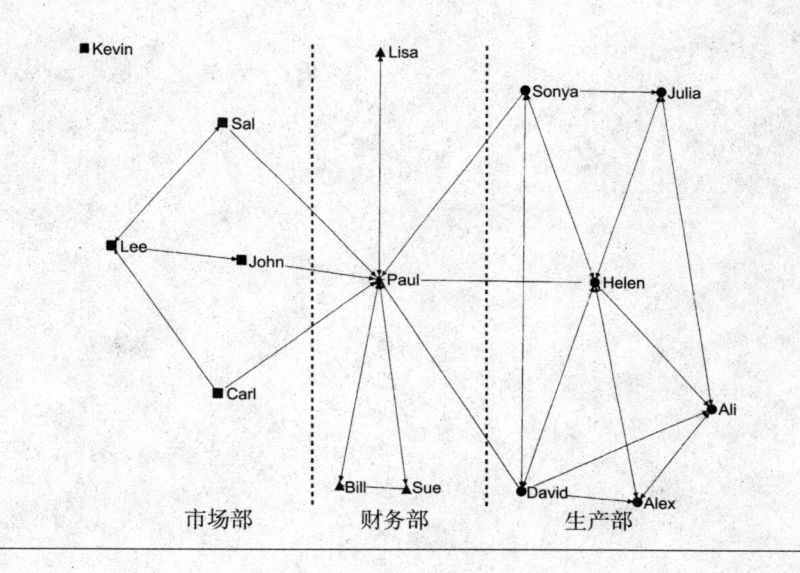

市场部　　　财务部　　　生产部

# 第二章 实现无缝连接：寻找与整合人际网络的"分断部位"

　　人际网络分析让我很快开了窍,现在我知道原来我站在哪里。对工作来说,我是把老手了,但是这个组织对我来说,是新的,还有那些人,那些据说是将要由我来管理的人,对我来说也是新的,至少要花半年时间我才能走一遭,知道什么地方正在做着些什么事情。即使那样,我也只能大致了解一些人的观点和方法。我经常被另外一些人的说法所左右,而把事情搞砸。但是我没有太多的时间重新把问题再搞清楚,因为我要让该做的事情立刻付诸行动,而不是6个月以后。人际网络分析教会了我去看这个组织内部运行方式的许多东西,最主要的是它向我展示了在人际网络中有些被分断的部位,而这是我们必须立刻加以解决的问题。

　　　　——一家制造业跨国公司的研发部经理

# 第二章

正像这位高级主管人员所说,人际网络分析可以帮助新任领导快速评估并改善员工的人际网络。合并、企业内部重组、人员流动经常将管理人员推上领导岗位。这些新的领导者没有时间将分布在各地、性格各异的员工组建成一个能够在许多项目层面上进行流畅合作的组织。然而他们的职业生涯以及组织的成功却经常有赖于他们是否能够使员工们进行有效的人际协作。上面的那位经理被委任主持一个刚刚组建的研发部门的工作。9个月之前,高级管理层开始担忧组织在开发推广其领先的加工工艺与技术方面的能力。因此,从各部门抽调了各方面具有高超技术的专家,组建了这一研究部门。在原来的组织中,这些专家大都散布于众多的职能和业务部门。而在新的组织结构中,他们归一个人的领导,以确保能够一致专注于有关的制造工艺与技术问题。

对该组织进行人际网络分析的结果,强烈地触动了这位刚上任的领导。例如,他十分惊讶某些员工在组织中扮演的核心角色,并对一些主要的技术专家在组织中只是边缘人物深感忧虑。尽管他很乐意接受某些人员所在国家中推行的有效协作的建议,但是他很担心人际网络中信息扎堆的现象,这表明部门整合尚未完成。新部门的工作能否取得成功,决定于人际协作是否存在,以及在第一线工作的员工之间能否彼此接受对方的观点。然而,如图2-1揭示那样,大多数的员工仅限与本国员工建立协作。仅有的跨国人际网络连通只存在于领导班子之间、在过去的项目中建立起来的少量关系中。

图 2-1 信息在分散的 R&D 小组人际网络中的流通情况

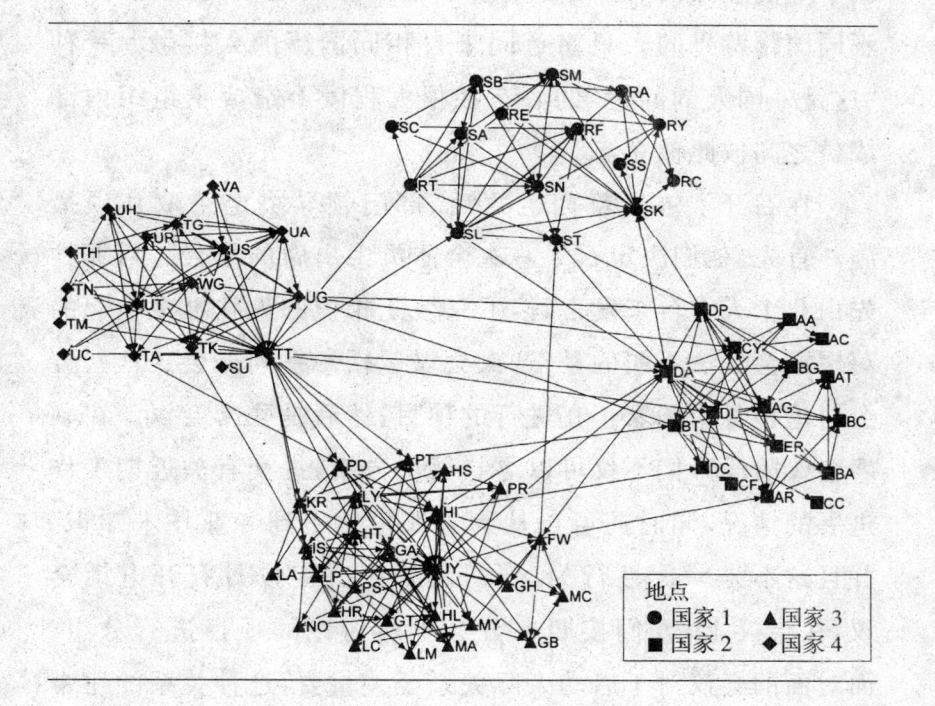

地点
● 国家 1　▲ 国家 3
■ 国家 2　◆ 国家 4

　　许多经理人员试图自己通过协作技术手段来消除物理空间上的疏远,例如,在网上社区发布征集解决方案、建立个人在线档案等,帮助员工寻找对应的具有专业技术知识的同事。该组织采用了这些技术手段,却发现人们只依赖他们熟识的、信得过的人来帮助查找有关的信息,而不是从组织里专家数据库中寻找答案。于是这个经理决定他要做的一件

## 第二章

事,是在人际网络成员中大力倡导了解并相信同事的专业技术知识。该人际网络的支离状态,是原来组织结构中对个人或部门升迁奖励制度遗留下来的产物,它造成员工只埋首于属于本国业务的那部分工作。再有一个问题就是文化,具有不同国籍背景的人只愿意同来自相同国籍的人接触。一种"这是外国人的问题"的心态在很大程度上造成了组织内部成员之间彼此孤立。

在召开了一次部门会之后,部门领导决定采取几项措施。首先,他们决定召集一次全体员工出席的聚会。与那种先由几个人上台来发言、接下来彼此相识的人扎堆在一起的鸡尾酒会做法不同的是,这次会议包括一系列分会。这些分会讨论在各个国家正在进行的项目,然后是联席会议。在联席会议阶段人们不仅可以寻找解决方案,提交有关近期工作进展的情况,同时还可以从别人那里学习到专业技术知识。并且这不是一次性行为,部门领导还决定按月召开电话会议,在会议上,人们按照在分会里所讨论的项目进行分组。面对面的会议对于启动人际关系至关重要,这种关系的纽带通过采用技术手段,例如电话会议、网上信息发布,以及其他的协同技术手段,得到了维护和加强。

同样重要的是,部门领导开始采取在整个人际网络当中鼓励人际协作的政策与措施。首先,在招聘面试中更加注意应聘者的协作精神,而不是专注于应聘者已经取得的业绩。正如预料的那样,人际网络中惟一使人际协作能力受到钳制的部分,却是分组内人际联系最好的小组。其次,部门领导调整了项目运作机制和评估方法，目的在于使参与项目的人员在一项研究项目开始阶段，就走出来广泛听取同事们的建议。这一举措在项目评估中得到了严格的执行，不仅有助于消除那种"这是外国人的事情"的情绪，同时还推进了不同国家人员间的联系。第三，领导层强调统一的人事管理，不再按国别实行本地化的人事管理。强调建立组织间的协作，确保最优秀的专业技术可以分布到整个研究项目中去。最后，领导层重新设计了员工业绩考核指标，重点考核组织成员的人际协作行为，而不是其工作能力。

## 寻找人际网络的分断部位

在我们前面所举的例子当中，人际网络分析揭示了网络当中存在着严重的分断（critical disconnects），这些分断曾经妨碍了例子当中那个小组的工作。同时，人际网络分析还为那位新上任的经理人员制定有针对性和行之有效的问题解决方案，提供了帮助。揭示人际网络当中存在的网络分断现象是人际网络分析技术最为重要的应用之一。现在已经有了许多成熟的网络分析的技术工具，可以用来帮助我们找出那些严格按照网络模式形成的次组织结构。[1] 此外，找出人际网络或者有形组织结构当中，以人们的个体差异（characteristics）为基础所形成的人际网络簇（clustering），是一项非常重要的工作。为了能够找出那些"网络簇"，我们需要首先确定一个运行正常的人际网络可能的存在状态，然后再找出那

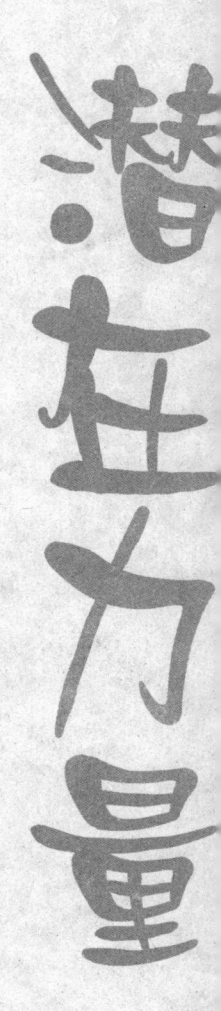

# 第二章

些可能影响一个组织正常开展工作的人际网络簇。

在我们的研究工作当中，以下几种类型的人际网络簇，是我们一向不曾忽略过的：

* 按照一个组织中各成员之间所处的相对地位（relative tenure）而形成的人际网络簇，分析：该网络簇中是否存在师传关系（mentoring relationships）？新的组织成员是否有效地整合到组织中来了？
* 根据性别、年龄、种族或受教育程度所形成的人际网络簇，分析：这些社会学因素是否使各小组之间的关系被支解？
* 由项目的人员配制方式而产生的人际网络簇，分析：对于各种重要的项目方案（initiatives），能否彼此交流与借鉴（cross-fertilization）？
* 反映员工工作状态（employee status）的人际网络簇，分析：组织成员是否可以从项目负责人（contractor）那里学到一些东西？他们是否营造了某种组织环境，这种环境使得临时参入到项目中来的人也能够胜任起工作？
* 反映任务衔接（task interdependence）状况的人际网络簇，分析：角色安排与工作流程是否妥当与流畅？还是使人员、乃至整个人际网络都处于窝工（overload）的状态？

## 实现无缝连接：寻找与整合人际网络的"分断部位"

我们同时还从另外4个方面来考察组织结构。在这4个方面存在的问题几乎总是使人际网络陷于支解，直至影响到整体的组织绩效。首先，我们在前面曾经提到过，物理空间上的分离具有重要的意义，甚至两个办公室相距几英尺的距离就有可能减少人际协作的发生。其次，我们还要找出存在于职能之间、部门之间、层次结构之间以及组织之间（例如处于企业联盟或者合并的情况下）的人际网络支解的情况。

### 领导班子成员跨职能的人际协作

我们再来看一个例子——一家跨国技术组织中负责提供专业服务部门的情况。该部门在过去的一段时间里经历了大规模的业务扩张，于是，高层管理人员适时采取了两项措施，进行人员整合。首先，各个专业小组（practice area）必须围绕最终的客户订单（target customer accounts）进行整合，这样，整个部门才能够拿出最优秀的专业技术知识，为那些资金规模达数百万美元之巨的客户订单提供服务。以负责基础设施的专业小组为例，其任务是提供基础设施的设计与实施的技术方案，它必须把业务与知识具体落实到每一项客户订单上。

其次，各专业小组要与负责市场与销售的组织成员开展人际协作，这样，各种技术方案才可能被推向整个市场。例如，即使是提供一项业务咨询服务，也有可能需要整个部门的专业整合到一起，或许这项业务是一项规模巨大的基础设施工程。除非各专业小组中的经理人员在项目的销售

# 第二章

与服务方面展开协作，否则，要完成那些大宗的业务几乎是不可能的。

在此之前，该部门的业务规模快速增长，由此成功地加快了其所在企业组织提供高附加值服务业务的步伐。然而在经历了近一年半的"近乎疯狂"的增长之后，部门的经理人员们开始变得忧虑起来，他们感到自己部门的组织工作模式并不是他们当初所希望的。不少经理人员认为，在掌握关键的专业技术知识的人员之间，人际协作的程度非常之低，这种情况导致错失商机，有时甚至还造成低质量的业务水准。为此，他们针对该组织开展了一次人际网络分析，以澄清哪些部位上存在着人际协作，哪些地方人际协作并没有发生。分析的范围包括经理班子成员和他们各自直接领导的成员。经理人员的职责是确保部门所完成的每笔业务当中要有真正的价值含量（substantial service components）；而其下属人员则实际掌握资源与客户，是真正意义上向客户推销技术方案的人。因此，跨专业和跨层次这两种类型的人际协作，对于该部门作为一个整体有效地运行来说，是至关重要的。

图2－2a是一幅该部门领导成员关系的展开图，图中显示了信息在部门成员中流通的情况。各专业小组（practice）分别用一个不同形状的符号表示，形状面积大的代表经理人员，形状面积小的代表他们各自直接领导的成员。图2－2b表示的则是在该人际网络中，把经理人员移去后的情况。我们把9名经理人员移去，并绘制了在留下来的成员之间信息流通情况的人际网络图，据此对由经理人员所形成的小组作

实现无缝连接：寻找与整合人际网络的"分断部位"

图2-2a　54名成员（包括9名经理人员）的人际网络图

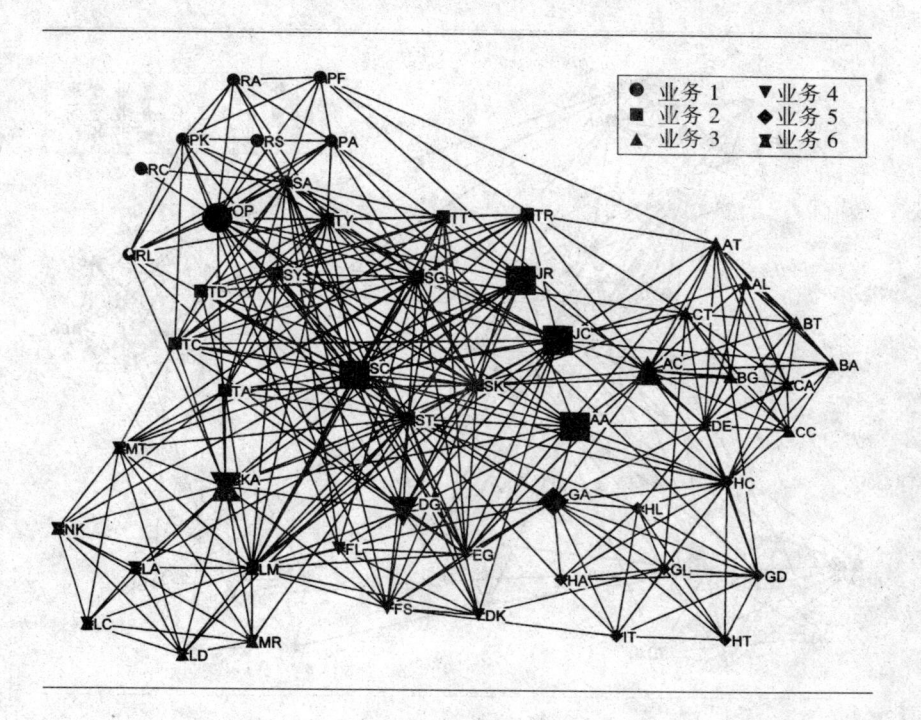

● 业务1　▼ 业务4
■ 业务2　◆ 业务5
▲ 业务3　⬟ 业务6

为一个决策体在开展人际协作方面的成效进行了评估。此外，通过在一个更大的、包括了全部54名成员的人际网络背景当中对领导班子成员进行考察，我们看到了经理人员是如何搭建、拓展其领导成员的人际网络来从事信息交流，以及各种决策是如何反馈给领导班子成员的情况。由于领导层的决策具有全局意义的重要性，因此，掌握信息在他们之间流通的脉络，对于寻找提高领导班子的效率、矫正经理人员自己所辖的人际网络当中存在的扭曲变形的途径来说，能为我们提供一些重要的启示。

## 第二章

图 2-2b　移去 9 名经理人员后造成的人际网络分割

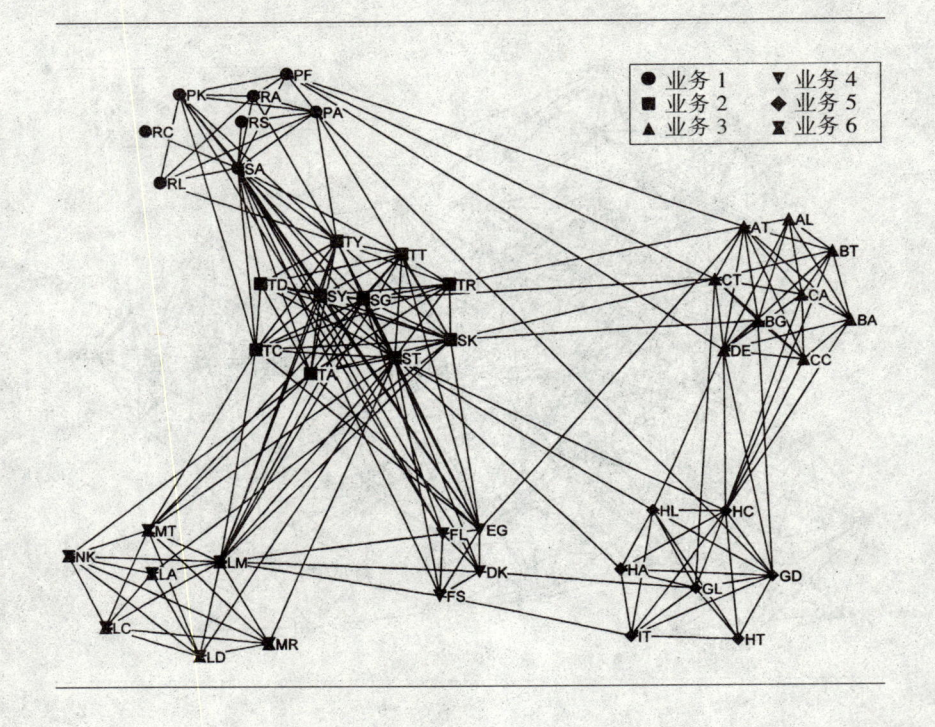

图 2-2b 反映的是跨专业职能之间人际协作的情况。它表示失去了领导成员之间的人际协作，一个连通状况良好的人际网络被支解的情况。某些情况下，下面这样一种人际网络的模式可能是适宜的，例如在手术室里面，护士和麻醉师从主刀大夫那里得到指令通常要比他们自己之间的协作更加重要。然而在多数情况下，过分依靠领导可能导致人际网络缺乏对于重要客户要求的反应能力，从而坐失商机。在眼前的这个案例当中，过去每一位经理人员领导下的小组好像都已经变成了一口专门用来储藏专业职能的"地窖"，尽管经

## 实现无缝连接：寻找与整合人际网络的"分断部位"

理们初衷良好、兢兢业业，但却造成了很大的问题。因为对处在层次结构较低位置上的人员来说，需要横跨整个部门开展人际协作，才能够向客户提供有竞争力的技术方案。

当我们把人际网络分析的结果报告给经理人员的时候，他们表现出极大的兴趣。各专业小组成员之间的人际网络连通被分断的情况，比他们原来预想的要严重。人际网络分析图清楚地表明，对该组织具有战略意义的跨专业职能之间的人际协作，充其量只能算是随机的（haphazard）。人际网络分析结果之精准，使经理人员们可以确诊在连接各个专业小组的整个业务链当中当前存在的问题，并且，他们还进一步指出了按照该组织现行的业务计划，未来最有可能出现问题的那些人际网络环节。

根据这次人际网络分析的结果，经理人员发现了7处存在问题的网络节点，并采取措施弥补人际网络当中的分断部位。例如，一个重要的分断出现在项目咨询和管理销售服务的两个专业小组之间。项目咨询小组负责向后者通报随时出现的业务，但是两个专业小组之间的人际协作仅限于三处网络连通上，十分薄弱。另外一个重大的网络分断则出现于专门负责企业客户的小组与项目咨询小组的联系上。这次人际网络分析结束两个星期之后，这两个专业小组协商后决定设立一名高级主管，负责制定与实施销售计划，并据此负责业务管理。项目咨询小组则对其内部的业务模式进行重组，以适应部门内各专业小组之间展开人际协作以开展工作的需要。

33

# 第二章

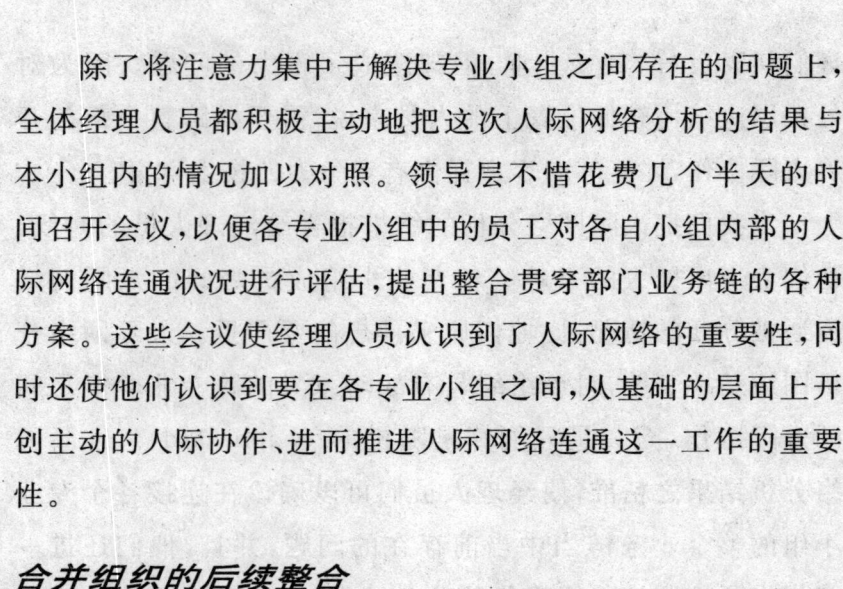

除了将注意力集中于解决专业小组之间存在的问题上，全体经理人员都积极主动地把这次人际网络分析的结果与本小组内的情况加以对照。领导层不惜花费几个半天的时间召开会议，以便各专业小组中的员工对各自小组内部的人际网络连通状况进行评估，提出整合贯穿部门业务链的各种方案。这些会议使经理人员认识到了人际网络的重要性，同时还使他们认识到要在各专业小组之间，从基础的层面上开创主动的人际协作、进而推进人际网络连通这一工作的重要性。

## 合并组织的后续整合

人际网络分析法同样有助于使被兼并的组织或在此基础上形成的合并组织获得成功。下面是一家进入《财富》500强排名的企业。我们绘制了这家组织分属于8个部门的126位部门管理人员的网络关系图。这家组织通过合并在过去的几年中获得了发展。该组织希望合并后的公司可以把各种专业技术集中在一起，用于新产品与服务项目的开发和市场推广。基于这种战略，CEO实际上知道需要形成一个领导班子的人际网络，它可以发现组织中哪些方面存在着商机，还应当充分掌握合并企业中其他人员所掌握的信息资源，然后进行资源整合，对商机做出反应。但是这一设想并没有实现，于是我们受邀对合并组织中最高两级的管理层进行人际网络分析。

调查结果产生了各种网络关系图。但最能够说明问题的是能反映高层管理人员之间人际协作状况的一张简单的表格。表2-1用百分数表示各部门内部与部门之间的人际协作关系(每一列合计的情况可能大于100%)。这张表反映出,一个部门了解其他部门业务的情况以增进部门间的协作关系的可能性有多大。同样,我们能够看出,重组后的各个组织(表2-1中的部门)哪些整合情况良好。例如,从表上我们立刻发现部门3与部门4之间有存在着正常水平的协作关系,而部门1与部门7之间则不然。

表2-1 一家合并组织中部门间的人际协作状况

|  | 部门1 | 部门2 | 部门3 | 部门4 | 部门5 | 部门6 | 部门7 | 部门8 |
|---|---|---|---|---|---|---|---|---|
| 部门1 | 33% |  |  |  |  |  |  |  |
| 部门2 | 5% | 76% |  |  |  |  |  |  |
| 部门3 | 11% | 18% | 45% |  |  |  |  |  |
| 部门4 | 2% | 11% | 21% | 38% |  |  |  |  |
| 部门5 | 6% | 7% | 12% | 6% | 75% |  |  |  |
| 部门6 | 7% | 2% | 13% | 7% | 2% | 76% |  |  |
| 部门7 | 1% | 3% | 16% | 6% | 8% | 2% | 36% |  |
| 部门8 | 10% | 2% | 9% | 6% | 3% | 10% | 0% | 90% |

我们分析出的人际协作缺乏的现象有多种原因。某些情况下,管理层不清楚某个部门究竟在做些什么,因此对项目中如何安排部门成员没有把握。而在另外一些情况下,文化的差异限制了人们从其他部门寻访信息。再有一种情况则是,被合并公司的产品并不具备管理层原来想象的互补性。

在我们曾经研究过的组织中,跨界限的观点有助于经理人员找到缺少人际协作的部位并由此确定目标进行改善。

## 第二章

当然,管理层并不需要一个组织中所有部门间都必须开展广泛人际协作。人们只有有限的时间可以用来发展和维系关系。但是通过人际网络分析,管理层可以在星罗棋布的关系网络当中,精确地确定哪些地方是值得投入时间与精力的。在我们这家合并企业的例子当中,部门1只需要同部门3、5、6之间建立起良好的人际协作,便可帮助整个组织实施战略目标。管理层不必在整个公司内部兴师动众,推行人际协作,而只需要将改善的措施锁定在目标与特定的环节上,这种做法长远看将会更为有效。

### 跨层次结构的人际协作

在组织中,影响人际协作的另一个关键的组织边界是层次结构。有些人际网络类似于行政隶属关系,这种网络结构可能会约束信息流通与组织创新。另外一些网络结构则具有更大的信息流通性,运行起来较少有指令传输的形式。人际网络结构的优劣决定于该组织所要完成工作的性质。人际网络分析的一个好处是它能够使管理人员诊断层次结构对信息流通的限制程度。

我们刚刚在前面提到,我们对一家合并企业里的跨部门的人际协作状况进行了人际网络分析。同样,我们也可以对任何形式的组织,就其跨层次结构之间的人际协作状况进行分析。例如,我们对一家会计公司的咨询业务做了分析。该组织极为感兴趣的一个问题是如何保证它在行业及服务方面所拥有的专业技术可以被组织内的各个业务部门所利用,并使每一位员工都很容易地从他人那里获得信息。我们针对该组织进行的几次分析发现,业务部门人际协作模式受到层次结构的影响。

表2-2表示在不同的层次级别上存在的人际网络连通的情况。与前面我们分析合并企业的情况不同,在这里我们用整张表格的数据来表示不对称的信息寻访关系。(即是说,一位公司咨询业务人员可能向一位公司合伙人询问信息,但不会是相反)。在这张表中,信息询问关系由行指向列。例如,合伙人向管理人员询问信息的可能性为23%,而相反情况的可能性则为56%。审视关系中的不对称性,可以帮助管理人员甄别成为信息瓶颈的人员、职能部门乃至物理空间造成的阻隔,等等。

表2-2 跨层次结构界面的信息流通

|  | 合伙人 | 管理人员 | 资深职员 | 职员 |
|---|---|---|---|---|
| 合伙人 | **67%** | 23% | 13% | 3% |
| 管理人员 | 56% | **46%** | 34% | 27% |
| 资深职员 | 25% | 24% | **21%** | 18% |
| 职员 | 33% | 36% | 30% | **21%** |

表2-2反映出几个重要的问题。首先,沿对角线向下看,合伙人(在一定程度上也包括管理人员)之间建立了很好的人际网络连通。在大多数的组织中,这种现象很普遍。我们经常看到高级管理层之间人际网络连通程度很高,这是由于他们有很多机会接触,比如,他们可以参加计划会议、预算会议,他们注定永远是圈阅公司文件的一员,也总是各种会

## 第二章

议论坛中的一员。

相反,连续沿着对角线审视,就会发现在高级与普通咨询人员之间,存在着较少的人际网络连通。在咨询行业中,通常的情形是,咨询人员受到雇用,然后被长期发配到客户所在地。由于他们缺少同公司总部联系的渠道,因此,他们要经历一段痛苦的经历从同伴那里获取信息,了解公司制度规范。我们调查采访的结果表明,40％的人员流动中,主要是由于这些人当中存在的失落感以及得不到联系而造成的。

为了改变这种局面,该公司进行了几项改革,包括让新员工轮回到各部门实习,使其获得广泛接触。领导人员还采取了另外一种咨询工作模式,在周末把全体员工召集到公司办公室来,另外还按月召开由资深和普通咨询人员参加的会议,人际协作空间由此而产生。与此同时,公司还拿出小额资金用于业务交际活动以及其他改善人际网络连通的创新措施。

我们发现,许多组织当中,在位于层次结构底层的人员当中存在着相对缺乏人际网络连通的现象。部分的原因是由于组织规模的功能限制,层次结构的底层拥有众多的人员,要保持高度的网络连通是有困难的。然而这恰是一个重要的管理问题,最好的、专业对口的人员通常在第一线工作,但是难得有机会彼此学习对方的专业技术或者发展能够提供知识共享的人际交往。有些时候,层次结构的下一层缺乏人际网络连通可能意味着有太多的信息请求顺着指令链推到上面来,很快便把领导层变成信息瓶颈。在进行这次人际

## 实现无缝连接：寻找与整合人际网络的"分断部位"

网络分析的时候，在我们召集所有员工开会公布人际网络分析结果之前，我们曾与负责咨询业务的公司合伙人共进早餐。其间，我们了解到每一位合伙人都认为层次结构绝对不会限制信息和流通，他们认为人们可以毫无拘束地向他们询问信息，而他们对于网络成员也是有问必答。而当整个参加会议的人结队而行进入办公室时，场面多少有些戏剧性。在我们面前以及我们的右侧桌子旁边坐着的是全体合伙人，在我们的左侧距离稍远一些地方的几排桌子旁聚集着管理人员，再远一点是高级咨询人员，不难猜测，房间最后面则是那些普通的咨询人员。

这种位置格局形同人际网络分析结果的一面镜子。在表2-2中，沿着合伙人的一排横向看去，我们发现两种情况，在层次结构中位置较高的人不仅彼此扎堆，而且他们很少向在层次结构中位置逐渐下降的人员询问信息。相反，综合来看表2-2，在该网络成员中显然有一种强烈的倾向，自下而上沿层次结构访问信息。显然公司合伙人没有意识到这种结果已经造成组织中地位级别较高的人员成为严重的信息瓶颈，如果没有某种形式的系统反馈机制，例如像人际网络分析，领导人员就很难了解到层次结构对人际网络的影响。对于一个人际网络中大多数成员来说，工作必须逐级通过层次结构中的各个层次导致迟缓或者坐失商机，但是领导人员不会有这种受挫的感觉。他们穿梭于一个又一个的会议，在每一个关头，做出重要的决策。在他们日常的经验当中，事件"来也匆匆"，而决策"去也匆匆"。他们很少能够意识到网

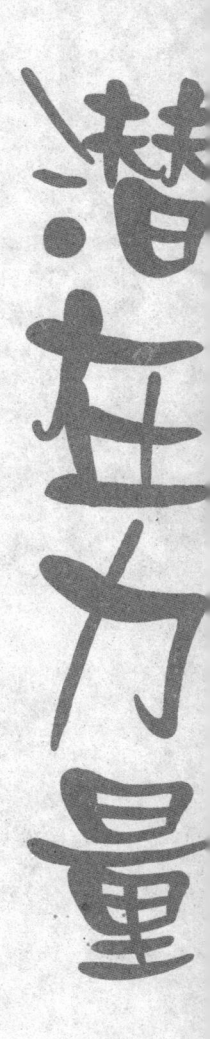

## 第二章

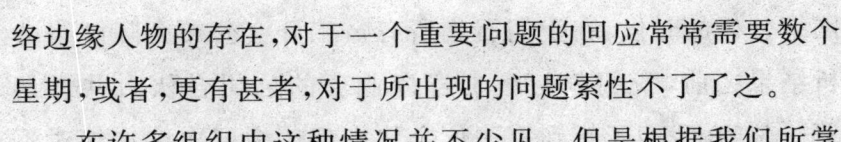

络边缘人物的存在,对于一个重要问题的回应常常需要数个星期,或者,更有甚者,对于所出现的问题索性不了了之。

在许多组织中这种情况并不少见。但是根据我们所掌握的情况来看,这种情况在服务行业中比在其他行业部门中,如制造业或政府职能部门,更为普遍。在许多提供专业服务的工作中,对于问题通常不存在一个惟一的正确答案,而是许多个表面上看来皆可行的方案。那些行使权力的人通常"规定出"正确的方针,同时很快地创造出完全依赖于他们自己的人际网络。针对这种情况,我们认为最好将信息按照相关领域进行分类,将了解信息的范围及相关的决策权分配给人际网络中的其他人员。但是如果领导人员喜欢事必躬亲或者他们自认为问题的正确答案总是在他们自己手中,这多少有些难办!

### 跨组织边界的人际协作

到目前,我们一直都专注于在一个组织内部的人际网络协作的问题,然而,对于管理人员来说,通过组织间的人际网络,了解新的信息和观念,同样至关重要。这样,你可以发现部门乃至整个组织在向其他组织学习过程中存在的大量偏差。研究部门通常都高度依赖与学术机构或者技术协会之类的联系;提供专业服务的企业则重点在它与客户之间建立的广泛的关系中寻求发展,学习对方;管理层则会依靠他们在其他组织中的同僚来获得有关新兴市场、客户、或者有关组织创新等方面的信息。无论什么组织,外部关系对于人际

## 实现无缝连接：寻找与整合人际网络的"分断部位"

网络的健康发展来说，都是至关重要的。如果我们仅仅关注组织内部的人际协作，我们就会忽略组织与组织之间的网络关系。

我们再来看一个实例。这是一个大型制药企业的研发部门，承担着将一个又一个的要求转化成为新产品的压力，人际协作不仅仅有助于激发创新的想法，而且还可以大大减少开发一种新药品所需要的时间。典型的情况是，新产品从实验室的试管进入到商业生产阶段需要花费很多年的时间以及数以百万计的美元，而晚一天进入市场则意味着巨大的收入损失。[2] 考虑到有关成本因素，该研发小组认为，在它遍及全球的研究科学家当中建立起人际网络以及有效的网络连通具有紧迫的战略意义。然而这对该组织而言，是一项特殊的挑战，因为它的12个研发机构散布于亚洲、北美洲和欧洲。

我们的人际网分析集中在研发人员当中的两类人际协作上：各研发部门之间的内部协作与研发部门和企业之外科研机构当中的科学家之间的外部协作。分析的结果揭示了在各个药品开发项目之间及各个研究单位之间所存在的人际网络的各种情况。不同地点研发部门之间的相互联系的程度很低，其中一个地点完全处于缺少网络连通的状态。相反，公司研发人员与企业之外的科研机构的相互联系的程度很高。这当中，信息共享大部分集中在少数几个人身上，不论是内部协作，还是外部协作。我们最终发现与外部科研机构的人际连通主要集中在12名人员身上。事实上，只要除

# 第二章

去人际网络联系最多的 4 名人员,该组织的外部网络联系将减少一半以上。很明显,无论是内部联系还是外部联系,人际网络严重依赖几位研发人员,一旦他们离开,该组织的人际网络将受到严重的影响。

太少的外部联系也是引起人际网络分析关注的一个原因。例如,我们发现在一家著名的软件公司和一家大型的战略咨询公司当中,企业内部人际网络连通程度非常高,而外部的人际网络连通的程度却很低。更为不幸的是,惟一具有外部联系的人员往往是新聘员工,他们没有很大的发言权,直到他们能够在组织中证明自身的价值。然而等到他们在人际网络中磨合融入之时,他们很可能已经放弃通过外部的关系网络寻找信息了。

上面的这个问题绝非是这两家组织的个案。我们长期的分析发现,行业中领先的企业明显地呈现出闭塞的趋势。更坏的情况是,在组织中,最为闭塞的人员通常是领导者或者是受到高度重视的专家。换言之,可能最不情愿向自己的人际网络之外的人学习的人恰恰是那些整个人际网络支柱式的人物。另一个不幸的是,这些人所在的部门却经常要求他们外出参加其他组织协会或者大学安排的活动,他们的精力被过度地消耗。这样,对于新的信息、新的思路和新的观点,他们已经无暇顾及了。我们在第五章将介绍的个人人际网络分析方法,将是一个能够消除组织与个人在学习过程中出现偏差的有力工具。

实现无缝连接：寻找与整合人际网络的"分断部位"

### 联盟与合作

联盟以及其他形式的战略伙伴关系为人际网络分析的应用提供了特殊的机遇。这些组织关系旨在推动组织间的协作或者知识的整合传递。然而，一个组织的领导人员对于相关组织的情况了解却通常十分有限。此外，有关的法律、法规的约束，文化因素，领导者的差异，以及各个公司的专业技术水平方面存在的差异，也严重限制了组织间的人际协作。人际网络分析可以告诉管理层，建立跨组织协作的契合点是否存在，组织的管理方式是否限制人际协作的开展。

我们来看一个例子，两家著名的组织为把一个产品共同推向市场结成了企业联盟。组织 A 拥有该项产品的专利，掌握该产品的原理；而组织 B 则拥有制造与销售方面的优势。人们预想，两个组织的合作，将有效促使该产品向市场的推广。这需要有效的组织协作。我们进行的人际网络分析结果表明，在某些关键的业务交叉点上，两个组织间的协作低于所要求的程度。两个组织间的销售与技术部门，我们发现确实保持有效的协作，然而两组织间市场部门人员的人际网络之间，只存在着极其有限的连通，迫切需要加强协作，以实现该联盟高达数十亿美元的销售目标。

造成人际网络分断的原因很多。这两个组织位于不同的城市，它们的结构设置不同，联盟条件下要求组织间的一致性由于这些差异出现了问题。此外，没有帮助双方组织的员工了解对方组织，以及对方组织成员所拥有的专业技术知

## 第二章

识。除了早先召开几次会议建立起来的联系渠道之外，进一步发展关系只能靠组织人员之间的随机接触。

另外，这两个组织具有不同的企业文化。这一点很明显地表现在两个方面。首先，其中一个组织具有严格的等级制度，这一点妨碍了两个组织间的自然联系。其次，一个组织非常传统，相反，另一个组织则更富于进取。从两家组织会议成员发言的口气当中，反映出这些不同的价值取向。他们同时也把"我们、他们"这种观念带到了组织中来了，造成了人际网络的分断。

组织联盟的管理也经常出现问题。有些合同条款的规定在双方共同执行和开展协作的时候显得过于详尽，没有回旋的余地，而另一些则显得不够明确。在本案例中，双方公司的法人代表是被人访问和与人交流次数最多的人。这是一个由于联盟管理权限规定不够明晰而引来诸多问题的例子。当决策权限对于组织成员没有明确的时候，甚至连处理琐事的决定人们也得逐级上报。

在我们这个案例中，有一个人拥有很大的决策权力，而正是由于这种大权在握使她成为了人际网络中的信息瓶颈。她每天工作很长时间以便能够应付局面。她出手敏捷、雷厉风行，赢得了同事们的爱戴。从其所处理问题的复杂程度来看，此人作为网络核心所起的作用已经过分。而通过精确规范决策权、项目责任制以及信息流通方式，人际网络分析可以帮助这种类型的人员重新界定联盟管理权。

实现无缝连接：寻找与整合人际网络的"分断部位"

## 关键的人际网络连通

利用人际网络分析，管理层具有了评估与维系组织成员的手段，尤其是在有效人际协作对于企业取得战略成功至为关键的情况下。尽管管理人员不能够强迫员工们发展人际关系，但是他们可以采取一系列行动，以提高在人际网络重要的信息节点上开展有效的人际协作的可能性。到目前为止，我们仅仅讨论了组织之中信息流通的问题。然而，还有其他的关系视角，可以改善人际协作和信息流通。那些正是管理层所关心的，也是我们下面将要讨论的问题。

# 第三章 从自在到自为：培养感应—反应的组织行为能力

> 我们一定要针对你们在信息网发现的分断采取措施。同时，我认为我们需要建设全方位的能力，让员工在需要的时候能够从别人那里获得信息。但这并不是提倡在组织里输入更多的信息，而是要建立一种关系，在需要的时候能立刻寻求帮助。只要我需要，我随时都能从任何人那儿得到信息，因为我是个上司。但是我认为更有必要把这种反应能力深深地植根于连接医生、护士，以及行政管理人员的网络当中，因为不能够及时得到信息的代价对他们来说是灾难性的。
>
> ——一家医院的高层行政主管

这家医院的高层行政主管一语中的。人际网络的有

# 第三章

效性不完全在于信息流通，还有更多的东西。当我们分析信息访问的人际网络时，通常能获得组织成员人际协作的大致情况，即，组织在当前的项目里人与人之间的联系。在企业活动更富于变化的那些行业中，例如，专业服务、软件开发、医疗保健等行业，当有新的项目出现时，信息的种类和专业技术的性质也随之发生变化。这就要求人际网络能够与之相适应。理想的情况是——正如上面那位医疗机构主管所想象的，必须要有能够感觉到问题与机会之所在的人际网络能够立刻"冒出来"，它能迅速连接成为一张提供有关专业技术知识的网络，并连接到正确的部位，使问题能够得到有效的回应。然而实现这一切不是把信息放到员工的网络当中，相反，当面临新的挑战与机遇时，员工们需要知道谁拥有与之相关的专业技术知识，即，在人际网络中谁了解这些。

我们举一个例子。在一家咨询公司当中，有一个具有一流专业水平的小组，专门向公司里负责知识管理方面的咨询人员提供领导思想以及特殊的业务支持。该小组由一些具有高学历，或者是在包括企业战略规划、组织设计等方面，以及在诸如数据仓库、数据结构等技术领域里，都拥有广泛的行业经验的人员组成。通过将这些具有高级专业知识的人员整合到一起，管理层希望自己的公司与专门提供技术咨询服务，或者专门提供组织咨询服务的行业竞争对手差别化。当我们遇到这个小组的时候，创建这家公司的合伙人刚刚退休。新的合伙人感到，该团队的业务能力没有全部有效地发挥出来，因此请我们来进行一次人际网络分析。

从图 3-1a 所示，这个信息访问的人际网络实际上并不是一个小组，而是由两个不同的分组构成的。耐人寻味的是，这个小组是由两套业务系统分立而成的，而这两个分组原本正是要整合在一起的。位于图 3-1a 左侧的分组，专长于诸如战略规划、组织设计等"软"问题，其业务集中在文化

图 3-1a　变革前有关信息流通的人际网络

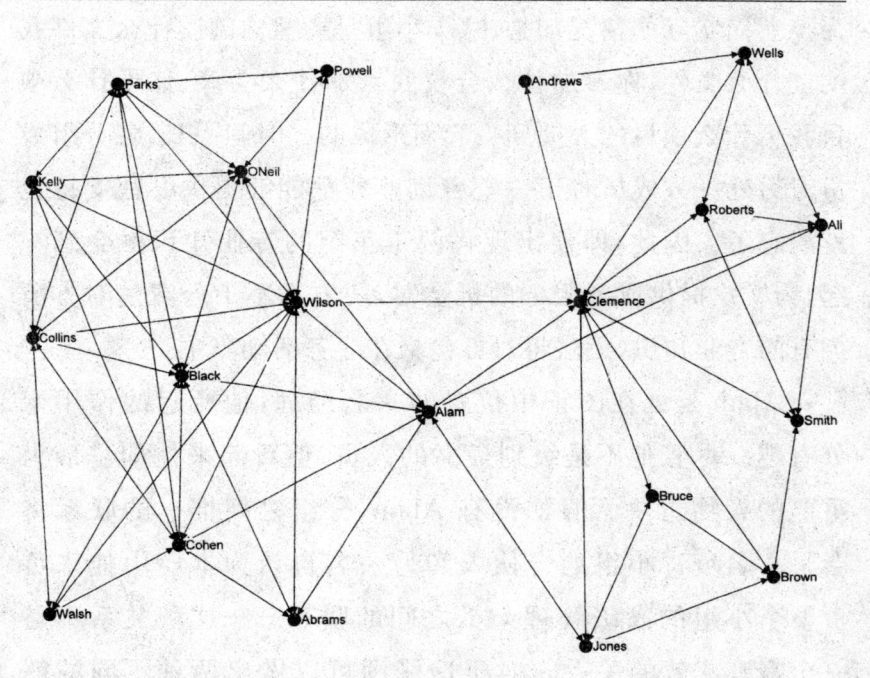

注：根据该组织的要求，图中人员使用化名。
资料来源（图 3-1a & b）：见 R. Cross 等人所写"Making Invisible Work Visible: Using Social Network Analysis to Support Strategic Collaboration"一文，载 California Management 44，no. 2（2002）：25—46，©2002，经 The Regents of the University of California 同意使用。

## 第三章

以及其他旨在提供改善企业创造力与知识共享等方面的问题。而右侧的分组则是由擅长于知识管理方面的"硬件"部分的人员组织而成,他们的专长在于数据结构以及数据库技术,等等。

在高层合伙人心目中,为了把各种专业技术人才整合到一起,已经给这个小组设定了一套制度,各种激励措施、技术、有形组织结构已经发生了重大的改变,足以支持完成整合的使命。然而实际的情况却是,这个小组是一些你阅读什么文件我阅读什么文件、你参加什么会议我参加什么会议、你干什么项目我干什么项目的人搜到一起而形成的。时间一长,各分组成员对另外一方成员对于一笔咨询业务都能够提供哪些支持也就淡忘了。因此,即使出现将两个小组的专业知识融会到一起、为客户提供业务服务的机会时,两方都不十分清楚对方所拥有的专业知识,无法将对方包括在业务活动当中。

Alam是处在图正中位置的一名经理,他所起的作用十分有趣。尽管他不是级别最高的人员,但看起来他却是最为重要的人物之一。假如没有Alam,分组之间惟一的联系将会是一名负责小组的合伙人和另一名自认为本应由他来负责整个小组的高级管理人员之间的联系——这种关系不是一个富有成效的关系。对于这张图可以做出两种不同的解释。一种是Alam对维系该小组起着重要的作用,而另外一种解释则是Alam是一个信息瓶颈,由于他而使该小组处于支解状态。

Alam事实上被证明是一个信息瓶颈。在其早年的职业生涯当中,他砥砺了他的技术技能——毕业时拥有了一张计算机学科的文凭,然后在华尔街一家银行里面的信息部工作。在那之后,他从作为常春藤大学联盟之一的一所商学院拿到了 MBA 证书,由此获得了有关企业战略规划以及组织理论方面的知识,然后又在一家著名的咨询公司就业。依靠这些经历,Alam 是惟一一名既熟悉业务,又同时与两个分组都有着共同语言的人。其所处的特殊位置给了他帮助两个分组的成员实现人际网络连通的机会。

但是这不是 Alam 要做的事情。相反,他把时间花在告诫一个分组的成员不要忙于同另外一个分组的成员联系,因为有他一个人就够了;然后他又向另一个分组的成员讲述同样的话。从人际网络分析图上看,Alam 似乎很伟大,在所有的管理人员中,他的收入最高,付费工作的时间也最长,并且很可能成为接下来的合伙人。但是他的个人英雄主义策略使得两个分组中的任何一位成员都不知道如何同对方分组成员开展人际协作。

小组成员们在一起开了一次长会,针对某些成员的专业无人问津、而另外一些人成为信息共享瓶颈,尤其是两个分组的专业彼此孤立的现象,展开分析讨论。这次会议召开之前,Alam 已经调离到另外一个部门去了。调离的原因与我们所进行的人际网络分析结果没有关系。其实,正是这次会议才使我们开始逐渐认识到,Alam 以前的行为一直使该组处于分断的状态。

经过这次会议,该组织针对小组成员对彼此专业缺乏了

# 第三章

解的现状，对运作模式做了重要调整。首先，一系列小组内的工作，包括从制订项目计划直到开发跟踪项目进程的数据库软件，均需从分组中至少各抽调一人共同完成。其次，合伙人主管要实现综合销售目标，促使管理层兼顾完成包含技术咨询与组织咨询同时在内的业务项目。最后，建立新的论坛交流机制，包括召开有关每周业务进展情况的电话会议、电子邮箱更新以及项目数据库的跟踪管理等。这些措施帮助每个成员了解其他人员最新的业务进展情况。

图 3－1b  变革 9 个月后有关信息流通的人际网络

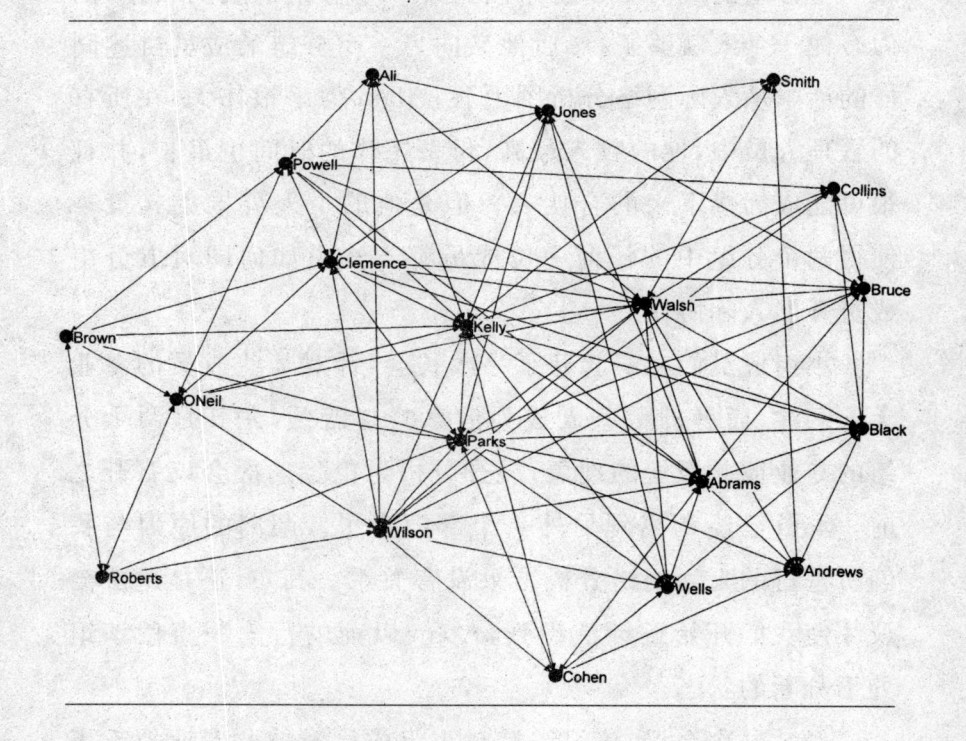

这些变革的结果极具重要意义。图3-1b是9个月之后再次进行的人际网络分析所得到的结果，它为我们展示了一个经过良好整合的人际网络组织，其中的每一位成员可以有效地共享信息。此后，在接下来的几个月当中，该小组开始销售更多包含技术咨询与组织咨询在内的业务项目。因此，正如在一开始所预想的那样，这次组织整合实现了该公司与竞争对手差别化的竞争策略。

## 潜含的人际网络

缺乏对于组织内部专业技术知识分布情况的了解是一个隐蔽的问题。上面那家咨询公司里的专家因此而感到困扰，而这种情况绝非是"非同寻常"的现象。我们已经听说过很多关于在组织中，因为员工不了解同行们的专业技术知识而坐失商机的事情。出于这种考虑，我们把注意力放在探索那些使管理人员能够提高人际网络对于各种机会的"感觉与反应"能力的方法上。我们靠的不是按照信息流通情况绘制的人际网络图，而是从一个人际网络的"潜含网络"面对新问题与机会时的反应能力着手进行分析。"潜含"（latent）的人际网络是指当情况发生变化时人们有可能与之发生联系的人员即时搭建而成的人际网络，而其中的成员人不一定是那些现有信息流通人际网络中彼此访问信息的网络成员。

根据对管理层的采访和对不同类型的组织进行的调查，我们一再发现，人际关系当中有两个方面决定了哪些人能成

# 第三章

为出现新的挑战与机会时人们访问信息的对象。[1]一个方面是，了解与估量某一个人知道些什么，决定你是否以及为什么要找此人寻求信息或帮助。即使组织设计的方方面面均有利于开展人际协作，但是如果不能够彼此了解对方的专业技术知识，组织中的成员是无法在一个项目上联系起来的。另一个方面是，信息访问人能否及时地与其所要访问信息的人建立并发生联系。如果不能够及时地接触到他或她的想法，仅仅知道什么人具有哪些相关的技术知识是没有任何用处的。

　　按照人际关系当中的这两个方面，我们可以绘制一个人际网络的潜含网络图。它不是目前发生信息流通所形成的人际网络，而是情况发生变化时由有可能发生联系的人员连结而成的人际网络。利用这种方法，管理人员可以找到正确的途径，改善人际网络在切换传递网络成员专业技术知识方面的能力。例如：如果你发现问题在于缺乏对网络成员情况的认知，那么你可以通过采取旨在帮助人际网络成员深入了解该网络当中的信息的措施——这些措施可以是技术方式的，或者是人文方式的，例如，建立人员技能档案的数据库，或者采取新的人事安排。如果是在人际网络连通方面出现问题，可以考虑采取建立同事之间信息反馈的机制，或者采用能够将分散的人员联系起来的技术手段，例如召开网络视频会议或者利用即时通（instant messaging，IM）一类的技术手段。

## 认知关系人际网络(Awareness Networks)

把组织当中"谁知道什么"这一认知能力用人际网络图表示出来，你可以掌握组织成员利用同事专业技术知识的潜力。例如，我们曾经分析过一家制药公司里科技人员组成的人际网络（不是我们在第二章里提到的那家公司）。为了能够迅速向市场推出一种高质量的合成药物，新产品开发小组需要把具有高度专业知识的人员整合在一起。但是参与开发小组的人员分布在5个不同的地理位置、4个不同的管理层次上。正是在这种情况下，他们试图将各种类型的专业技术知识结合在一起。

正是在我们分析这个人际网络当中哪些人了解并能够判断哪些人的专业技术知识及程度这一问题的时候，一幅能够说明问题的人际网络图像出现了，我们称之为"认知关系网络"。该人际网络比我们所见到的其他网络要稀疏得多。这说明，该小组成员还不清楚他们同事的能力，因此，小组里面最好的专业技术知识还没有得到挖掘。该小组有两个特点可以说明造成这种状况的原因。首先是物理空间上的分离造成缺乏那种通常可以暴露个人专业技术知识的随机接触；其次，小组成员中的专家们极力在他们中间寻求共识，甚至当出现需要把各种专业技术整合到一起的情况时，一个分组中的专家们往往还不太清楚其他分组中的专家们的"所作所为"，根据什么来让他们参与一个项目。

可以采取多种措施增进了解"谁知道什么。"在技术层面

# 第三章

上，技能档案数据库以及其他协作关系论坛可以推动发展这种认知。例如，英国电信公司（British Telecom）意识到其向全球推广产品及服务的计划受挫是由于它的6个工作部门全都变成了各自的世外桃源，因此一个部门的员工不清楚另外一个部门员工的专业技术。为了解决缺乏对他人专业知识的认知缺乏并改进跨部门协作，该公司通过知识交换网（Knowledge Interchange Network，KIT）建立了虚拟专业社区。这项分布技术有助于增进成员之间对他人专业技术知识的了解，改善了跨部门间的人际协作。

其他一些公司以及政府组织机构采取了更直接的面对面接触方式，例如像知识集会（knowledge fairs）一类的论坛形式，组织成员或者各部门可以直接交换有关当前工作的情况。尽管这类措施的作用有限，但它们还是可以提高整个组织内部成员对彼此的专业技术知识以及那些正在进行的项目的了解，并且认识到这些项目同他们实际上有关，只是以前没有意识到。再举一个例子，世界银行做出了一项具有战略意义的决定，它把自身从一个发放贷款的组织重新界定为一个提供知识与服务的组织。为使员工满足银行会员组织的需求，银行必须设法增进员工对整个组织内部的各种专业技术知识分布的认知与了解。而知识集会这种形式是这一过程中的一个重要步骤，来自不同专业小组的员工们纷纷搭起"展台"，向组织中的其他人介绍有关自己业务的情况。

为节省成本，其他一些组织则采用人事安排或者实行岗位轮换，来增进人们对人际网络中的关键分断部位所需的专业知识的认知。例如，Aventis 是由 Rhône-Poulenc 与 Hoechst 两家公司合并而成的一家制药公司。这家公司采用 GET（Global Experience Transfer）系统帮助公司的市场营销部门与研发部门的员工了解彼此的专业技术以及正在关注的问题。公司分别从研发部和负责不同药品种类的市场部小组中选择一些人员进行搭配，根据岗位轮换计划互相转到对方的业务岗位上（每一方轮流充当指导的角色）。该计划拓展了员工共享协作的领域，在重要职能部门的组织边界上营造出一个认知关系的网络。

### 接触关系人际网络(Access Networks)

当我们需要帮助与建议的时候，我们通常希望立刻就能得到它。了解谁与谁相互接触，到达什么程度，对于人际网络对新的机会做出反应是十分重要的。通常，人际接触程度是有强弱分布的。接触程度最弱的一头，是一些我们无法接触到的成员。这可能是由于这些人位高权重，或者工作太忙造成的。这种接触的缺乏，不能够通过技术手段加以解决。处于中间接触程度的，是那些能够给出简单回答的人们，他们提供最低限度的信息或者给出其他信息来源的提示。这种交流是有帮助的，尤其是当我们只需要就事论事的信息（surface information），或者已经对问题有了一定了解的时候。但是当我们为一个复杂的或者以前从未遇到过的问题冥思苦想的时候，这类成员对于我们利用他们所掌握的专业技术知识来说，通常难以提供充分的帮助。

## 第三章

接触程度最强的一头，是一些与我们有直接关系的人。这些人是能够真正帮助我们在千头万绪的线索中寻找问题的答案，而不是那种随口一说，说完就完的人。他们能够理解求助人的要求，提供实际可行的见解。提供这种帮助并不需要占去专家们很多的时间，通常，这个过程包括两个阶段。首先此人要理解求助人的要求，其次是根据自己对这方面情况的了解来向求助人提供帮助。一名接受采访人员对我们这里所谈的情况做了以下的描述：

"某些人既不问问你的目的是什么，也不问问你是哪个部门的，上来就发表一通他们对这个问题的高见，也许还在他们给你提供的方案中留一手。但是她是另一种人，首先她要搞清楚她自己已经明白了问题是什么。我经常遇到这样的人，他们马上高谈阔论，因为他们觉得自己很聪明，他们抛出问题的一些框架或者角度，很快让你感到心满意足，这样他们可以回避解决问题的辛苦。而她虽然在公司里面有地位，负责任，却不像他们那样。"

同前面提到的认知关系网络一样，我们发现画出人际接触关系的网络图，有助于了解谁能接触到谁。例如，对一群在美国政府机构工作的工程师进行的人际网络分析表明，在认知关系的人际网络中连通程度很高，而接触关系的人际网络却处于高度分离的状态。接触关系网络呈现出按部门集结、同时又受到来自总部机构领导的严格控制的势态。因此,机构成员在切换传递同事的专业技术知识方面没有充分发挥出应有的效率,原因是他们不能及时地从对方那里得到回应。

为了改善接触关系网络及其整体的连通性,机构的管理层采取了两个措施。首先,他们开展了一系列活动,建立跨部门的人际联系。在季度会议上,开展饶有趣味的活动,既专注于工作情况的沟通,又帮助没有在一起工作经历的人员之间建立起同事的感觉和信任感。其次,管理人员开始在年终考核中增加对员工知识共享表现的评审。部门领导也提倡跨部门的人际协作,他们得到授权可以公开奖励这种行为。

当组织运行良好时,如果你感到找到你想要找的人是一件困难的事情,那么不难想象当企业进行重组,一切都处于变动之中的时候,你所遇到的挑战将会有多大。我们研究了一家从事发放抵押贷款的金融组织,当时这家机构正在从部门结构转向以小组为基础的跨部门结构过渡,以减少贷款业务中缺乏效率的问题。改组之前,部门中的员工很容易将彼此间的知识链接成人际网络,然而重组之后,那些缺少工作经验的人在学习掌握自己的基本职能方面感到比从前困难得多,而有经验的贷款业务人员和分析人员则感到合作解决问题比改组前困难得多。

人际网络分析图表明,在转向小组结构4个月之后,几名被认为是最重要的业务人员似乎让他们的同事感到无法

# 第三章

接近。事实上却是他们不仅要接受小组中的新同事的信息访问，他们原来的部门同事也频繁地向他们咨询业务，造成他们自己本身的业务难以完成。在职能部门里，经理人员看得见有人前来访问信息的过程，但是在以小组为基础的情况下，他们难以察觉这些提出建议的骨干成员已经沦为工具。事实上只要略微看一下员工业绩达标情况，例如，提供贷款咨询服务以及放款订单数等，就会发现，这几名业务骨干的业绩显著下降。此外，他们工作的时间越长，业务达标情况却越差，进而影响个人的红利收入，严重挫伤了他们工作的士气。

现在人们越来越多地需要在不同的地点办公，因此，各个组织正在努力解决人员接触的问题。大多数的组织采取技术解决的方案，例如，使用 E-mail、建立同步与非同步协同环境、召开可视电话会议、使用即时通，等等。然而我们发现，单纯依靠技术手段的公司往往忽视考虑组织设计方面存在的问题以及文化规范的影响，而它们是促进接触关系的更为有力的方法。

绩效管理系统旨在改善个人行为，然而看起来它却是造成网络稀疏与分断的基本原因之一。等级结构，对谁和谁接触通常也有显著的影响。一些组织已经开始采取措施，例如将知识共享作为员工职责的一部分，或者是将其写入有关职业道德的规章制度，以促进跨等级结构的人员接触。在贝克曼实验室（Buckman Laboratories）里，任何一位员工都有权与另外一位任何级别的成员进行直接交流。为此，该实验室还安装了一套通讯设备,支持所有员工之间彼此能够互相接触。

一些组织还考虑通过对物理空间的设计,来促进组织内既定的与随机的人际接触。例如:克莱斯勒汽车公司在转一个圈之后,又回到原来的位置。从分散再次回到集中,所有参加一辆新车开发过程的人员集中在一幢大楼,这样他们彼此之间可以进行面对面的接触。Alcoa公司的新总部大楼,开放式设计的办公室和家居式食堂被安排在每一层的中心位置,并留出很大的空间。在此之前,高管层的人际接触仅限于电梯间里遇到的少数员工,或者是那些事先约好见面的人。而现在,管理层与所有的员工有了更多的接触,可以进行随机交谈。这种空间格局的变化增加了人员总体接触机会,拉近了管理者与员工之间的距离。

另一些组织则把人员接触作为一项原则落实到管理实践当中去。以英国石油公司(British Petroleum)为例,这家公司认识到,在一个项目的开始阶段就解决好人际协作问题尤为重要,特别是在这个阶段学习别人的经验,对该项目以后的进程、成败与否影响很大。于是,该公司对于钻井方案建立了一个同事评审程序。根据程序,项目经理必须在开钻之前,请同事提出技术建议,相应地,这些人员被要求回应这些请求。由于重点关注的是员工的表现,因此那些具有最多相关知识以及拥有最先进经验的人员被连结起来参与到工作中。通过这种方式,不仅每个人的工作表现得到了改进,员工之间对于彼此的能力也有了更多的了解。

# 第三章

## 综合考虑人际网络

除了对有关认知关系和接触关系的人际网络进行单独考察之外,管理者还需要把它们结合起来进行考察,以进一步了解人际网络对于各种新的机会做出反应的能力。例如,在本章开始曾提到过一个知识管理咨询人员的网络,我们对这家企业中另外38名负责通讯业务的咨询人员组成的人际网络进行了一次分析。首先分析的是被调查人员的认知关系网络,以查明在这个小组中,有哪些人能够说出他知道并理解的其他人的专业技术(见图3-2a)。当我们把接触关系的人际网络图与认知关系的人际网络图叠放在一起的时候(见图3-2b),一幅新的网络图像立刻呈现在我们的面前。最终,如果要实现信息共享,认知网络与接触网络必须同时存在。当把两种人际网络图放在一起进行比较的时候,我们能够从图中看出一名网络成员在遇到新问题或者机会时从别人那里获得信息的能力。

在这种综合的网络图中,某些情况引起了我们的兴趣。首先是我们注意到网络连通程度比在单独的认知网络中显著地下降。建立一个有效的人际网络需要同时兼顾认知关系与接触关系两个方面。在人际网络当中建立起"谁知道什么"的认知关系网络与建立起一个人际环境使认知关系在其中发挥作用完全是两回事。技能档案数据库未能够达到预期的效果,其中一个原因是被搜索人员通常没有做出反应。

图 3-2a　表示认知关系的人际网络图

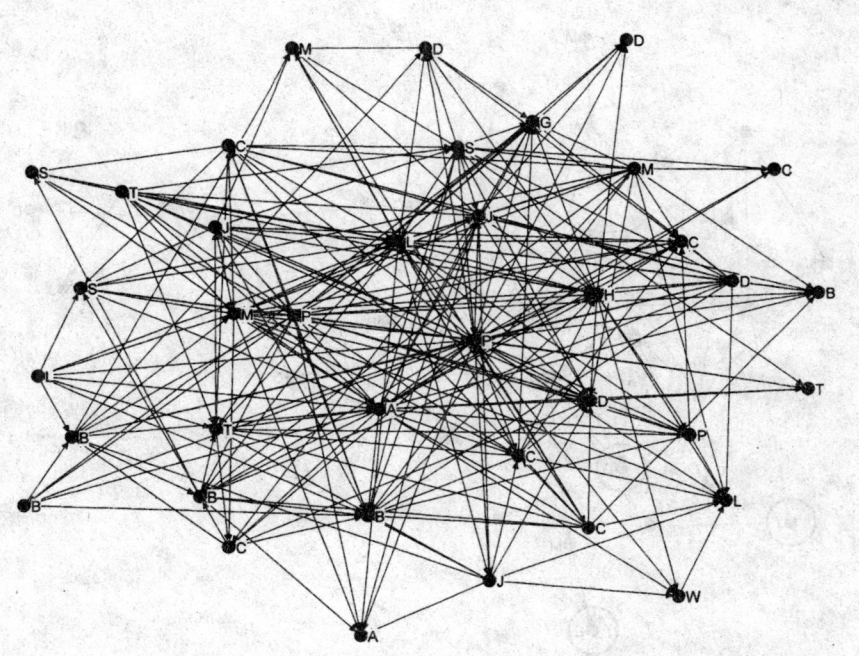

资料来源：本图取自 R. Cross 与 L. Prusak 所写"The Political Economy of Knowledge Markets in Organizations"一文，见 *Blackwell Handbook of Organizational Learning and Knowledge Management* [eds. M. Lyle and M. Easterby-Smith (Oxford, UK: Blackwell, 2003)]一书。

如果各种激励措施、企业文化、领导意识、时间安排等诸多因素均与一个人帮助另一个人发生冲突，那么，无论采取什么技术手段也无济于事。

其次，某些人在综合网络中所起的作用值得注意。例如，在该小组中，合伙人（图 3-2b 中用黑实线圆圈表示）在人际网络中移到了边缘人物的位置上。一般来说，人们在有形

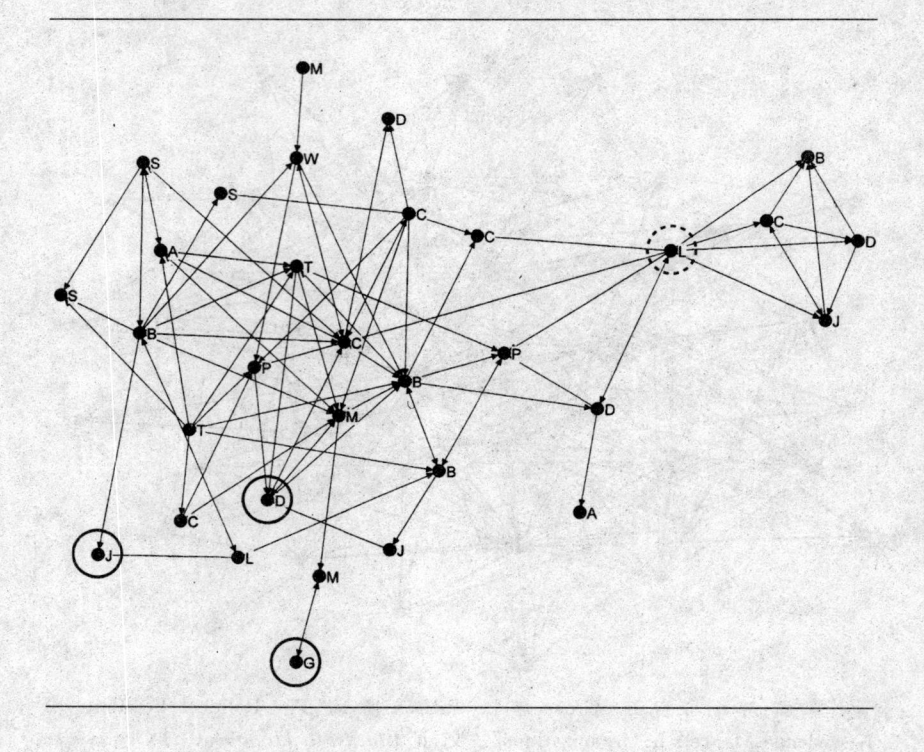

## 第三章

图3-2b  表示综合认知关系与接触关系的人际网络图

组织中的级别越高,其工作越带有管理的性质,使得他们不容易被别人接触到。同时,他们对于属下日常工作的了解也会减少。当我们把接触关系网络图叠加上去的时候,处于网络核心位置的人物都是中层管理人员。尽管他们在有形组织当中不处于指令链中的高端位置,但是这些人对于帮助同事解决新问题、推动组织创新,发挥着重要的作用。

最后,在图3-2b中右侧的分组的人际网络值得注意。出现一个独立的人际网络并不一定是件坏事。一方面,从骨干网络中游离出来的这片网络可能代表尚未被连结入网的专业知识,有时也可能是表明,需解决"公司政治"(political)问题。另外一方面,为开发新的产品或服务,管理层可能需要为开展创新活动的人员腾出一定的时间与空间。像通用汽车公司成立的"土星"(Saturn)业务部,或者IBM将PC机的开发工作放在Boca Raton来进行,就属于这种情况。

我们刚刚介绍了对于通讯业务咨询人员所进行的人际网络分析的情况。大约是在我们进行这次分析的一年之前,一名中层管理人员(图中L),被调到一个技术应用的组织中开发一项新的服务。他立刻召集了几名身怀绝技的专业人员,马上开始提供技术服务,并创造了许多销售机会。经过一段时间之后,这个小组变得与整个组织孤立起来。就该小组的宗旨而言,这不一定是坏事。这里的问题在于该小组的人际网络与整个组织的人际网络之间的联络仅仅通过一个人的关系。一旦L被另一家高新技术公司挖走,那么整个小组的工作就会陷于瘫痪和孤立的状态。即使管理部门能够慢慢地整合原来的关系网,许多工作时间显然会浪费在这一过程当中。

根据综合网络观点,可以澄清组织成员处于网络边缘的原因,找到对应的解决方案。处理同边缘人物的关系与处理同无法接近的网络成员的关系应当有所不同,因为这些人仅仅是由于其他人不知道他/她的专业技术知识与技能而处于人际网络的边缘。

绘制我们在这里提到的那些关系的网络图有助于管理

## 第三章

人员改进这些虚拟组织的工作成效。在同波士顿学院（Boston College）的史蒂夫·博格蒂一道进行的一项研究中我们发现，从统计的情况来看，认知与接触可以促进物理空间位置上的接近与信息访问活动两者之间的关系[2]，换言之，人员之间走动得越近导致认知与接触的发生，从而进一步诱发人际网络当中的信息访问活动。这提示我们，除了碰头会，其他措施也可以帮助促进虚拟人际网络当中的成员与同事之间的联系。尽管虚拟人际网络不能产生在饮咖啡机旁出现的那种随机信息共享，但是提高人际网络当中的认知与接触活动的水平，可以产生更大范围的人际协作。

## 信息类型与寻找解决方案的人际网络

对具体问题，找谁来帮助解决，取决于我们的需要。到目前为止，我们始终从一种角度来考察信息流，实际上，人际网络当中流动着各种各样的信息。因此，有些时候，我们有必要将一个组织的成功与某种性质的信息联系起来进行观察。管理人员不自觉地把人际网络看成是交流一词的同义语，这种现象是再经常不过的了。但是如果你仅仅提出一个问题，比方说，"你通常都和谁进行交流？"来分析人际网络的沟通情况，是很难得出确定结论的。

通常，人际交流网络中的核心人物是秘书人员以及办公室的管理人员。确切地讲，这些人起着关键的协调作用。然而在涉及到组织的带有战略性质的工作，比如，开发新业务、解决复杂的问题或者设计新产品,他们就很少处于网络核心的位置上了。在交流的人际网络中,充斥着——在一定范围内——玩笑、小道消息、对有关行政措施细节议论,以及纯属个人范围以内的交谈内容,意识到这一点很有必要。当然,我们并不认为,在一个健全的人际网络中,除了工作信息以外的其他内容的东西一概不能流通。问题不在于在消除非工作关系的人际交往,而在于明确我们所要绘制的网络关系图,这样我们就可以清楚地发现改善人际协作及由此而产生的经济效益的手段。

要使分析工作产生实际意义,我们要求公司明确界定获取成功所必须共享信息的种类,然后我们对其中每种信息进行分析。以我们在前面提到的制药公司为例,我们曾向员工详细询问了正在开发研制的合成药品的各方面的情况。通过询问员工对于药品的研发市场、营销、药品的广告宣传,以及他们从谁那里得到具体的信息等方面的问题,我们准确地把握住了由于哪几种知识的匮乏造成研发部门与市场销售部门之间的协作难以维持。判断的精确性对于其他类型的组织来说也是十分有益的,例如医院、软件开发公司、海上石油钻井以及投资分析公司,等等。在每一种情况下,其要旨不外是明确在组织中需要共享信息的种类,然后再针对每一种类分别绘制相应的人际网络图。

按照这种思路,管理层可以利用网络分析方法,分析其他重要类型的人际协作。在有些情况下,我们既给出了信息流通的人际网络图——你找谁要信息完成你的工作,同时又

# 第三章

绘制出了解决方案、或者进行头脑风暴的网络图——当你构思解决工作中一项新的或者带有挑战性的问题时，一般你向哪些人寻求帮助。寻求解决方案的人际网络图可以找出所需要的专家以及胜任创新的人。而在这一点上，它的作用与体现信息流通的人际网络图是不同的。

举例来说，寻求解决方案的人际网络，对以知识整合为目的而把许多组织整合在一起的合并或者重组来说十分重要。考虑图3-3a，在这里我们看到有两套系统科研人员，为了整合出具有世界一流水平的专业技术知识，一家大公司

图3-3a 有关近期合并的研究人员信息流通的人际网络

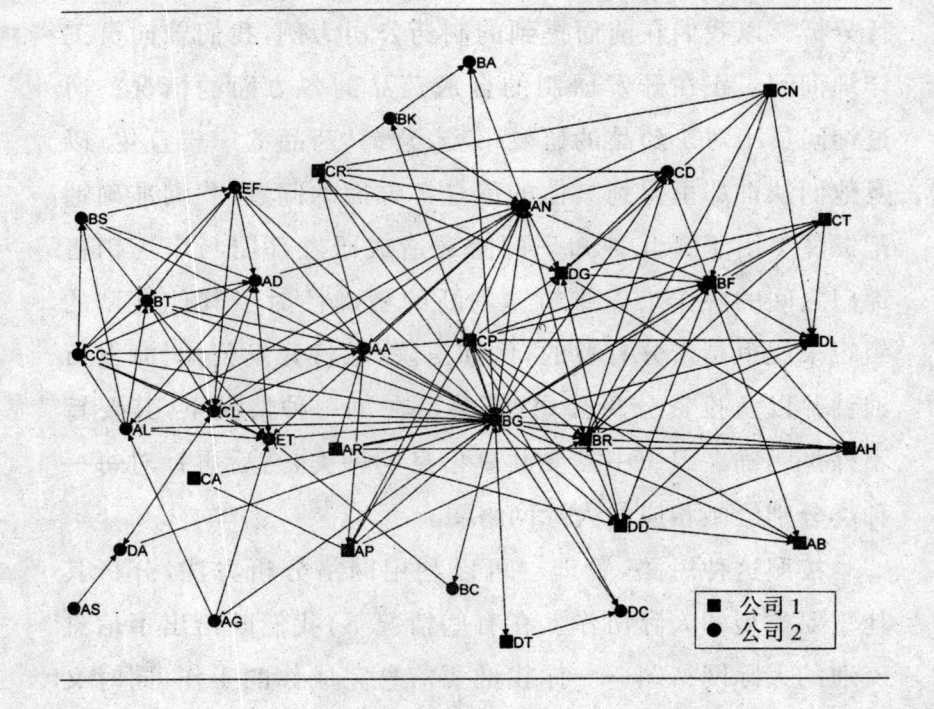

（图中用黑色方块表示来自这家公司的科研人员）兼并了一家规模比它小很多的公司。由图3-3b所显示出来的结果很能说明问题。信息在人际网络当中相当通畅地流动，但是寻找解决方案的人际接触却比以前显著地减少，现有的人际接触往往集中在沿原来两个公司分开的组织边界内。

图3-3b　近期合并的研究人员寻求解决方案的人际网络

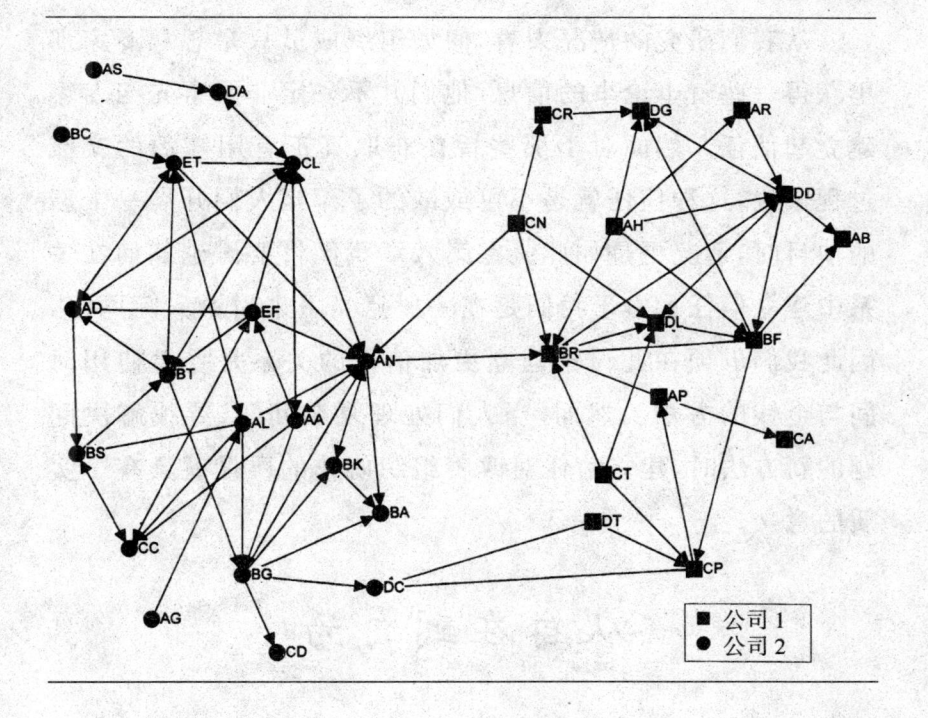

这种现象非常普遍。如果员工对需要寻找的信息有一个初步的设想，他们可能会询问那些他们认为掌握了相关信息的人。但如果是解决新问题，或者是遇到突如其来的问题

# 第三章

时，多数人会有所选择。我们希望对我们思想产生影响的人真正对问题有所了解，但这很难判断，因为面对新问题，连我们自己都所知不多。因此，我们还是倾向于信赖以前组织里的成员，因为依靠头脑风暴法的前提是我们缺乏有关的知识，因而其产生的主意可能存在风险。虽然建立信赖通常需要时间，但是很明显，建立信赖在知识密集型的工作中具有重要意义。

从我们研究的情况来看，假如组织成员只是想从专家那里获得一些就事论事的信息，他们并不一定非要事先与专家建立起信任。然而对于那些旨在获取真正有用知识的交流过程来说，这种信任就是不可或缺的了。当人们开展一个新的项目时，情况更是如此。在第六章我们将要讨论如何在关系中建立信任。由于我们是在一般意义下来讨论人际网络，因此我们毋须在此讨论建立更加信任的关系是妥善使用时间与金钱的方法。然而，当人们处理复杂问题、寻找解决问题的新方法时，建立信任对改善组织协作的质量就具有了实质的意义。

## 从自在到自为

一个有效的人际网络所涵括的内容远远超出仅仅是信息的流通。那些需要对客户要求做出快速、及时反应的组织，可以通过提高个人对专业技术的认知与接触而获益。对于管理者来说，分析网络当中所发生的各种人际交往——从寻找信息的一般接触,到深入接触、最后介入到解决问题——是很重要的。而人际网络分析的视角为管理层改善组织的灵活性与实效的努力提供了可靠的信息。

但是管理信息只是整个人际网络活动过程中的一个部分。我们有好的,至少是足够好的方案,但却没有办法使他人顺着我们的观点观察问题并采取行动。有些人为了实现他们的想法,能有效地激发人们的活力,或者富于激情。这种能力使他们具有巨大的号召力,容易做出成果来。我们接下来就谈到能量的概念,并探索能量如何产生,并在人际网络当中流动。

# 第四章　赋能:激发组织能量

我们这儿表现得最好的人员不单单是那些精明强干的人,我们这儿还有一些世界上最优秀的咨询人员。但是其中的一些人总是比另外的一些人更成功一些,这同他们身上的那股冲劲——"冲劲"是我这么说的——而不是人与人之间智商上的那一点点差距,关系更大。表现最好的人员对事情总有那么一股热情。我的意思是说,他们不仅精明强干,有好的主意,而且能够让你买他们的账,让你围着他们的主意转。他们能创造能量,这东西你看不见,也摸不着,但是它能把这儿的人都吸引过来,来支持那些能干的人正在干的那些事情。不仅如此,它还能带来客户与销售。我知道能量这个词听起来有点像新世纪的说法,但是我说的那个冲劲也好,还是叫做能量也好,的确是同这些人有关系的,并且最终同一个企业的成败有关系。

——一家战略咨询公司负责管理的合伙人

## 第四章

在这位合伙人抒发这番感慨的时候,我们正对这家著名的战略咨询公司进行人际网络分析。与此同时,我们正在和几家组织一起工作,想确定什么是由高绩效人员组成的人际网络。我们的假设是,那些绩效更好的人员总是会更加有效地获取信息以解决工作中出现的各种问题。因此,我们总是从以下几个方面来评价员工,包括个人的专业技术知识、技术手段应用水平,从人际网络中——不论是在组织之内的还是之外的——获取信息的能力。然而这位合伙人的见解促使我们改变了思考这一问题的方式。

这位合伙人的看法在于,获得信息与具有好的主意仅仅是那些高绩效人士获得成功的部分因素。这些人的确有好的主意,但同时他们还长于说服消费者、组织成员以及他们的上司,使其看到他们思想的价值所在。许多人都曾遇到这样的情况:最好的主意——有时就是我们自己的——没能最终胜出。我们可能会垂头丧气地走开,同时奇怪为什么别的人看不出我们思想之中的闪光之处呢?按照这位合伙人的看法,能够创造能量(energy)的人,像这样的经历要比多数其他人少很多,这是因为他们能更加有效地鼓动他人支持他们的观点。

与这位合伙人见面之后,我们在我们的调查当中增加了一项内容:考察该组织中"谁赋予谁能量"(who energized whom)。根据我们对于能量的调查结果制成的网络图非常醒目,看到"能量网络"中出现节点簇拥的地方,我们立刻便能随手指出几个项目,它们都是因提出创新而被公认为是非常成功的项目。节点簇拥的地方还代表着不论是有形组织还是无形组织中的领导者,他们都是一些高绩效人士。同时,我们在网络边缘上也看到了另外一些人。我们甚至还来不及对调查结果进行分析做出结论,这些人就已经自动离开了该组织。这种情况并不让人感到意外。

在考察能量网络的时候,我们还发现能量也起负面作用,即它可以让人"卸能"(de-energy)。许多人都曾见识过这样一些人,他们具有一种奇怪的本事,能让一个组织变得毫无生气。如果可能,人们总是尽力回避这一类人,宁肯付出牺牲利用这些人的专业技术知识作为代价。当人们不得不与他们接触时,负面效应通常不仅仅局限于人际交往的过程当中,人们很可能因害怕见面而蛰延时光,心中还不停地盘算届时怎样与卸能人士(de-energizer)周旋。接触本身不能给人带来任何成果,反而令人沮丧。在这之后,人们感觉自己好像泄了气的皮球,往往还回过头去找自己的同事发泄心中的愤懑。不幸的是,卸能人士不仅让见过面的人感到情绪低落,甚至连不相识的人的工作也会受其影响。

在我们分析过的人际网络当中,多数的卸能关系(de-energizing relationships)出现在小组中的管理人员身上。如何向他们挑明这一点是一件微妙的事。然而值得称道的是,这些领导成员立刻约请和我们会面,让我们帮助分析他们的工作作风以及同别人打交道的方式如何使得组织的能量丧失

## 第四章

殆尽。他们可以通过接受特定行为模式的培训与开发来改变局面,并且需要将这些行为模式深入贯彻到人力资源管理的实践当中去,例如招聘面试、360度信息反馈,等等。当然,领导者并不希望在任何时候对任何人进行赋能(energizing)。有些时候领导者需要制定严厉的、不受欢迎的决定。然而,他们敏锐地意识到,能量与领导者之间,具有千丝万缕的内在联系。在过去,有时候是在经济衰退时期,独断专行可能大行其道。但是今天要想留住那些本身有许多种选择的高绩效人士,主管人员需要从管理自身和他人的能量的角度,考虑一下自己领导方式的问题。

## 能量如何影响绩效与学习

一旦我们接触到能量这一概念,我们发现无论我们走到哪个组织,几乎没有一天不听到人们提起这个词。例如,就连项目也常常被冠以能量一词,称为"高能项目"、"低能项目"。人们把那些备受众人瞩目的项目叫做高能项目。另外,影响力较大的人物通常被说成能够创造能量。凡是有他们参加的活动中,他们总是支持首创精神。我们在咨询公司进行调查的经历使我们认识到,能量与一个想法被人付诸实践的方式紧密相关。尽管能量充斥于组织形态当中,然而它的形态却是捉摸不定。我们需要知道能量是如何产生的,以及它如何在组织内外传递,是否与组织绩效或者学习有关系。

我们尝试用人际网络分析方法来回答这些问题。虽然能量可能源自内在的冲动或者工作设计的激发,而我们感兴趣的是,它是如何在日复一日工作的人际交往中产生出来的。我们利用人际网络分析技术,绘制组织内部人际网络图的方法,对 7 家不同类型的大型组织的能量情况进行了分析。我们特别问了这样的问题,当你与某人交往的时候,通常情况下这种接触是如何影响你的能量水平的。接受调查人员被要求在 5 种情况里面做出选择,其中 1 表示被严重卸能,而 5 表示被强烈赋能。[1]

对人际网络当中的能量进行分析能够说明很多问题。例如,你可以发现,哪些人是组织中"吸引者(attractors)",你还能断定哪些项目最大地激发了人们的热情,从而具备了最大的成功可能性。你还可以发现企业重组或重大变革是否正在取得预期的结果。

例如,我们曾对一家政府机构进行过人际网络分析。该机构在发生了 9·11 恐怖分子袭击之后,重新任命了一批行政主管人员,负责在其遍布全美的行政网络中执行一套新的应急计划。如何判断这次人事变动所产生的结果?一种方法是对整个人际网络当中的人员协作状况进行分析。该人际网络中的赋能关系清楚地表明,领导人员在使其他人共同为该机构新的战略方案而努力的方面,做得十分有成效。这一点充分地反映在图 4-1,以及我们所进行的一系列的调查采访当中。

# 第四章

图 4-1　一家政府机构中赋能领导人的人际网络图

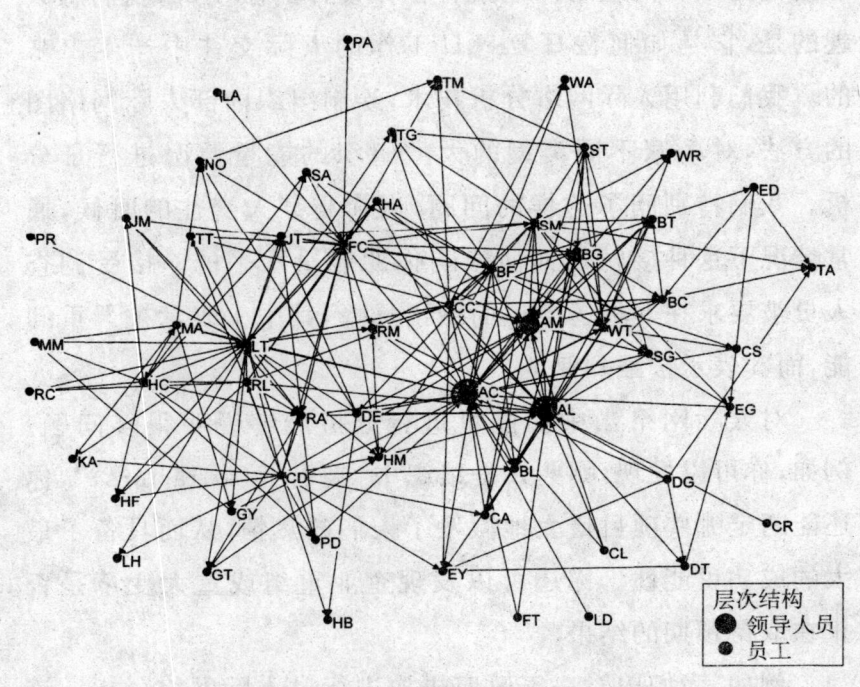

资料来源：此图见于 W. Baker, R. Cross 与 M. Wooten 合写的 "Positive Organizational Network Analysis and Energizing Relationships" 一文，见 *Positive Organizational Scholarship* 一书，作者：K. Cameron, J. Dutton 与 R. Quinn，出版：Berrett-Koehler Publishers, Inc., San Francisco, CA, 获出版商允许转用。

　　管理者还可以找出人际网络当中的卸能人士（energy sapper）。卸能人士可能是某个人，可以让其接受咨询或者培训进行改变；也可能是某一类人，例如职能部门的成员，领导小组成员。员工们是否对重要的战略理念高度重视？是否由于员工强调自身工作的不同方面，或受制于不同角度的绩效考核,而造成跨部门的人际网络分断？还是领导者本身让组织失去活力？我们曾对一家石化公司中的一个工程师小组进行过人际网络分析,他们认为他们的顶头上司们大概就是卸能人士(见图4-2)。事实上,如果从人际网络图中拿掉这些上司,卸能的人际网络连通数量骤然下降了91%。能量

图4-2 一家石化公司组织中卸能领导人的人际网络图

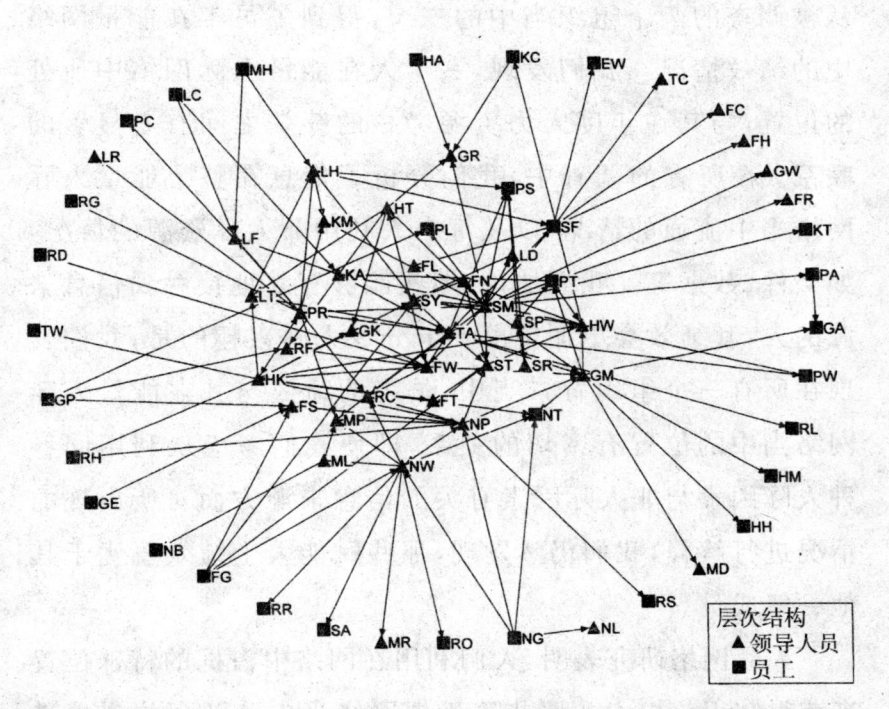

资料来源:此图见于 W. Baker, R. Cross 与 M. Wooten 合写的"Positive Organizational Network Analysis and Energizing Relationships"一文,见 *Positive Organizational Scholarship* 一书,作者:K. Cameron, J. Dutton 与 R. Quinn,出版:Berrett-Koehler Publishers, Inc., San Francisco, CA,获出版商允许转用。

## 第四章

网络揭示了许多有待深入思考的问题，为我们展示了多种考察领导行为的独特视角，同时也为开展信息反馈、员工培训以及职业发展计划，等等——奠定了基础，而这些活动对于提高组织活力来说，是至关重要的。

### 个人绩效与学习

能量对于个人的绩效与学习是否也是重要的呢？我们从被调查的 7 个组织当中的三个，得到了员工在能量网络中的绩效情况。我们发现，一个人在能量人际网络中所处的位置，与其在年度人力资源考核的绩效之间有着显著的联系。[2] 在所有的调查中，我们分析了信息在整个能量人际网络当中流通的情况，以及每个人利用非人际资源的情况，如文件、数据等。我们估计，那些能够有效地接触到信息来源的人，其绩效会更加突出。十分令人感兴趣的是，我们发现在所有三个组织背景当中，员工的绩效与其在能量人际网络当中的位置有密切的关系，即使我们考虑从利用同各种人际因素与非人际因素有关的信息来源方面对所出现的情况进行解释，我们仍然发现，那些赋能人士绩效要优于其他一般成员。

人际网络研究表明，人们利用在网络中占据的特殊位置来获得知识与权力。那些善于把网络当中分断部位连接进来的人提升得比其他人要快，同时他们的职业生涯也具有更大的流动性，这是因为他们能够先于他人获得各种机会的信息。其他的一些调查结果还表明，赋能人士更加可能得到他人的倾听，因而他们更容易使自己的想法付诸行动。在组织中，好的或至少是可行的想法比比皆是，除非你能使别人相信它们，并且愿意为之行动，否则单凭灵机一动是难成大事的。赋能人士比其他人更加擅长使他人按照他们的想法去行事。例如，在组织之内，为一项建议聚集起必要的支持；在组织之外，能够说动客户，让他们乐于为咨询服务付费或者购买有关的咨询软件。

我们通过采访还发现，赋能人士可以从他们周围的人当中获得更多的东西。简言之，人们在同一名赋能人士交往时会更加投入。在会上，或者在一起磋商问题时精神也会更加集中。他们还可能挤出自行的时间来考虑赋能人士所关注的问题。上下班的路上对问题进行考虑，发几个 E-mail 寻找信息，为其牵线搭桥、介绍个人物，这些都是我们更乐于为一个赋能人士而不是一个卸能人士去做的。

同样，在组织内部的员工当中，赋能人士也能胜出一筹，他们会把其他高绩效的人员吸引到他们的周围。他们的声誉在组织中远扬，除去在那些极端官僚体制的组织类型当中，人们都愿意为那些赋能人士去工作，几乎没有人愿意为一个卸能人士去工作。这种为赋能人士去工作，或与他们一道工作的心态，似乎能够解释我们有关能量与绩效之间关系的最后一个发现：赋能人士不仅是工作绩效更高的人，那些与赋能人士关系紧密的人也都是一些高绩效的人。换言之，赋能人士提高了他们周围群体的总体绩效水平。

## 第四章

赋能人士对于个人或组织的学习也有显著的影响。人们依靠他们自己的人际网络，获取信息以完成工作。如果进行选择的话，显然人们更可能选择赋能人士，而不是卸能人士访问信息进行学习。

图4-3a与图4-3b分别表示政府部门中一组行政人员的人际网络的两组图像。图4-3a表示该小组的信息访寻的人际网络。有趣的情况出现在图4-3b中。在这里我们看到的是将卸能人士的人际网络与信息访寻的人际网络叠加后

图4-3a 能量对学习的影响：一组政府部门行政人员信息访寻的人际网络

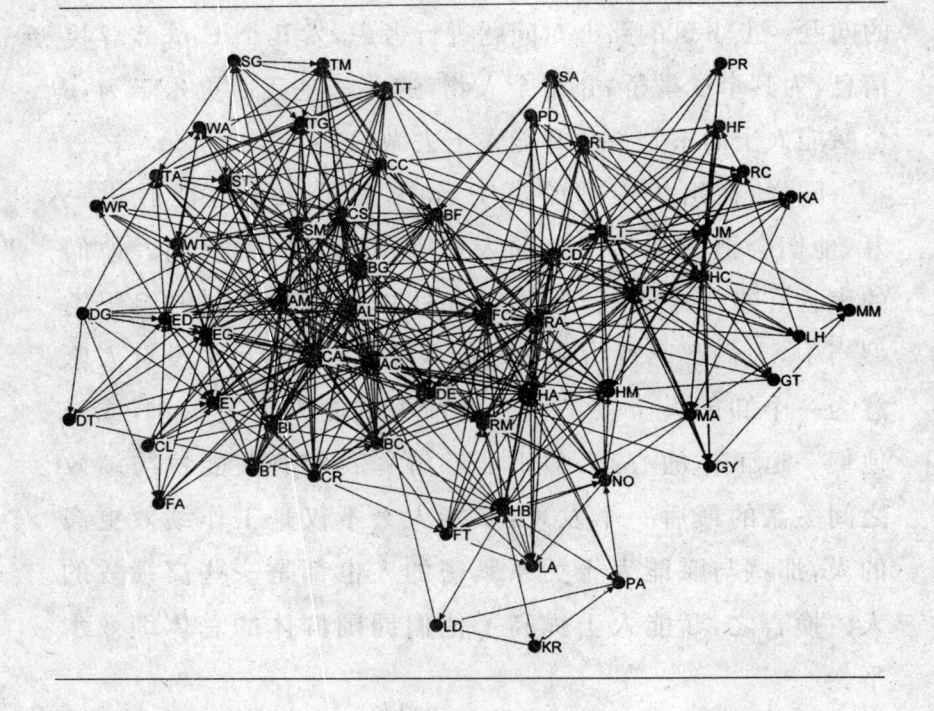

的人际网络图。这张图表示人们在多大程度上从卸能人士那里访问信息。只有当该小组的一名成员声称曾经向卸能人士询问信息之后才可能出现一条连线。网络缺乏连通,形象地说明人们在多大程度上回避卸能人士。另一个需要说明的是,除了两个连通线之外,其余所有的连线均表示有形组织中上下级的行政隶属关系,而这一关系要求人们向某一位卸能人士人员访问信息。

图4-3b 能量对学习的影响:向卸能人士进行信息访寻的人际网络

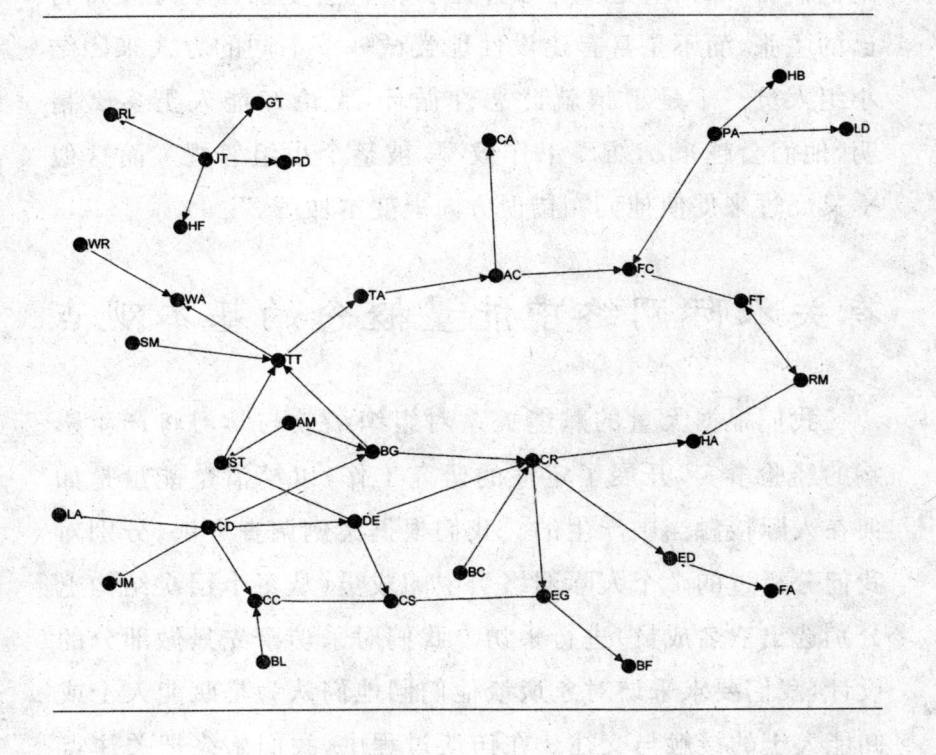

# 第四章

在接受我们采访的人当中,所有的人都直言不讳地表明:当他们进行选择的时候——这种选择比我们想象的要多,他们会选择寻找赋能人士。因此,赋能人士对于组织学习的影响非常大。而另一方面,卸能人士的专业技术知识,无论多么对口,却常常无人问津。同时,更加成问题的是,卸能人士并没有寻找矫正自己行为方式的方法。当他们被其他人"绕过去"的时候,卸能人士往往固执己见,一意孤行。用一位行政人员的话说,避免接触卸能人士"只能令他们的嗓音更大,引来更多的麻烦,因为他们觉得'没人听话了。'对他们而言,那简直是十字军东征!他们会更加强硬地坚持自己的主张,而不是富有建设性地尝试一下不同的方式来团结小组人员。于是事情就此恶性循环,无论卸能人士多么精明,他们会越来越妨碍工作效率,被整个小组忽视。而这似乎又反过来促使他们在错误方向上变本加厉。"

## 有关人际网络中能量概念的基本观点

我们根据大量的赋能关系对组织绩效与学习将产生影响的经验事实,开展了定性的研究工作,以搞清楚能量是如何在人际接触当中产生的。我们根据案例调查方法,分别对我们分析过的7个人际网络当中的成员(从每个层次结构上分别选出三名成员)进行采访。我们对采访事先只做部分的设计,我们要求采访对象谈谈他们同他们认为是赋能人士或卸能人士的接触与交往。在访谈过程中,我们始终把关注点集中在能量是怎样从与赋能人士的接触当中产生的,以及怎样在与卸能人士的接触当中泯灭的。

我们发现有两个问题值得注意。首先,赋能接触明显地受人们行为方式的影响,同时还受某些个性差异以及接触双方之间关系的性质的影响,例如,一方给人以信任感,而另一方则正好相反,尽管他们在接触的过程中可以表现出同样的行为方式,但是交流所取得的效果却不一样。例如,一个人可能会被一个正直的、不仅仅只为谋取个人利益的人的看法赋予能量,相反,同样的看法如果出自一个缺乏正直的人反而可能会卸去人们身上的能量。由此看来,能量不完全是在具体的人际接触的过程中产生的一种行为方式,它还与个人的日常行为密切相关。

其次,在人际交流过程中兼顾几方面内容后,能量才能产生。通常,赋能的交谈过程围绕一种看法或者目标展开,而它们必须给人以冲动感,足以激发他人的进取心理,但又不是过于恢弘而使人感到可望而不可及,甚至有些莽撞而使人感到压力。交谈过程必须能够基本围绕主题,使人产生需要继续谈下去的感觉,又不能使人感到拘束,或给人以神侃的感觉。简言之,能量诞生于一个交谈过程中,或者一个组织处于寻找解决方案的过程中,并且在以下5个方面得到最佳结合时才能产生。这5个方面是:有吸引力的目标、可贡献性、强烈的参与感、对进程的把握,以及必胜的信念。抓住这5个方面的关键点而不是枝节,对想要激发能量的人来说,不啻是一个挑战。

# 第四章

虽然我们的处方似乎显而易见，但现实中，事物缠身的领导常常把它们忘在脑后。实际上，我们常常见到一些踌躇满志的人，因为忽视我们上面提到的那些貌似简单的行为方式，而断送了其升任领导的前程。能够使人们主动参与的能力是至关重要的，仅凭领导人的委任授权是无济于事的。我们提出的这些行为方式，对于领导人员不在现场时其他的人是否按照领导意图进行工作，有很大的关系。有几家我们曾经开展过人际网络分析的组织中，已经把上面提到的行为方式的5个方面纳入到企业人力资源管理的实践中，包括人员雇用、员工培训以及业绩考核，等等。这些措施有助于营造赋能的组织环境，而不是拘泥于各个具体的人际接触过程或者领导行为所产生的结果。

下面我们将对这5个方面进行深入的讨论。

## 有吸引力的目标

涉及当前或者过去问题的交谈通常不能够激发能量。这种讨论只能为一个有吸引力的目标提供一个基础，同时缓解不确定因素所带来的压力。但是如果没有目标，这类交谈是不能激发能量的。无论是要实现个人的目的，还是企业的目标，能量产生于对各种可能性的关注上。或者，按一位接受我们采访人员的看法是，"能量来自'可能是什么'，而不是'现在是什么，'或者'曾经是什么'。"可能性，或者愿景，必须值得人们为之花费时间与精力，但是不能遥不可及。接受我们采访的人员一致认为，不现实项目的交谈只能使人迅速卸能,他们常常拂袖而去,不仅因为浪费了他们宝贵的时间,而且还由于身边的工作压上来而惴惴不安。

无论是通过雄浑有力的、还是透过循循善诱的谈吐,能否让人们感到吸引,始终是赋能人士与卸能人士的区别所在。赋能人士看到的是可以实现的可能性,卸能人士看到的是山重水复,处处是绊脚石。这并不是说意见不一致或者建设性的分歧本身是卸能的。几乎所有的接受调查采访的人都认为赋能人士总是能够立刻指出在他们努力实现目标时将会遇到的潜在问题。但是卸能人士却做不到这一点,他们或者将某种条件下存在的负面因素统统看成是人为因素所致。他们的目光只盯着可能出错的地方,或者急于寻找计划不能完成的理由。由于他们经常散布他们的那些观点,卸能人士可能会严重妨害一个组织实现一个引人而且有着现实前景的目标的能力。正像一位经理在谈到他的小组里的一名同事时说的那样,"他眼中只有问题,或者找些理由说某种方法不灵光。这已经是习惯成自然了。这不是一个简单的能置你的想法于死地的意见分歧,在它的背后是某种性格因素使然———一种专爱过分挑剔、没有创造精神的秉性。但是赋能人士则不然,他们具有一种倾向,更多的是去发现在一定条件下存在的各种机会,他们的表现让人感到他们就是机会似的,从而使周围的人也斗志昂扬。总的来说,人们愿意成为建设者当中的一员。"

## 第四章

### 做有价值的贡献

赋能接触的第二个特征是,你感到自己已经对于创造一种目标有所贡献,或者是你具备为实现这个目标做贡献的能力。能量紧密地同这样的信念联系在一起,即:世界因为有你而变得不同。而通常这种感觉的获得源于他人的承认,或基于个人的信念。

例如,有一位咨询人员这样描述一位赋能管理人员。"她来到会场。我知道她手中还有成千上万的事都等着要干。但是她说来就来,坐在我们旁边听汇报并提问。在我们接触的过程当中,她的提问很有水平。同她打交道、干事情就是这样。如果换成别的管理人员处在她那个位置上,可能进门手里拿着一份事先拟好的计划,全然不睬你的工作。而她,总是先了解你的工作,并对你的付出和想法给予肯定,使你想尽一切所能,把今后的工作做得更好。"

赋能人士创造机会让人们参与交谈或者寻找解决方案的过程,从而使人感到自己的意见得到尊重。他们不是盲目地沉醉于自己的想法、思路或者观点。相反,卸能人士常常既不为他人创造交流参与的空间,也不去欣赏他人的见解。如果遇到卸能人士本身就是个业务通,问题就更大了,他们在拿出一份完善的方案时,往往会让他人闪在一旁,从那一刻起,他们不愿让别人来插手,目的是为了减少在将来他们自己再来一遍的可能性。

这并不是说在所有交流以及寻找解决方案的过程中,人们所做出的贡献都需要被人赞赏一番,只有那些有效的贡献才需要获得首肯。对于无效的贡献,我们应当采取某种方式,使贡献者感到不至因此而遭到冷遇。如果是赋能人士,他们通常采取两种方式来处理意见分歧,使其不致蜕变成为卸能的过程。首先,他们公开自己对不同看法的思考,允许他人对这些不同看法进行研究与评判。这种立场与卸能人士所持的正好相反,后者通常只批评他人的意见,而自己不提出其他可能的想法,或者也不公开他们自己的想法。

其次,赋能人士把他们不同意的观点与提出这一观点的人分别开来。这尤其是对于处于行政领导位置上的人来说,既要员工一如既往地畅所欲言、对自己的能力保持自信,同时又要在组织内部产生最好的办法,并让所有人都按照最正确的办法执行,不啻是一个重大的挑战。相反,卸能人士往往将人们所持的观点同他们本人联系在一起,挑剔着不同的观点,而不是承认这些观点有它合理之处。一个卸能人士遇到不同意见的时候,可能采取这种方式"噢,你谈到这个,看起来不是一个好主意,我看……"相反,赋能人士可能会以更加中庸的姿态出现:"对于我们现在正在进行的工作,这里还存在着另外一条途径,或许我们可以考虑一下。"第一种姿态有意无意地流露出一种与贡献思想的人本身有关的价值判断。它同时还营造了一种氛围,有关人员必须在现有的方案当中做出选择,而不允许考虑一个综合的方案。相反,赋能人士将注意力放在建议本身上面,展示出一系列新的可能方案,并且不会在这一过程当中冷落任何一位组织成员。

## 第四章

**全身心投入**

　　赋能接触的第三个显著特征是,是在双方人员的会谈,或是组织寻找解决方案的过程中,所有参与者都在交流过程当中出现。而这意味着首先要理解他人交谈的内容,然后很好地将自己的专业技术知识融入到讨论的进程当中。能量似乎就在当所有参与者一起提出各种思想、聆听彼此的见解过程中慢慢积累。不时地出去和局外人说两句话,不仅让人感到分心,而且让人感到泄气。同样,一个人的心思没有放在交谈内容上面,其对话的效果也是如此。

　　思维活动高度紧张的交流可能让人感到心力交瘁。幽默的谈吐,例如讲述一些风趣的故事,言谈中充满了诙谐机智的话语,常常可以帮助人们重新打起精神,集中注意力。它还可以促使人们摆脱自己的角色限制而与他人一道参与,从而重新建立一种基于真诚的人际关系。当然,过分幽默会偏离主题,不受欢迎的玩笑也往往会造成人们中途退出。

　　能否促使人们投入的一个重要因素同个人的行为有关。肢体语言可以通过微妙但却是重要的信号,例如,互相交换眼神、欠身倾听、讲话时富于生动活泼的表现、手势的运用,以及写在揭示板上的提示等等,起到显示与激发能量的作用。想象一下从这样一个人身上传递出来信号:没有眼神的交流、不住地看手表、语言单调、嗓音嘶哑、不停地接听手机、时常双眼巡视窗外。一位主管人员这样描述一位赋能的人士:"嚯,'没治了'! 难以用语言来形容。他好像有一种力量让你也精神饱满。他浑身透着活力，同时给你能量。他在听你讲话、回应你的时候，他所表现出来的方式丰富、精彩。现在很多人不是这样。他们多少也在听，但总想伺机提出他们自己的观点。或许他们只是走过场听你交谈，而脑子早跑到别的地方去了。"

需要指出的是，赋能人士不是演员，甚至未必需要特别的魅力或凝聚力。相反，他们需要将自己投入到一个具体的交流过程当中去。如果电话铃响了，他们会选择不去接听这个电话。他们不允许他们的大脑倘佯到其他更加感兴趣的问题上，或者做出的发言、提出的问题表明他们一直未曾专心致志、对于眼下的沟通缺乏兴趣。虽然我们愿意让人们相信我们可以同时做很多事情，但事实上，大多数人在他们注意力不够集中的时候，总会暴露出各种各样的迹象来，尽管我们很少愿意承认这一点。

### 对进程的把握

赋能接触使人感觉自己似乎在主宰着一个事物的进程。因此，交流的方式对于产生能量感觉至关重要。一方面，在交流中泛泛地寻求解决问题，或者是面对太多难以解决的问题，将使人们丧失能量。人们并不要求每一次交流结束之时都必须得到一个明确的结果，但是他们至少需要了解将要采取的步骤。另一方面，太过专注于一个人（通常是领导者）提出来的解决方案上，同样也使人难以产生能量，人们希望自己的思想得到认同。如果人们觉得问题的答案还在探讨之

# 第四章

前就已经确定，或者只有某些人（可能是处于层次结构某个级别上的人，或者是领导者之类的人）的声音才能够被倾听，那么他们会很快失去合作的兴趣。

赋能人士追求实现目标，但对于如何实现目标，他们抱有一种开放与灵活的心态。卸能人士通常没有一个详尽的框架性方案（或许还拒绝别人一旦要这样做），于是导致出现让大家感到进行不下去的局面。对于一项正确的方针，他们也可能制订过于生硬的计划，或者采取一种先入为主的态度，把其他人的工作和想法抛在一边。一名软件开发人员向我们讲述这样一段经历："我们一直都在为这个项目拼命地工作着，而正在这时他不声不响地进来了，开始对我们指手划脚。他根本就没有花时间去琢磨我们的汇报，甚至连我们已经完成了的工作也不过问一下。上次会议上提出的想法本来已得到进一步的发展，这样一来，不仅上次的想法泡汤了，而且还使人们难以再把这项工作放在心上。本来人们应当投入更大精力来完成这项工作，而现在他们也不这样做了。"

## 必胜的信念

最后，能量还涉及情感方面的因素，但似乎又与我们每个人立刻产生的直觉有所不同。我们的访谈工作清楚地表明，大多数人都有可能被我们所不喜欢的人，或者被开始并不觉得有什么吸引力的工作，赋予能量。在这些情况下，情感因素往往通过试试看的心理，左右着人们的行为。从实际情况来看,当人们开始通过交谈相信目标值得一搏、同时也比较"靠谱"的时候,他们不再冷眼观瞧、袖手旁观,也不再瞻前顾后、害怕事情出现偏差,他们由于感受到目标实现的可能性而兴奋,那时,他们就被赋予了能量。

这种放弃保守姿态、转而拥有希望的做法,是受赋能人士影响的结果。尤其是,赋能人士诚实的态度可以通过两方面对能量的激发与否产生影响。首先,赋能人士对自己的想法畅所欲言,不私下藏着掖着,或者按照他们在组织中的角色界定循规蹈矩。人们觉得从赋能人士那里获得了真理,哪怕这些理论可能不会让人愉快地接受。相反,一些官场行为注定要摧毁能量。这些行为可能包括过分讨好上层人物、言谈举止过分,或者采取政治手段与他人订立攻守同盟、结成盟友或小集团。无论属于哪一种情况,当思想的判断不是按照其价值,而是根据人际关系中的个人好恶,能量注定要枯竭。

一家战略咨询公司的管理人员在谈到这些问题时举出一例:"她一向坚持原则。办起事来不是怎么方便怎么来,或者对她怎样有利就怎么办。在一次重要的商务会谈时,我们本已打算从客户那儿抽出身来,做些让步,以满足他们的要求,然而她不。最后,她既坚持我们原来的做法,又没有在她认为是极其重要与正确的问题上做出妥协。"

其次,言行一致尤为重要。在人际交往中,赋能人士能够在多大程度上使人激发或者泯灭能量,取决于人们是否相信对方会兑现已经做出的承诺。在我们的采访当中,我们不

# 第四章

止一次地遇到这种情况——因对方未能按照许诺行事而使人们感觉无望。很自然,以后再次同这些人接触的时候,人们就会失去能量。一位软件工程师回忆道:"我和别人第一次在一起接触搞一个项目。回到家中我有点忘乎所以。我对丈夫滔滔不绝地谈论我的想法,说实在的,我花了整整一个周末筹划这一项目。但是那个人再没回来找过我,他说过的话都不算数了,我只能一个人把工作都做了。第二次,我又重复了头一次的情况。然而现在我长进多了,对于那样的接触,我会头也不回地走开。由于大多数人没有我所经历过的那些事情,一些表面上的机会时常会让他们兴奋不已。"

## 激发能量的 8 项决策

你是一名赋能人士,还是一名卸能人士?我们常常只考虑其他人会怎样影响我们,但是很少主动地考虑我们的行为如何影响他人。接受我们调查访问的人员几乎一致承认,通过参加人际网络分析与调查采访,他们第一次有机会考虑自己对别人的影响。根据研究,我们归纳出 8 个方面的问题,可以帮助人们了解自己的行为方式如何影响其他人的能量水平。我们把这些问题看成是决策,因为这些决策几乎我们每天都要进行许多次。从决策的角度进行考虑,可使我们能够在与同事交往过程中,选择那些旨在增加能量的行为方式。

前三个决策构成了能量创造的基础。与卸能人士的一心一意、专注于完成任务的普遍风格不同,赋能人士不仅做同样多、甚至更多的工作,而且与此同时,他们还始终关注着周围的人。赋能人士认为他们的工作必须兼顾任务与人际关系,并通过日常大量的决策与行为把这种平衡体现在对他人真诚的关爱当中。自发地停下脚步,问一下他人工作进展的情况如何,提醒某人个人生活当中一些重要的事情,穿插任务安排、为某人提供应急便利,诸如此类的细小举动对于赋能人士来说,是举手之劳。当然,这些人际交往不是规定的,必须出于真心。这些行为本身不会占用太多的时间,人们常常向我们提起通道上5分钟的人际交往其意义不可小觑的例子。

下面这三个问题涉及在人际关系当中创造能量的行为基础,需要我们加以考虑。

> 你是否将建立与发展人际关系的活动融入你的工作与日常行为当中?即令是最繁忙的时候,你是否挤出时间赋予他人以能量,把对方看作是人而不是实现某种目的的工具?关注他人,与他人建立工作之外的人际交往,会提升别人对你的信任度,以及对你个人诚实品德的认同。

> 是否实践你的承诺?只有在确信对方是诚实的情况下,人们才可能被任务、目标赋能。当能量被激发出来的时候,人们才会开始去除保留心理、热情起来。只有当人们确信无疑对方会始终信守他们的诺言的

## 第四章

时候,人们的保留心理才会彻底清除。

➤ 处理棘手问题时,是否能够秉公而断?在制定决策或者在人际交往中,是否掺杂有官场行为?当人们遇到了某方面比自身更伟大的人物时,他们会感到能量得到了激发,赋能人士也因此会从这些人的追随中得利。但是追随者看重的是你进行着正义的事业,而绝非是个人利益。

行为始终如一可以在人际关系中建立信任,进而创造产生能量的环景。交谈过程中以及在组织里所表现出来的简单的行为方式,同样将赋能人士与卸能人士区别开来。尽管这些行为看起来很简单,但我们的调查表明,它们并没有在组织中得到推广。同时,我们也认识到,绘制能量网络以及在组织中讨论与之有关的概念,为人们探讨卸能的人际关系现象创造了语汇。所有曾经配合过我们工作的人都表示,利用玩笑摆脱那些曾经被卸能的窘境、同时挑明某人正在起卸能的作用,可以帮助人们纠正卸能的行为方式。这里,值得我们考虑的问题有以下5个方面:

➤ 你更加倾向寻求可能性,还是只看到约束条件?你是否仅仅评介某些观点,而没有去尝试其他的可能性,或者提出自己的观点?卸能人士最极端的情况,就是除了问题和障碍,其他的一概视而不见。好一点的情况是——这种风气在那些习惯于专门挑错的领导成员当中尤为盛行——卸能人士拒绝承认某些情况当中所包含的积极因素的方面,相反,他们宁愿把注意力集中在存在问题的方面上。无论是哪一种情况,这两类行为都忽视了人们所做出的贡献,剥夺了人们认为他们的工作具有某种价值这样一种信念。

▶ 当你与别人出现分歧的时候,你是否关注分歧本身、而忽视对方贡献的价值?过分虚伪地赞同会摧毁能量,对于分歧同样如此。赋能人士可以不同意某种观点,但不会因此冷落提出观点的人。

▶ 你是否全身心地投入到会议与交谈的过程当中?在交流过程或者小组寻找解决方案的过程中,是否充分投入对激发能量至关重要。有些事情远比卸能人士想象的要简单得多——赋能人士通过他们全身心投入显示出他们对与之交谈的人及交谈内容的兴趣,而不是刻意地去做什么。

▶ 你是一个具有灵活性的人吗?还是强迫他人按照你的思维方式行事?赋能人士把人们吸引到交流过程以及项目当中来,为他们提供创造贡献的机会。相反,卸能人士表面上可能高度赋能,但实际上却可能深深地沉醉于自己的思想框架里,以至于他们没有给他人留出贡献的余地。

▶ 是否恰当地运用了你的专业技术知识?过分强调专业技术知识的作用会阻塞创新思维,剥夺他人创造贡献的机会。无论是专家,还是领导人员,常常由于急

## 第四章

于发现解决问题的方案,或者显示专业技术的表现欲,而使能量归于泯灭。

我们发现,上述8个方面,对于解决一个能量低迷甚至丧失的人际网络存在的问题,构成了强有力的诊断基础。至少我们每个人都可以根据我们与他人交往的实际情况,考虑利用以上8个方面的问题进行自我诊断。既可以自己完成,也可以要求同事给予反馈。当上述8个方面的问题同人际网络分析结合运用的时候,这样的诊断活动为人际交往的双方人员(可以是两组不同类别的人员,例如,领导者与被领导者)发现交往过程中存在的问题,提供了强有力的工具。

人际网络分析可以发现、确定问题所在的范围,而8个诊断问题可以用来帮助卸能人士纠正其行为方式。此外,几家我们曾经开展过人际网络分析的单位对其人力资源管理进行了改革,以便能够更加广泛地鼓励赋能的行为方式。用人标准或者绩效考核等小规模改革,就可在组织内产生全面的影响,其效果要远远超出仅仅局限于对人际网络进行改革。

## 建设富有生机的人际网络

能量概念是已经成为我们日常交流中的一个话题,成为我们生活在一个组织中的部分经历。它与组织成员的自我激励及其贡献的愿望连接在一起。同时,它还与各种组织过程紧密地联系在一起。能够产生能量的措施总是在推动进程向前发展，分析能量在人际网络中存在的状况可以使管理人员发现更加广泛的行为模式。一旦这些模式被发现，网络成员便可采取行动，释放创造能量与工作的热情——人们至少不会去破坏它们的存在。

至此，本书介绍了如何利用人际网络分析方法来分析某些类型的关系，进而改变人们的交流方式以及他们的工作方式。为了改变没有效能的人际网络模式，管理人员们必须采取综合措施。在本书的第二部分，我们将介绍一些具体的方法，这些方法将改善个人、关系以及组织界面上所形成的人际网络。

# 第二部分 怎样管理人际网络

潜在力量

人际网络的

# 第五章 寻找症结：网络成员如何影响人际网络

　　我知道我们在一起工作的时候需要做得更好。但是在采用网络分析法之前，我们解决问题靠的主要是技术方法，只增加了信息的流通和网络的连通。看一眼我们的人际网络图，很多的信息和关系的分布并不是对每一位组织成员都普遍合适。有些人，拿我来说吧，总是绷得紧紧的，腾不出时间和别人更多的交流。而有一些人，远远地猫在网络边缘的位置上，想找他们要找的人还找不到。这已经成了众所周知的问题，在网络中也没人深究它——这不是靠技术方法能解决得了的。网络分析的妙处在于它能找到、并且能够解决网络连通上存在的问题，而且还能让每个不同的人都感到比较合适，不是采取一刀切的办法。

　　　　　　　　　　——一家制造业跨国组织的高级主管

# 第五章

**这**位高级主管负责一个 200 多人的技术组织，技术人员经常需要合作来解决高技术机械设备出现的机电故障。这个组织中存在的问题是该小组成员的分布遍及世界各地，这位主管人员不可能一次会面见到所有的人，甚至连找一个让多数成员坐下来共同开一次电话会议的单独机会都没有。他离不开 E-mail 和即时通这样的网络工具，他已经不堪重负，可是还得在天上飞来飞去，经常到世界各地去"救驾"。他想要建立一个非垂直结构的组织，他知道自己已经成为组织中的一个信息瓶颈了。可是这名主管没有时间、没有施展的空间、也没有任何方法来解决这个问题。

通过人际网络分析，发现过度的交流极度消耗了他和受他直接领导的人员的时间与精力。例如，从分析中看出，5 名高级管理人员，平均每人有超过 45 人以上的人员固定地向他们索要信息。当我们把这 5 名管理人员从网络图上移去，网络的整体连通程度大约下降了 20%。从而很快搞清楚了网络小组成员工作虽然努力，但却总是落在工作后面的原因。一旦找到网络中工作负荷超载的成员，他们的部分工作即可通过相应的计划，被分配到网络中其他成员那里。这项措施减少了那些成为信息瓶颈的网络成员的影响范围，同时把边缘人物吸收到人际网络中来。

人际网络分析还有助于我们发现都有哪些成员处在网络的边缘区域，这些成员的利用率不高，本人也有失落的感

## 寻找症结：网络成员如何影响人际网络

觉。他们感到很难及时得到他人的帮助，自己的看法常常无人问津。尽管他们也参加电话会议，在网上发布个人情况的介绍资料，但很少有人找他们访问信息、听取他们的意见。这种情况使他们看不出应当怎样在部门里开展工作。对于这种情况，关键是要引导网络中处于核心位置的成员了解处于边缘位置的成员的专业技术知识，使他们知道什么时候将后者纳入到项目中去。一些其他措施，例如，岗位轮换（rotation program）、师传关系、见习制度（new orientation practices）、交流论坛（communication forums），也有助于网络边缘人员方便地融入到人际网络中来。

以上以及其他方面的变革，改善了人际网络的连通，同时也促进了人际协作。这主要是由于这些措施针对了网络中某些成员的需要。在我们进行人际网络分析之前，许多成员十分清楚整个小组成员的反应与协作精神没有达到应有的状态。但是他们把这类问题归结于技术层面，似乎通过更为完善和即时的技术手段就可以解决。然而人际网络分析的结果表明，这是效果最差的一种选择。相反，如果我们把眼光放在把某个问题具体同人们在人际网络中的位置联系起来看待的话，改进人际网络的措施会产生更大、更加持久的效果。

## 识别人际网络成员的类型

我们的研究表明，根据组织成员在人际网络中的位置，

# 第五章

管理层可以针对4种类型的网络成员采取相应措施。首先，在网络中人们通常最为关注的一类人员，我们称其为"网络核心"（central connectors）。这些人在网络中拥有大量的、数量同自身比例悬殊的直接关系，这些人要么是潜在的人力资源，要么就是网络中的信息瓶颈。第二种类型的人员可以被称作"网络穿梭"（boundary spanners）。这些人连通一个组织中的不同部门，或者是在不同组织中，在相对应的人际网络之间建立起网络连通。"信息经纪人"（information brokers）是我们遇到的第三种网络成员。信息经纪人在组成人际网络的各个小组之间进行信息沟通，防止整个组织所形成的人际网络在整体上分裂成为更小的、缺乏效率的子网。最后，我们将关注"边缘人物"（peripheral people），这些人可能需要帮助，使自己的网络连通状态得到改善，或者需要在一个狭小的网络区域里有更多的施展空间。

## 网络核心

当人们看一张人际网络图时，目光自然会被吸引到那些箭头指向最多的人。在图5-1中，Frank（左侧）、Ian（中间）和Steve（右下），具有最多的网络连通。Elaine（左上）是该部门的领导人，然而从网络连通的情况来看，大部分的信息似乎是在前面那三个人之间流通。

对此，大多数人的直接反应是，处于网络中高度核心的位置总是好的，说明他们对于该组织具有极大的价值。这种看法有时候是正确的，但不一定总是对的。为了获得更为准

寻找症结：网络成员如何影响人际网络

确深入的了解——为什么某人会处于人际网络的核心位置，以及此人将对整个人际网络产生哪些影响——我们进行了调查采访，召开了座谈会。调研发现，一般来说，存在着两种类型的过度核心化的人物：无名英雄（unsung hero）与网络瓶颈（bottleneck）。

图5-1 识别人际网络中的网络核心、网络穿梭、信息经纪人和边缘人物

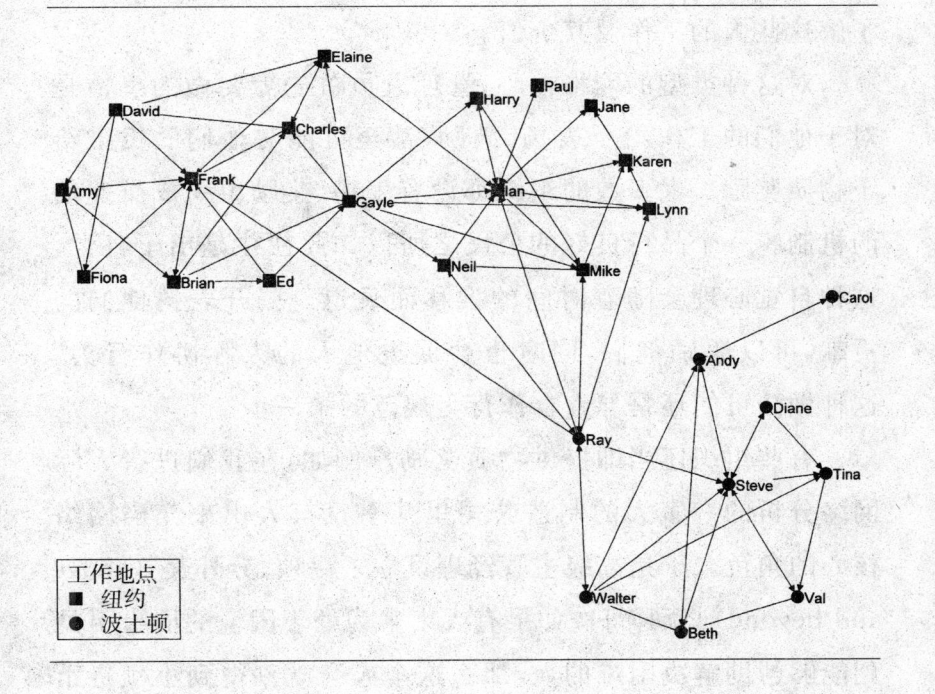

## 无名英雄

往往有这种情况，令管理者大为吃惊的是一些人在人际

## 第五章

网络当中所起的核心作用。这些人往往在工作的方方面面无私敬业,在无形之中支撑着组织的工作,对各种信息迅速做出反应,参与解决问题,提供人际支援,为组织成员牵线搭桥。这些活动常常是这些人在自己工作职责范围以外,帮助他人的一部分,这一类"隐形的工作"每天都要消耗大量的时间,对于人际网络来说是非常重要的。但是身为高层管理人员对此却可能一无所知。因此,这些人员通常是人际网络分析急于要发现的人,而其他的人往往也是第一次意识到并了解这些人的工作及其价值。

对这种类型的网络核心,管理人员首先需要做的事情是对于他们的工作给予表扬、鼓励,甚至可能对他们的贡献给予物质奖励。大多数的组织都设有表扬、奖励组织成员业绩的机制。一个品行良好的公民之所以如此往往是出于自觉,这种自觉心理会随着时间的推移而衰退。公开表扬他们的贡献,可以激励他们,同时也会促进他人的人际协作行为。这种做法可能还是导致合作行为规范的第一步。

有些组织还当即提供物质奖励。例如,在我们进行人际网络分析的一家大的制造公司里几乎没有人出来充当网络核心的角色。于是高级主管经理设立了一项"分外奖"(above and beyond)奖励,每次如果有人出来为处于困境的同事引见到能够帮助解决困难的人,那么这个人会立刻得到小额货币奖励,并会很快兑现。由于良好的品行得到了公开的表扬,这项激励措施很快就使公司内部产生了许多的网络核心。

其他一些组织修改了员工的绩效考核内容,正式对网络核心进行奖励。例如，我们在一家投资银行进行了人际网络分析。这家银行修改了年终分红办法，在每一个业绩考核期结束的时候，由所有与每位经理一起工作的人员对该经理的人际交往能力做出评价。通过将网络中处于核心位置人员的合作行为规范化，并将其纳入人力资源管理实施办法，管理人员能够促使有形组织营造出更加浓厚的人际协作氛围，产生更加完善的网络连通。

### 网络瓶颈

有一些人处在人际网络的核心位置，但往往正是由于他们所处的位置，反而制约了组织的运行。首先是这样一种类型的网络瓶颈，就像我们在第三章里面提到过的 Alam，他利用核心位置来维持信息或者权力方面的优势。人际网络分析图可以揭示这些行为，管理者可以同这类人员进行建设性交流，帮助他们改变这种行为。另外一些组织通过改变人事安排来解决这类问题。利用人际网络分析所提供的信息，管理者可以在人际网络中的不同部分进行人员搭配，形成新的团组。这种做法使得不同小组的成员更加紧密地在一起配合，降低人员之间的关系壁垒。此外，这种方法还可以使经理人员既打破网络核心所形成的关系壁垒，而同时又让其在无形的网络中继续发挥关键的作用。

第二种类型的网络瓶颈是那些身上承揽了过多工作的人。这些人通常都在拼命地工作，以承担起工作的负荷。但是他们没有意识到由于他们不能够及时做出反应，因此妨碍

## 第五章

了其他人的工作进程。对于这种情况,经理人员可以将职责进行重新分配。例如,某些人由于在咨询金融及计算机软件行业方面的深厚知识积累而成为人际网络的核心人物,一个很好的办法是将他们手中的一部分次要工作重新分配,从而使他们可以专注于自己的专业领域。如果仅仅是由于管护其他许多人所需要的信息而成为网络的核心,那么可能的方法是使信息可以通过更多的渠道来获得,例如使用 E-mail,或者企业内部网络。

管理者经常发现自己就处于我们刚刚提到的那种状态上。我们调查过一位主管人员,有 53 名员工需要经常到她那里询问完成工作所必需的信息,另有 42 名员工则有抱怨说如果能够同这位主管进行更多的沟通,他们的工作可以更富有成效。这位主管人员将其能力发挥到了极限状态,但是她仍然成为制约小组工作的网络瓶颈。我们对她的采访长达两个小时,以期了解什么原因使她处于网络瓶颈状态。采访中,当着高层领导的面,双方一起查阅了存储在她的 Palm Pilot 里面的会议记录、近期的电子邮件,等等。我们很快断定保存在她那里的某些信息其实可以通过其他方式获得。我们还发现她对某些行政事物的处置权可以放权给他人,其中一些交给其他员工,另外一些行政决定(例如对小笔的财务支出的审批)则可以通过制定政策与行政程序来完成。

虽然上面介绍的情况有些特殊,但是我们在众多的人际网络当中看到这种工作模式存在于许多领导成员的身上。对于高级管理人员来说,改变这种局面的一个有效途径是重新分配信息域(information domain)(即谁负责哪些信息)和重新分配决策权(允许其他人制定决策)。

## 网络穿梭

网络穿梭为按照不同的职能隶属、分布区域以及层次结构来划分的两个小组的人员之间进行交流提供了关键的纽带。在图5-1中,可以看到Ray是处于人际网络右侧中的一名成员,他起非常关键的作用。由于他与Ian(核心位置)和Frank(左侧)之间的联系(后者都是该组织位于纽约总部办公室里起网络核心作用的网络成员),Ray成为那个地区与他自己的人际网络之间信息沟通的主要渠道。Ray是维系他所在的组织同外部世界之间联系的人,Ray所起的作用正是我们称为网络穿梭的作用。在某些情况下,许多组织之间通过单独一个点进行联系对于人际网络整体来说,是一种效率更高、也更加实际的办法,优于鼓励过多的网络连通的做法。

当人们需要分享不同的专业知识的时候,比如,不同组织之间建立战略联盟关系,或者共同开发新产品,网络穿梭起着重要的作用。然而真正意义上的网络穿梭人数很少,因为大多数经理人员鲜有广泛的专业技术知识,没有丰厚的人际关系资源,也不具备那种能为许多不同组织成员所欣赏的、必要的个性特点。举例来说,研发组织的网络很少欢迎一位市场部经理进入其核心,这主要是因为两个组织成员的价值观当中,强调各自工作当中不同的方面。此外,一个组

## 第五章

织可能并不欢迎网络穿梭,因为他们承担了跨组织边界的项目和任务,投入自己工作的时间就会相对减少。

高级主管可以利用人际网络分析图来检验网络穿梭是否需要,或者他们是否在组织之间建立了正确的网络连通,尤其与另一个组织当中的网络核心之间的关系。在投资银行的例子中,如果Ray与之建立人际网络关系的只是纽约办公室里处于人际网络边缘的技术专家(按照我们的定义,其工作远离其他同事),而不同两名网络核心进行联络,那么该人际网络中人员的平均分离程度将会增大,可能多达8人的人际网络联系会消失。

对高级管理人员而言,他们几乎没有办法规定网络穿梭应当同什么人建立关系。但是他们可以在某种程度上塑造由网络穿梭搭建起来的人际网络。在一家商业银行里,中层管理人员被要求同另外一些单位的高级经理人员一起为一个新产品开发项目制定一份规划。在接下来的计划会议中,项目合作导致这家银行里不同层次、不同部门中的工作人员建立起紧密的合作关系。

承认网络穿梭的存在可以使公司获得物质利益。我们来看一家跨国咨询公司中消费品服务部门的例子。这个小组的分支机构分布于北美、欧洲以及澳大利亚。没有几个咨询人员认得在另一个国家里的同事,由此造成办公部门之间的横向配合与协作的情况很差。但是这家企业却看到了改善这种状况的"天赐良机"。它注意到几名在不同地点办公的成员之间存在着按照无形组织方式建立起来的联络,于是公

## 寻找症结：网络成员如何影响人际网络

司不断指派这些人员负责一些需要出差到各分支机构的项目。结果是他们在跨国组织范围内建立起了一个更大、更加可靠的人际网络。这家公司恰逢其时地对网络穿梭人员提出了更多的要求，公司高层合伙人给予这些人提高了薪资的奖励，同时还很快使这些人得到了晋升。一年之后再次进行的人际网络分析表明，这家公司里的许多小组之间的确出现了更为良好的整合情况。公司赢得了新的项目，原来的合同得到续签，而其中部分原因便是组织成员们现在可以更加方便地从远在天边的同事那里获得急需的信息和专业技术知识。

在大规模的企业改组行动中，网络穿梭也能发挥关键的作用。例如，我们对一家制药公司里的信息技术人员做了人际网络分析调查。该小组是近期通过将原来两个独立的部门整合在一起而建立的，两个部门分别在欧洲和美国的几个不同的地方设厂。图5-2a表示在各个不同的工作地点上所形成的人际网络。在图5-2a中，地点在人际网络当中用不同的图形符号来表示。从图中可以看出，该人际网络在一定程度上被工作地点支解，但是由于几个关键人物的存在而使各个工作地点之间联系起来。当我们移去5处关键位置上的网络穿梭的时候（见图5-2b），原来小组之间、甚至某些工作地点之间的网络漏洞立刻增加许多。虽然可能还有许多网络穿梭潜于组织中未被发现，图5-2b已经充分说明了处于关键位置上的网络穿梭在实现关键的网络连通方面所起的作用。

# 第五章

图 5-2a 信息流通的人际网络中，5 名网络穿梭所起的关键作用

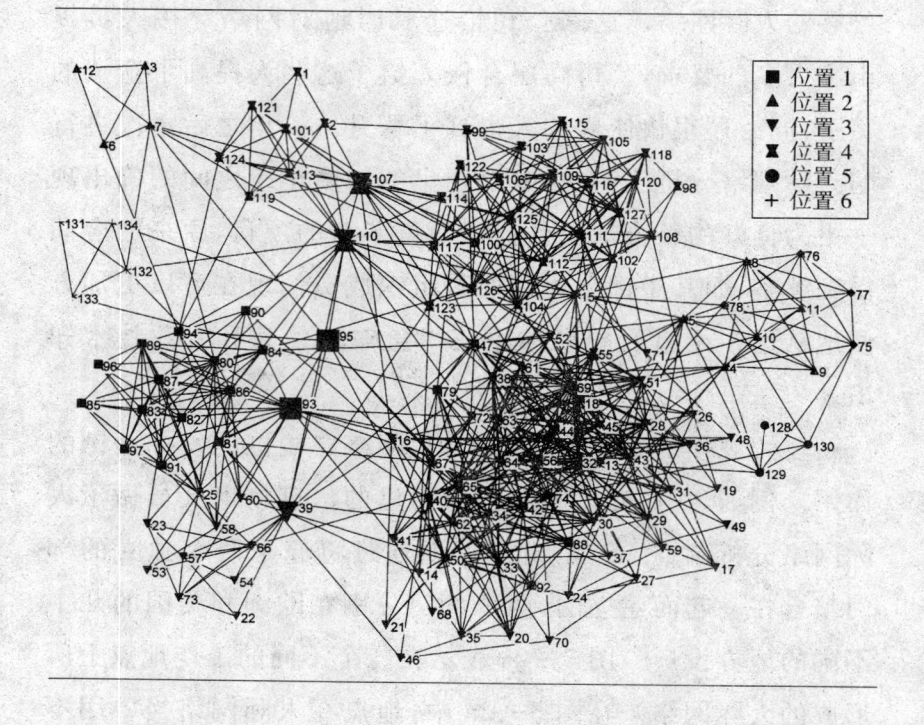

## 信息经纪人

在谈到人们在一个人际网络中的位置时，到目前为止，我们只讨论了人员之间具有直接的网络连通的情况，但是网络连通还有间接形式。例如在图 5-1 中，Ian 和 Frank 之间没有直接连通，但是他们各自均同 Gayle 建立了关系，因此，他们之间通过 Gayle 而取得联系。像 Gayle 这样的人起着类似于"经纪人"的作用，将整个小组连接在一起。通过分析一

图 5-2b 去掉 5 名网络穿梭后信息流通的人际网络情况

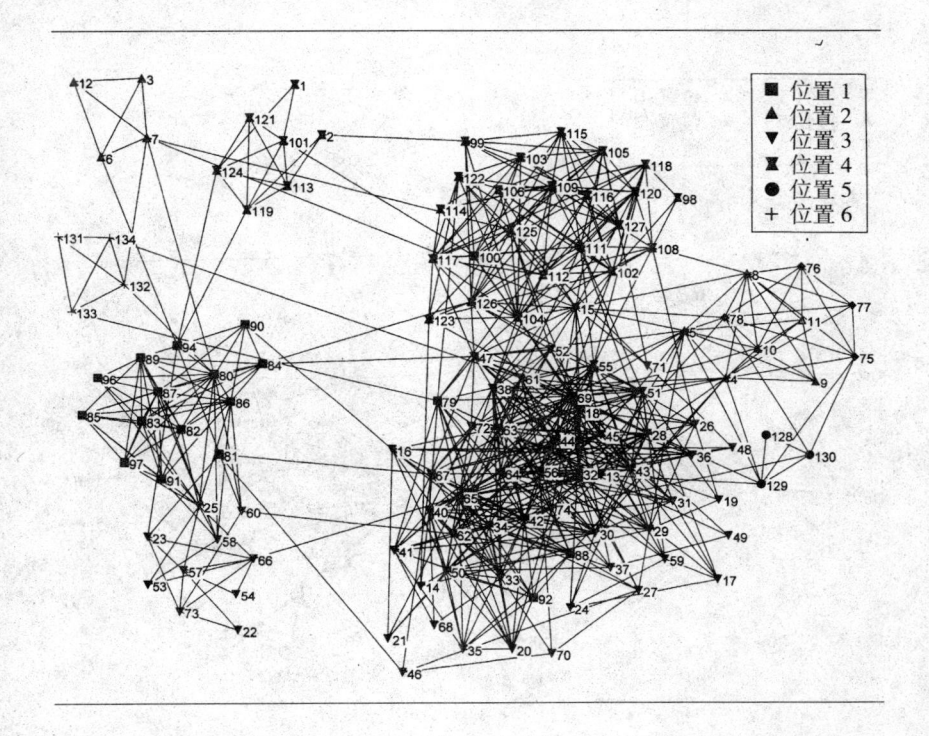

名成员与人际网络当中其他所有成员接近的程度（包括那些与其没有直接连通的成员），或者看一下这名成员与其他许多网络成员的连通路径是否接近于最短，我们就能够发现那些对人际网络当中的信息流通产生很大影响的人员。

通过图 5-3a 和 5-3b，我们可以明白信息经纪人的重要性。图 5-3a 代表一家石油天然气勘探公司里有关投资分析人员的信息网络的一部分，网络中不同的图形符号代表不同的地点。在这个小组中，我们发现 4 名最为显著的信息经

115

# 第五章

图 5-3a  拥有 5 名信息经纪人的信息流通人际网络

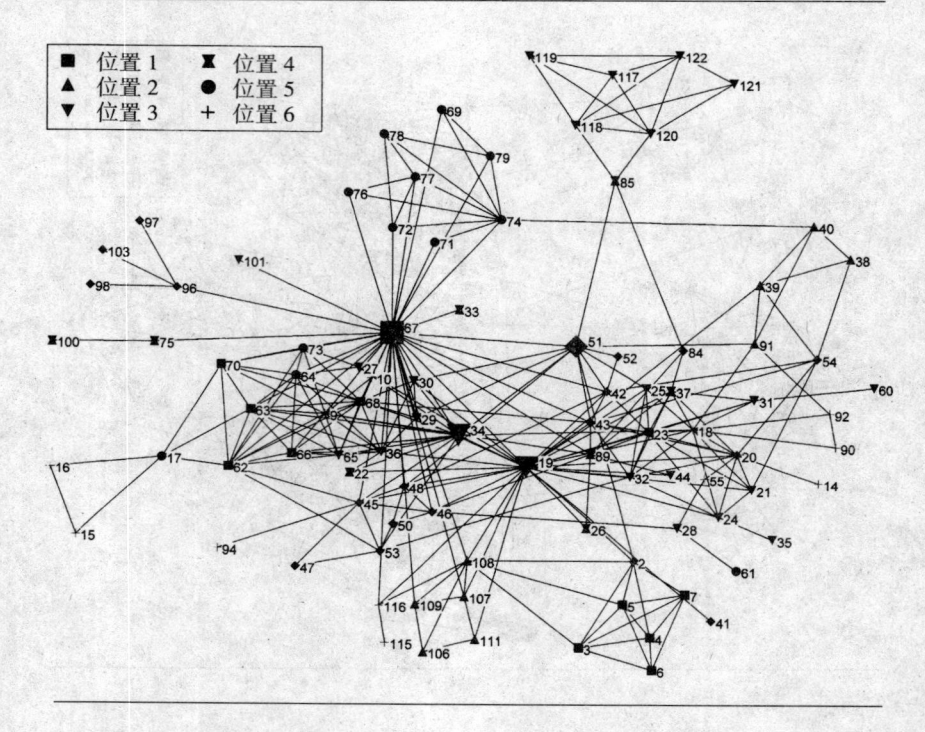

■ 位置1    ✕ 位置4
▲ 位置2    ● 位置5
▼ 位置3    ＋ 位置6

纪人，图上的大号标志代表这些人员。图5-3b是把图5-3a当中这4名成员移出去之后得到的。正如我们所看到的那样，把他们从网络图中移去后，网络连通变得更加稀疏，整个网络被分解成几个分立的部分。

　　针对网络中的信息经纪人采取一些措施，有助于某些信息内容在组织中传播，同时还能提高整个人际网络的连通程度。对前面提到的投资分析人员专业群体，高级管理层正围绕信息经纪人着手建立一个比原来网络连通程度更加紧凑

**寻找症结：网络成员如何影响人际网络**

图 5-3b　去掉 5 名信息经纪人后信息流通人际网络

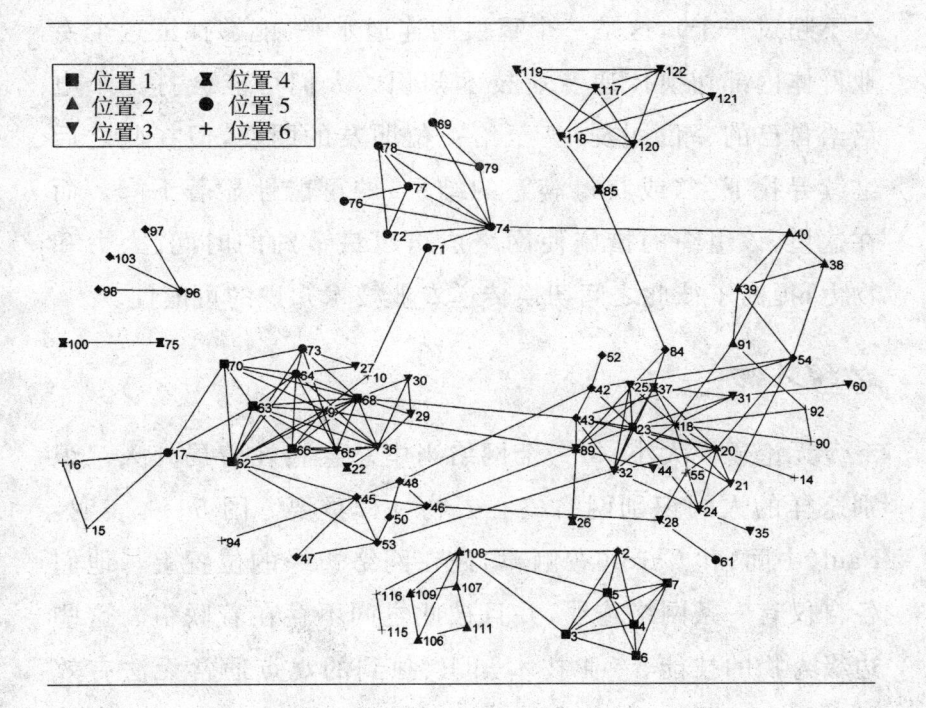

的人际网络。他们首先确定最上一层的信息经纪人及其所掌握的专业技术资源，然后将情况公之于小组内所有成员，让成员们知道在哪些情况下、应当与谁联络。经理们还隔月举办一次虚拟论坛，并提供人际协作的技术手段帮助信息经纪人整合信息，使他们能够与人际网络当中有关"谁知道/正在做些什么"的信息保持同步。

这些"小小不然"的措施产生了意想不到的结果。最初的人际网络分析结果显示，在整个跨国组织全球范围内的投资分析人员中，平均每人拥有 4 条对外联络线。在经过管理

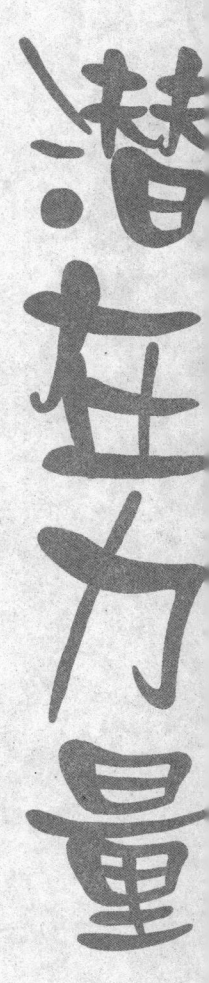

# 第五章

层的介入之后,这个数字下降到一般情况下不超过两个(绝对不超过三个),这是一个重要的连通水平,能够保证这个专业群体内部切换传递专业技术知识。人们可能会打一个电话给自己的一位朋友,甚至给一位朋友的朋友,但在此之后继续寻找下去(或获得满意的结果)的可能性显著下降。而在这里,该组织的措施使网络成员以最节约的时间、人力和物力,提高了彼此之间切换传递专业技术知识的可能性。

### 边缘人物

无论规模大小,每一个网络当中总会存在着局外人。识别这样的人同识别网络核心人物一样重要。图5-1表明,Paul(中间)和Carol(右侧)均处在网络边缘的位置上。他们各自仅有一条网络连线,并且彼此之间不存在着联络。这些边缘人物的技能、专业技术知识、独到的观点通常无法有效地在组织中共享,因此这些人代表人际网络中待开发利用资源。

查证一名成员在组织中处于孤立状态是重要的第一步。像对待网络核心人物一样,关键要问孤立人员对于组织的影响是什么。人们通常认定只有那些在人际网络中价值不大的人才会处于网络边缘。如果一个人的性格或者技能的确不适合于留在某个部门,这种看法有可能是正确的。在这种情况下,职业培训或者调到另外一个部门可能是很好的解决方案。但是我们发现,尽管人们可能由于技术不对路、施展不开而处于网络边缘,然而更加常见的情况是,可能由于他们是一个滞留者(stuck)，或者是他们宁愿选择留在网络边缘的位置上。

### 边缘滞留者

某些人，尤其是那些组织中的新人，可能最后落入人际网络的边缘，并且找不到进入内部的办法。对这些人进行调查后，很快可以得出结论，他们通常渴望得到更多的联络，并且往往只需要一点帮助即可。

帮助这些人发展网络连通的方法之一是安排他们在组织内外的活动中与具有更多网络关系、或者更多经验的同事一道工作。另一种方法是建立师传关系，或者主动将他们介绍给其他人。可以通过正规的巡回见习计划，或者通过开会介绍的办法，让大家了解他们的志趣与技术专长。新来人员的见习实践对于他们建立网络关系非常有效，它可以拉近同事之间的距离，我们不能把它看成是在计算机旁边坐下，然后递过一本公司手册，就算完事。

### 选择边缘者

还有一些人是自愿处于网络边缘，通常各种专家就属于这种类型。如果要求这些重要的专家从边缘位置融合到网络中间，会让他们感到很难在他们自己的专业领域内继续保持领先。如果他们被迫坐在会议室、或者经常与客户见面，他们将无暇继续在自己的专业技术领域里深造。

在我们曾经进行过人际网络分析的一家高科技公司

## 第五章

里，几名担纲重任的研究人员威胁要辞职。高级管理层对此感到莫名奇妙，因为这个团队无论是在技术开发、还是在公司里介绍新技术方面，一直都十分成功。而公司方面也十分慷慨，对他们的工作予以奖励和表扬。但是人际网络分析却表明，事实上该组织正在约束着该专家小组，因为公司不认为科技人员中大多数人属于边缘人物类型。当他们的研究成果获得越来越多应用的时候，高级管理层开始要求他们出席很多的企业会议向大客户展示研究成果。由于他们的成功，越来越多的要求占用了他们的科研时间，使他们感到这样下去不能再保证自己处于技术最前沿的位置上，更谈不上对其进行发展了。而管理层没有意识到，这些技术人员需要保持在人际网络的边缘位置，以获得自我满足感和事业成就感。

人们有的时候是出于纯粹个人的原因而留在人际网络的边缘位置上，例如有些人可能是家庭生活主要的照料者。如果公司强迫他们卷入更多的活动，比如提前上班出席早晨的电话会议、参加傍晚的总结会议、经常出差，他们可能先是抵触，以后就会加以拒绝了。在这些情况下，为珍重这些人的专业技术知识，主管人员需要为他们创造生存的空间，任其在网络的边缘继续充当边际人物的角色。

## 人际网络成员的连通

到目前为止，我们已经介绍了利用人际网络分析作为一种工具来考察群体关系的方法。但同样重要的是,通过每一名员工个人的人际网络,来实现在整个有形组织内部的人际网络的连通。这不仅对于个人有利,而且对于整个组织也有利。研究结果表明,拥有多元化、事业型的人际网络的人,往往比一般人更加成功。把各种单个群体关系串联在一起的人际关系,可以帮助人们找到工作,获得各种资源。[1]通常这些关系还和很快得到晋升、职业流动以及管理效率联系在一起。[2]然而,许多人没有花时间去建设自己的人际网络,而是简单认为擅长交际与否完全是个人性格所使然。按照传统的看法,如果你的性格属于外向型、甚至有点咄咄逼人,那么你的人际关系网络会四通八达,几乎天生如此;反之,如果你生来胆小怕事、事事后退,那么你必然会是在人际关系当中,属于靠边站的人物。

　　从现在的研究结果来看,一个人在人际网络中的位置与其性格特征之间的关系是脆弱的。当把许多人际网络的分析结果,与人的个性特征指标(例如,外向倾向、麦尔斯-布瑞格斯(Myers-Briggs)(一种心理类型自我测试,源于心理学家卡尔·容格心理类型理论,可以用来发现个性差异。这些理论往往同美国社会的传统价值观有关——译者)、FIRO-B(一种人际关系的显性及隐性需求的心理测试实验,包括三个主要方面:关系的数量与范围、在关系中所处的地位以及关系的程度——译者)以及学习方式等等)联系起来进行综合考察后,我们发现人的个性与其在人际网络当中所处的位置,两者之间存在的关系是极其有限的,并且是不规律的。尽管

# 第五章

有其他学者的研究结果表示,在人的个性与其所在人际网络中的位置之间,存在着某种程度的相关性,[3]但实际情况是,即使性格最为内向的人也可能——并且常常如此——拥有非常活跃的人际网络。

　　人际网络核心这个位置,似乎更多的是反映人们对于某项工作的认识,以及他们是如何组织人力来完成这项工作的,而非人们脾气秉性的函数一类的东西。我们对于出现在核心位置上和边缘位置上的人物所分别进行的调查采访表明,那些比其他人能更快地移动到核心位置上的人,具有两个重要的特点。首先,网络核心人物在如何运筹工作上,似乎与众不同。他们往往不是将完成任务的过程集中在自己的身上,而是寻找让其他人也能介入到他们工作中来的办法。其次,这些人专门抽出时间来,建立自己的人际网络。这些人脑子里似乎总有一连串的名字:要见的人、要找的人、要回电话的人,等等。对他们来说,建立关系不是什么政治行为,而是职业生涯中重要的组成部分,因此他们总是用种种的方法来丰富他们的人际网络。

　　如果我们换一个视角来看人际网络,不把它看成是人的天性,而是把它看成是受主动意识支配的行为结果,那么,我们会发现许多可以改善人际网络连通的机会。与人的秉性不同,行为方式可以比较容易地习得,或者因一个组织中当前正在流行的做法而受到鼓励。因此,如果管理层希望新来的人员能够很快适应现在的工作节奏、边缘人物拥有的专业技术知识能够大家共享,他们可以从基础工作做起,开发人际网络。通过培训可以帮助人们分析、发展和维护自己的人际网络，管理层还可以在组织的日常工作当中进行人际网络的开发，例如将其列为工作见习、职业发展、内省学习活动（reflective learning activities）以及用人策略当中的重要的组成部分。

提供工具，帮助员工筹划他们自己的人际网络开发，不失为一种促进网络连通的有效方法。这些方法所产生的结果反馈可以帮助员工识别人际网络当中哪些地方出现变形（bias），并理解为什么对某些人际关系他们可能需要进行更多的投入，而对于其他的则相反。例如，你的属下（也可能就是你本人），是否仅仅从层次结构中的某个固定层面上得到信息，因此不太可能向处于结构中位置靠下的人学习（一种常有的现象）？另一个问题是，人们是否仅仅在物理空间上接近的、甚至是只在同一个部门的同事之间交流共享专业技术知识，还是主动走出去，接触各类人员，从多元的切磋交流中获益？信息来源丰富与否以及在多大程度上向别人学习技术知识，是衡量个人人际网络是否有效的重要因素。

让员工看清楚自己的人际网络，可以帮助他们发现其中各种薄弱环节。让我们回到本书当中出现的那家著名的技术公司。我们曾对该公司中负责整个美洲业务部门中的高级主管人员进行过人际网络分析。除了我们在第二章当中提到的对该组织的效率所做的分析之外，我们还分析过每一位高级领导人员个人的人际网络。这种分析对高级主管人员来说通常都是重要的，因为他们工作的主要内容之一就是

# 第五章

制订有效的决策,他们进行决策所需要的信息大多源自个人的人际网络。我们看看其中两名高管人员的情况:Neil 和 Dave,这两位同在一个部门身兼要职。

从人们前来寻访信息与他们前去询问信息两方面的人数对比情况来看,Dave 的人际网络比 Neil 要小,10 名人员向 Dave 寻找信息,而 Neil 有 14 名;Dave 向 14 名人员寻找信息,而 Neil 则多达 21 人。但是,双方人际网络在组成方面上的差异要比其在规模方面存在的差距更能说明问题。Dave 往往只从属于他职能范围以内的人员那里取得信息,与他保持一般关系接触的 10 名人员当中,其中 9 名来自与他所在的同一部门;相反,同 Neil 保持一般关系接触的 14 名人员当中,8 人是和他在同一个部门的同事,而其他 6 名人则在不同的业务部门工作。Dave 人际网络的其他方面也显示出僵化的迹象。例如,他遇事似乎专找那些与他相识已久、或者是以前由于工作计划的安排曾经谋过面的人商量。这种情况可能会导致 Dave 接触到新的观念、新的信息的机会比 Neil 少很多,而我们对于 Dave 的调查访问则证明了这一点。根据 Dave 本人的愿望,在针对高级管理人员培训课程的帮助之下,Dave 开始注意发现人际关系当中投入力量不足的环节并加以培育,同时减少对于已经过度投入精力的人际关系的依赖。

寻找症结：网络成员如何影响人际网络

## 人际网络变形

分析人际网络的组成以及它对于人们的学习所起的长期作用有多种方法。例如，社会学家通常根据人们的某些相同特征，例如，年龄、种族、受教育程度以及性别因素等等，考察在人际网络中形成的关系簇。如果让我们从获取信息或者学习的角度，举出一些对我们来说重要的人物名单时，我们的看法便会暴露出我们人际关系网络存在的同一性。我们自身当中存在一种被称之为"同质凝聚"的强烈倾向，这种倾向使我们寻找那些与我们自己在很多方面相近的人，除非在迫不得已的情况下，我们才会与那些和自己不同的人接触。[4]这种倾向强烈地影响到我们的学习、并最终影响到我们观点的形成。

但是上述看法并不能完全解释在我们自己的人际网络中，各种关系对我们学习所产生的影响。在为各个层级的管理者培训课程中，我们发现个人人际网络当中至少有6个重要的方面将对学习产生影响。[5]

- **层次结构中的相对位置**　过分依赖处于层次结构中某个位置上的某些人的做法，可能导致人际关系网的变形。能够管理好与那些地位级别分别高于、等于和低于你的人的人际关系，是一个健全的人际网络的重要标志。与层次级别高于你的人建立联系对于制定

## 第五章

决策、取得资源、积累政治资本以及了解组织中超过个人权限、视野以外的情况与资源，是十分关键的。而处在同一级别的人，由于其工作性质的相似性，一般来说是头脑风暴、某种帮助与某些信息的最佳来源。那些地位级别在你以下的人，往往是最好的技术信息与专业技术的提供者。总的来说，平衡是重要的考虑因素。而当人们未能在各方面都保持充分的关系时，在组织中过分依赖地位级别比自己高的人时，或者当人们无法从地位级别较低的人员那里获得专业技术知识时，人际关系网络都可能失去平衡。

- **组织中的相对位置** 人们往往只关注本部门人员，在部门内相互来往、相互学习。用人制度、工作见习、职工培训、业绩考核以及奖励制度，等等，所有这些往往鼓励部门以内而非越过这一界限的人际交往。再结合某些人的领导风格、文化价值观念以及以部门为单元的业绩考核等综合考虑，就不难理解，人们为什么往往很少同其他组织或者同一组织内不同部门中工作的人建立关系的现象，当我们越向上沿着层次结构移动时，这种横向联系对于保证有效的学习与决策，变得越来越重要。然而，往往当人们感到最需要这种人际关系的时候，他们通常最没有时间去建立它。

- **物理空间的接近性** 人际协作的可能性随接触双方之间物理距离的增大而下降。区区几步之遥——更不要说不同楼层之间甚至相隔几座楼宇，在人际网络当中的反映往往就是那些关键的关系分断点。尽管诸如 E-mail、即时通以及视频会议可以用来消除物理空间上的间隔，但是物理空间上的接近通常是塑造人际网络的重要因素。对于管理者来说，该问题常常会导致他们不了解处于其他不同空间位置上的人员的各种需求，例如现场工作人员的需求。由于处于隔离状态，管理者的决策往往有失准确。

- **人际接触的关系结构**　你的人际关系网络是否有助于在偶然间激发学习与创新的灵感？随便查阅一位经理人员工作日志，几乎在所有人都记载着早 7 点至晚 7 点（有时甚至还要超过这个时间）一个接一个的会议，并且日复一日、天天如此。从学习的角度来看的一个关键问题是，作为你信息来源的基本渠道而被你访问的人，他们是否是你完成任务所必需信息的最佳来源，还是说，这些人成为这种信息来源仅仅是由于被你列入到了个人的工作计划当中？我们常常听到许多管理者诉苦，说他们制定了低级的战略决策，遭到强烈的抵触，一无所获。这一切都是由于管理者未能得到来自组织中正确的部位发出的正确的信息的结果。通常，错误的根源在我们的工作日志上——只有某种声音进入到了我们的信息人际网络当中。

- **维护人际关系所投入的时间**　你是否将足够多的时间和精力投入到了对你来说是最重要的人际关系上了？人们通常把主要的时间与精力花在不需要太多

127

## 第五章

投资的关系上,或者是花在攻击别人而给自己不带来任何益处的方面上。我们每个人的时间与精力都有限,不能全部用来发展人际关系。明智的管理这项投资可使人的行为富于实际意义,并对我们的学习有所裨益。

- **网络成员的认识时间**　最后的一个问题是,与熟人相识的时间长短是否使你的人际网络呈现出多元化的态势?我们再次认为均衡兼顾是最适宜的原则。如果你认识的太多的人已有太长的时间,那么你正在了解的事情很可能是一些你已经熟知了的事情。若非如此,便是一种恶劣的情况,你有意或无意地在利用别人来验证你自己的观点。理想的情况是,随着你工作的变动,总有一些老面孔和新面孔分别不断地循环进入和离开你的人际网络。与此同时,如果在你的人际网络当中有太多的新面孔出现,这可能说明你缺乏一个健全的信息反馈系统,或者能够信赖的人,可以交流一些纯属个人的问题,或者是讨论一些工作当中的敏感问题。

从以上方面综合考察你的人际网络,使你能够了解应当关注哪些环节来加强你的人际关系建设。下面我们来比较研究两个案例,每个案例中经理人员的人际网络当中有15名成员。对此做进一步考察,我们发现这两个人际网络之间存在着巨大差异。

图 5-4 表示一家著名的电气设备组织里一名刚刚被提升为高级主管人员的人际网络。他发现，在这个位置上开展工作需要依靠的人大多数对他来说是陌生的。尽管从获得信息的角度看，他对自己现在的人际网络感到很满意，但在涉及放手让大家对组织内棘手的问题进行讨论、利用头脑风暴法出主意时，他总感到不放心。这种感觉造成他回头去求助过去的老关系——两名能够在远处为他出谋献策的人。

图 5-4 缺乏组织内向上沟通的人际关系

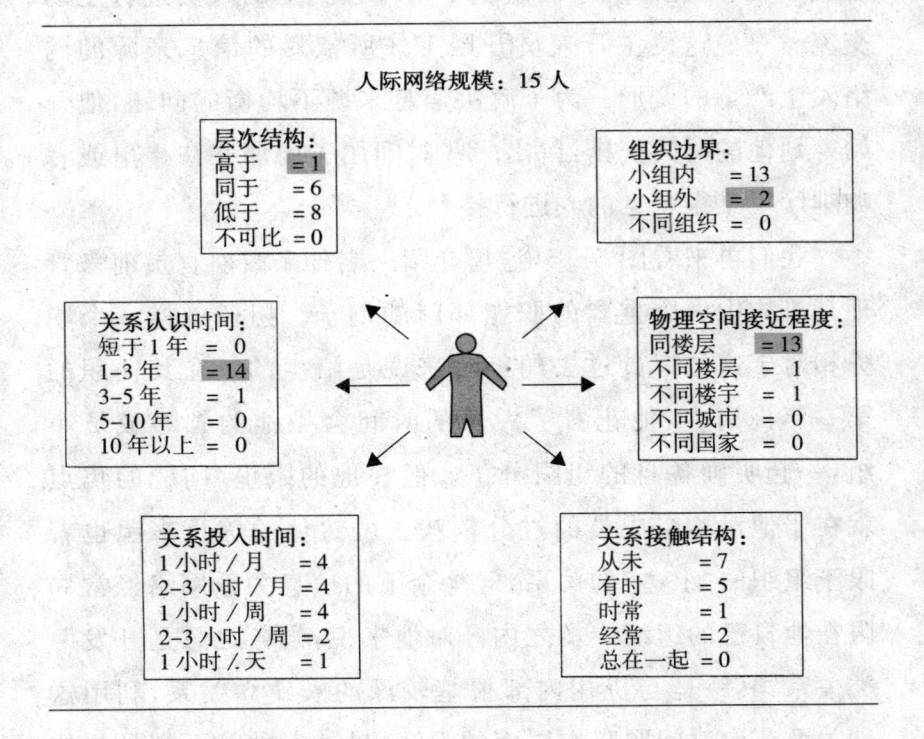

人际网络规模：15 人

层次结构：
高于 = 1
同于 = 6
低于 = 8
不可比 = 0

组织边界：
小组内 = 13
小组外 = 2
不同组织 = 0

关系认识时间：
短于 1 年 = 0
1-3 年 = 14
3-5 年 = 1
5-10 年 = 0
10 年以上 = 0

物理空间接近程度：
同楼层 = 13
不同楼层 = 1
不同楼宇 = 1
不同城市 = 0
不同国家 = 0

关系投入时间：
1 小时/月 = 4
2-3 小时/月 = 4
1 小时/周 = 4
2-3 小时/周 = 2
1 小时/天 = 1

关系接触结构：
从未 = 7
有时 = 5
时常 = 1
经常 = 2
总在一起 = 0

另一个问题是人际网络变形。例如，令人忧虑的是，他

## 第五章

过分依靠在层次结构中位置比他低的人,以及与他同在一个小组工作的人。为使自己成为一个有效的领导者,他已经着手建立同员工的关系,但有一点很清楚,到那时为止他还没有同组织内其他层次级别比他高的人建立起充分的关系。这种局面造成他常常错过利用组织内其他部位上存在的各种资源、各种知识的机会,对于他想要实施的措施,很少有人买他的账。他突然发现自己太过于依赖自己身边的人。人际网络分析指出他的两种做法——人际交流方面过于依靠随机接触、未能系统地同组织中不同位置上的人员进行主动交流——使这位主管人员开展工作所依靠的信息来源的网络发生严重的变形。为了解决信息来源不均衡的问题,他开始筹划他的时间安排,留出一些时间用于同那些在楼里或者咖啡厅里难得一见的人进行接触。

我们再来看图 5-5,这里介绍一名外来政府官员前来管理某机构中一个重要的职能部门的例子。担任这样一个职务相对于这位官员过去的经历来说是陌生的。在其任职的第一年头当中,他花费了大量的时间会见他的领导成员小组,一起明确各自的组织分工。但在他的眼里,问题的焦点就在于他对本组成员的过分依赖。虽然他的信息来源也着眼于组织的"上边"的关系,但是余下的信息关系网络经常局限在他自己的组织成员之内。对他来说,当务之急是开发两类关系:其一是与机构内部根基较深的人建立关系,利用这种关系获取对问题基本层面的看法;另外一种关系则是与在该组织机构之外的人建立关系,可以从中获得其他的观点。

## 寻找症结：网络成员如何影响人际网络

这名经理人员的另一项忧虑是他感到自己严重依靠出现在工作计划安排当中的那些人。在审视了排得满当当的工作计划之后，他很快发现，他花在同一批人身上的太多时间使得他们之间的关系其乐融融，但对他产生创新的想法、创新的观念可能没有什么帮助。

图 5-5  过分依靠同组成员

人际网络规模：15 人

层次结构：
高于 = 4
同于 = 0
低于 = 11
不可比 = 0

组织边界：
领导小组内 = 11
职能范围内 = 3
部门内 = 0
部门外 = 1
组织外 = 0

关系认识时间：
短于 1 年 = 0
1-3 年 = 12
3-5 年 = 3
5-10 年 = 0
10 年以上 = 0

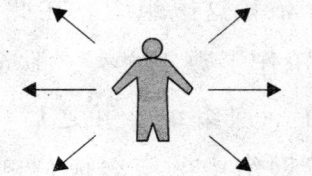

物理空间接近程度：
同楼层 = 6
不同楼层 = 2
不同楼宇 = 1
不同城市 = 6

关系投入时间：
1 小时／月 = 0
2-3 小时／月 = 0
1 小时／周 = 5
2-3 小时／周 = 5
1 小时／天 = 5

关系接触结构：
从未 = 0
有时 = 2
时常 = 3
经常 = 8
总在一起 = 2

# 第五章

## 专业技术知识人际网络分断

除了考虑人际关系的构成,我们认为管理层还应重视建立自己的专业技术知识网络(有关的方法介绍见附录B)。管理者每天都要向他人寻访专业技术知识。如果你的业务网络有分断部位,找不到可以进行咨询的人,那么你就需要找到填补网络分断的方法。同时你还需要避免过分地依靠一小部分人。如果一个你固定光顾的人调至另外一个部门,或者离开你们共同所在的组织,结果会怎样呢?你是否能立刻找到一个人,连接上信息网络中出现的分断呢?

我们的一位同事在一家小的研究组织里工作。他注意到他已经变得过于依赖这家组织。在此之前,他已经同这些人密切合作,一道工作了数年之久。他非常依靠其中4个人的帮助和意见。在一次组织合并之后,该小组的人员被调整。他原来的人际网络中的两名成员已经调到另外一家组织中去工作,剩下的两名则被分别调往另外两个城市中两个不同的部门里去工作。虽然这些人他还都能够与之联系,但在合并约6个月后,我们这位同事发现,这几个人对他现在所需要的业务知识已经开不出"新的药方了"。这种过分依赖从前的同事的做法,使我们这位同事的人际网络中出现了巨大分断。虽然后来他在小组内慢慢地同新同事建立了信息访问关系,但是他的因循守旧的习惯严重影响了他的短期效率。

**寻找症结：网络成员如何影响人际网络**

另一个类似的例子是，在一家我们开展过人际网络分析的软件公司里，一名编程人员刚刚被调到了另一个部门。他很快意识到，尽管他在原来的人际网络当中结交的人员照样可以向他提供某些他需要了解的情况，但是现在他需要在新的领域中了解新的业务知识。由于他现在承担的工作十分复杂，他不可能在所有的方面完全掌握他的工作，因此他认为有必要迅速建立新的人际交往。这种情况对于调动工作的人来说司空见惯，重要的是首先要意识到你的人际网络已经出现了分断，然后通过现在的关系网来帮助弥合那些分断部位。附录B中所列举的大量的人际网络诊断方法，目的是要帮助人们发现并解决专业技术知识网络当中出现的分断，或者是针对潜在出现的网络分断，做到防范于未然。

## 小　　结

推进人际网络连通需要和网络成员一起共同采取大量有针对性的步骤。从一张完整的人际网络图中，经理人员可以识别出4种重要的人员类型——网络核心、网络穿梭、信息经纪人以及边缘人物。我们可以利用这种人员分类方法，有效地推动和优化人际网络的连通。更为重要的是，管理者可以向员工提供建立个人关系网络的诊断知识。这种基础性的工作能够成为推进网络连通的有效工具——不论是在一个组织的内部，还是在它的外部。

附录B中推出了一个简单的有关人际网络的诊断方案。

# 第五章

我们建议读者抽出一些时间，从方案所提出问题的角度出发，对自己的人际网络进行诊断。这种分析可以帮助人们从专业的角度学习与开发人际网络，同时也将是在一个组织内部中建立起一个完整的、形式多样、富于生机的人际网络的重要途径。有几家我们曾经进行过人际网络分析的单位已经将这里的问题诊断方案纳入职业发展计划。在这种情况下，年度培训计划不仅应当包括有关人际网络的内容学习，同时还应当包括建立实施人际网络的有关目标。将这一类发展计划纳入一个组织的整体工作范围之内，对于在各个具有战略重要性的人际网络之间建立起网络连通，会产生重大而实际的效果。

在人际网络当中独立存在的个人始终是我们首先关注的焦点，事实也证明这些人是管理层寻求改进人际协作与网络连通的最佳切入点。管理者还可以通过在人际网络中建设各种关系类型的一些措施，来改善人际网络的连通，这要求他们关注网络中大多数关系的建立与开发的过程。在下一章当中，我们将向管理者说明，哪些措施会对人际网络中有关的关系类型产生重要的影响，以及有效的人际关系管理将如何随着时间的发展而发生变化。

# 第六章　关系建设：人际网络的启动、发展与维护

  我认为用进化的或发展的眼光来看待人际关系的发展阶段是非常有帮助的。我们这支领导团队已经存在15年以上了，一直都由我负责。在时兴员工参与管理的时期，这支"团队"变得极其庞大，有一段时间完全成了一个委员会，每个人都有发言权。回过头去看，我不知道我是否在工作中和这些人相处得很好，主要是我实在不了解他们所知道的，不知道能依靠他们干些什么。就是在人头最多的那段日子里，我相信的人也就是那么几个。现在这支团队又回到了适合管理的规模，并且我们彼此了解每个人的长处和短处。但是我感到，我们可能又遇到了新的问题，我们自己的思维观念始终没发生变化，对其他人现在可能都擅长什么一无所知。所以除了网络的观点之外，我认为我们还需要考虑人际关系的发展过程，我们可能需要从规范的角度、人员磨合的角度、体制的角度来看待人际网络。

——一家金融服务组织的首席执行官

# 第六章

改善人际网络连通的方法可以采取丰富多样的形式，例如像场外聚会(off-site gatherings)、战略规划研讨会(strategic planning retreats)、各级领导见面会(all-hands meetings)以及非正式的午餐聚会(brown-bag lunches)，等等。无论是面对面的接触，还是处于虚拟接触状态，我们都可以开展人际网络的建设活动。方法是把人际网络的分析结果介绍给整个组织，然后把组织分成小组展开讨论，提出各种方案，以便对人际网络进行改进。如果我们能够按照人际网络分断的情况进行分组讨论，我们的方法就会更加有效。

我们用一些例子来说明怎样做。有一家消费品公司召开全体会议，解决部门职能边界过于僵化的问题。与会者被分成6个跨职能部门的小组，对诸如信息的人际网络闭塞、组织内部缺少能量等一系列问题提出了解决方案。再比如，另一家提供专业服务的公司，它的人际网络构成与其行政隶属关系相对应。公司也召开了全体会议，分成跨层次结构的小组进行讨论，针对12个存在问题提出了行动方案，成为工作日志的一部分，在接下来的12个月当中，每个月份按既定的方案采取步骤改善人际网络的连通。

我们虽然不应过分强调召开一个全体人员出席的组织会议所起的作用，但是当人际网络图展现在人们面前的时候，即令是参加会议当中的那些平时最不易管理、冷漠的人也会参与到集体讨论中来。在本书当中，我们提供了一些人际网络图供读者参考。图中的人员是读者所不认识的，这些人所在的公司我们在书中做了必要的"伪装"。当你考虑自己以及同事的人际网络时，可以想见你一定充满兴趣。我们从笔记本电脑上进行投影演示，我们可以让员工在人际网络当中自由地移动，建立我们所需要的关系，或者考虑如果去掉某些人或某些关系时给人际网络带来哪些后果。这样，我们可以同小组人员一起，对各种不同的情况进行分析。此时，这种活动变得非常具有感召力。

诚如本章开始时那位首席执行官所说的，如果组织会议再把一个人际网络发展的阶段也作为因素而加以考虑的话，那么这些会议会更富有成效。对于彼此相互陌生的人们来说，例如在那些合并或重组后的组织当中的人们，建立各种人际关系的措施比让他们处在一个已经稳定、但可能没有效率的人际网络中，更能带来益处。

为了寻找更加到位的促进人际网络连通的手段，我们采访了40位管理人员，要求他们提供与三位最终成为其信息来源的其他人员发展人际关系的历史。通过采访，我们发现，人际关系通常要经历三个重要的发展阶段，我们称之为建立、发展和维护/修正三个阶段。我们将逐一对之进行讨论。附录B给出了针对每个阶段具有实用价值的训练方法。

## 建 立 关 系

重组、合并或者其他使员工组织到一起的组织措施所遇

## 第六章

到的第一个挑战,是如何以一种富有成效的方式,将新近形成的同事关系结合到一起。然而大多数的团队建设方案注重的是过程问题,这个视角可能有助于创造一种和睦的环境,但对于如何使组织成员了解他人的技术知识与能力,作用是有限的。当人们在一起共同完成一项任务的时候,他们往往谈论共同感兴趣的话题,而不会谈论各成员的独特之处。当然,发现共同的兴趣、熟悉的事物以及类似的经历,可以帮助我们开始与我们所不熟悉的人进行对话交流,但是结果往往是小组成员通常会遭遇人们常见的知识无法沟通的问题。[1] 只有在走到合作项目的以后阶段(如果他们能够仍旧在一起合作的话),他们才能够对同行所拥有的技术与能力有所了解。

按照本书第三章所阐述的内容,建立对同组人员专业技术知识的认知,对于一个新成立的组织,仅仅是关系建立阶段所遇到的第一个挑战,第二个挑战则是帮助组织成员构思如何将这些技术知识组合在一起发挥作用。例如,对于一名技术人员来说,只知道一名新同事在生产工艺改进方法上具有扎实的专业功底是不够的,除非这名技术人员同时还能够了解这种专业能力如何同自己的技术相互补充运用。建立这种认知对在一个新创立的组织中建立人际协作关系是十分关键的。

在一家国际银行的内部建立了一个提供咨询的业务组织,它的任务是向这家银行提供服务。我们对该小组内信息流通的人际网络进行了分析。该小组是机构重组的产物,目的是把过程改进、组织开发与变革以及技术应用等方面的专业成员整合到一起。机构的领导层相信,这样的重组使得在人员、过程、技术等方面存在的问题可以同时放在一起进行考虑,从而让这些人员在改善全行核心业务进程方面发挥作用。

我们经过分析发现,该银行人际网络的信息疏通存在问题。尽管来自上述三个专业领域的人员集合到了一起,组成了一个业务部门,但是人际协作并没有在小组间发生。造成这种结果的原因并不是部门成员之间彼此不谙对方的专业知识,在对认知关系网络进行分析后我们发现,该网络的连通程度要比信息人际网络的情况好5倍。然而由于某种原因员工们并没有根据他们所了解的情况来行事。某些情况下,这可能是组织设计的误导造成的,也可能是组织背景中某些方面的因素造成的,诸如领导行为、文化价值观(对此我们将在第七章里专门来讨论),等等。我们曾经采访了该组织的网络成员,发现问题并不出现在组织背景当中。相反,员工们暗示问题出自他们实在不知道应当究竟如何把他们的专业知识在项目当中结合在一起,同时他们也看不出为什么他们要在这些方面花费时间和精力。

于是,银行的管理层决定将各小组人员集中到一起,拿出半天的时间召开会议。会上对人际网络分析的结果进行了演示,然后大家提出问题与回答问题,历时一个小时。在此之后,参加会议的人员分成小组来探讨改进的方案。许多好的建议被提出来了,然而"好戏在后",当会议即将结束的

# 第六章

时候,这时经理们利用 PowerPoint 制作的幻灯片勾划了他们所认为的理想项目模式。在这个虚拟的模式当中,各小组人员在过程、技术和组织开发等方面的专业技术知识无缝连接成为一个整体,导致整个银行的组织绩效大幅度的提高。在整个描述过程结束之后,管理人员接着谈了实现设想当中的项目的时间作业计划表,内容包括从向本系统内的客户提供服务直到项目结束等方面的问题,并在墙上的图板上把时间表画出来。

接下来员工们按照跨部门分成小组,找出贯穿整个项目当中的那些需要多种专业技术知识配合的地方。这不仅使大家对于谁的、适用于什么地方的专业技术知识、技能有了认知,而且还对于为什么整合、在什么程度上将它们整合在一起等有了看法。当然,在现实当中,这种理想的项目模式是不存在的。但是通过这种实用的方法,使员工们认识到良好的人际协作可以改进他们工作的质量。散会的时候,员工对彼此之间的专业技术知识有了新的认识,而且对于彼此的专业技术知识如何连接配合也产生了新的认识。

在处理同合并或者大规模的组织机构改组有关的人际关系问题方面,或者是在为实现特定目标而建立起来的大型组织方面,例如进行产品开发的团队或企业联盟,在这些场合需要对人际关系进行建设,构筑一个理想的人际关系的项目模型不失为一种十分有效的方法。尤其是,这种方法可以在人际网络当中迅速建立起组织成员的专业技术知识认知网络,并且能够使组织成员懂得什么时候,以及为什么要将新同事的专业技术知识切换传递给组织中的其他成员。

## 发展工作关系与个人关系

了解人际关系的各个方面如何随时间发展,有助于推动人际网络从一个简单的信息联系发展成重要的信息管道。在接受调查访问的人员看来,对于信息开发起关键作用的关系类型沿着同职业有关和同个人有关的两个轨迹发展。随着人际关系在两个方面同时发展,相互信任(interpersonal trust)也开始建立,进而改善人际协作的质量。

### 发展工作关系

随着人们对于他人的技能与专业技术知识的日趋精确的认知,人们会加强彼此在专业层面上的关系。认知的精细化导致人们对于从特定人员那里所能够获得信息的种类也有了更加精准的认识,从而使人际交往可以持续地进行下去。

然而,加深对他人专业技术知识的了解仅仅是建立人际协作关系当中的一部分,另一个重要的方面是我们要学会如何能够接近他人。有些人对使用 E-mail 比较感兴趣,有些人则对语音信箱(voice mail)比较感兴趣,还有一些人则喜欢面对面的接触。在我们采访的人当中,大多数人都是在经历了最初错误的几步之后,才逐渐摸索出同某人保持联系的最适宜方式。我们听人谈起过让人感到心灰意冷的事情:留在语

## 第六章

言信箱的一连串的信息永远得不到回应、一封电子邮件刚刚发出即被退回,没办法只好放弃联系。当然我们也听说过这样的情况,某些专家从不回复收到的 E-mail,但是在见面交谈的时候,却从不吝惜贡献时间和思想。

除了交流所使用的媒体之外,我们向他人提出要求的行为方式也决定着能否及时得到回应,这也是发展人际协作关系中的重要部分。我们向被采访人员问起当他们在自己的人际网络中找某个人问问题的时候,是以个人的名义提出请求,比如说一些"我们两眼一摸黑,快给支两招"之类的话,还是指出这是工作上的需要,点明对方如果提供帮助将会得到的好处。有趣的是,个人请求从发出到得到回应的时间恰好是根据工作提出要求的一半。当然,通常在个人请求的情况下,当事人双方已具有某种程度的人际关系,否则也不能成功。显然,人们不可能去对随便什么人讲"能帮忙吗?"然后就指望能够从对方那里得到帮助。

**发展个人关系**

访谈结果引起我们关注的是,人际关系从私人交往层面发展成有效促进职业工作的重要性,例如在信息共享以及人际协作方面。被访人几乎一致认为,对他们来说最为重要的信息关系一直是同工作以外的事情联系在一起的,而这一过程常被看成人际关系发展的一个重要标志。尽管人们通过多种技术手段进行联系,但决定对方是否会很快做出回应,通常是关系中的人际因素发挥作用,这一点似乎还决定了一个人能够在多大的程度上向他人学习。

　　管理层可以创造与工作无关的活动机会增进员工的交往，从而帮助员工发展良好的工作关系。如附录B当中介绍的人际关系训练，或者一些甄别专业技能的技术手段，其中一个重要的内容就是要把一些与工作无关的个人信息传递给他人。这里需要注意的是，管理层应尊重个人的隐私，不至于侵犯它。但是我们在练习中设计的信息调查表，在我们曾经进行人际网络调查分析的组织当中，没有造成问题。

　　看起来虽然简单，但重要的是我们把信息调查表设计成了"个人手册"（a personal book），有点类似于棒球卡，里面从个人信息和职业信息两方面来介绍一个人（见图6-1）。使用何种载体无关紧要，信息既可以通过网络也可以利用纸张来进行传递，关键是这种方法包含个人信息。在问题当中添加个人业余爱好、教育背景、提一些"电梯间里，你最想和什么人站在一起"之类纯属个人的问题，会使新来的人更富于人情味，易于接近。

　　接下来在对这些组织进行的人际网络分析中，我们询问人际网络中哪些因素使人们加深了人际关系。被访人员直截了当回答有关他人的个人信息是主要的因素。当然，他们同时也注重一个人的职业背景和他所具备的专业技能，但促使他们决定向他人询问信息最关键的因素，是个人信息。个人信息通常还为与陌生人进行交谈提供了基础。

143

# 第六章

图6-1 个人手册样式

| 照 片 | 本公司履历：<br><br>以前工作经历：<br><br>教育程度：<br><br>你愿意同谁一起共进工作午餐：<br><br>你尚未从事过的理想工作：<br><br>个人爱好或专长：<br><br>从事的第一件工作或奇特的个人经历： |
|---|---|
| 姓名：<br>工作单位：<br>职位：<br>专业技术知识：<br><br>公司电话：<br>手机：<br>E-mail： | |

## 相互信任的重要性

从职业和个人两方面发展人际关系有助于建立相互信任[2]。然后这里所说的相互信任多少让人感到有些难以捉摸，并且人们的相互信任与人际关系在人们开展信息交流与学习活动中所起的作用，两者之间没有明确的联系。一位对此持怀疑态度的高层管理人员曾经对我们说："我认为近来对社会资本和相互信任关系的看法有点儿离谱。其实只要需要，人们愿意去谁那里找信息就去谁那里，不考虑信任不信任、喜欢不喜欢那个人。我可能不喜欢、不信任那个人（近来我刚刚找过他），但是如果我需要了解什么情况,我就去问他。这个世界变化太快,我不能考虑这么多。"在阐明管理层次需要鼓励相互信任以推进人际网络协作这一观点之前,我们首先需要阐明相互信任是否真的很重要。

我们首先对几家组织当中人际网络里的相互信任的情况进行了分析,以确定信任是否影响信息访问的过程。例如,我们对一家健康诊所里包括护理部门以及行政管理部门在内的全体员工进行了一次人际网络分析。就其设计功能来说,这家组织要求它的三个护理部门可以实现无缝连接,能够按照患者的具体情况进行诊治。我们分析了一系列的信息、相互信任关系,然后利用表6-1来帮助我们确定在部门内与部门之间相互信任的人际网络出现分断的部位。

表6-1 一家精神健康诊所里相互信任人际关系调查

|  | 护理部1 | 护理部2 | 护理部3 | 管理部门 |
| --- | --- | --- | --- | --- |
| 护理部1 | 49% |  |  |  |
| 护理部2 | 8% | 56% |  |  |
| 护理部3 | 32% | 44% | 64% |  |
| 管理部门 | 5% | 9% | 7% | 59% |

沿着表中对角线的方向下看,我们发现,在每个部门里相互信任程度都处于非常高的水平上。事实上,这些统计水平本来应当更高,只是由于在统计数字中包括了在单位内倒班的人员,而这些人彼此之间以前从未在一起呆过。但是离开对角线却可看出,部门之间潜伏着严重的人际网络分断现

145

# 第六章

象。我们发现,在医院管理部门和三个护理部门之间,缺乏相互信任,导致人们产生本位主义的倾向。

我们还发现在护理部门 1 和 2 之间相互信任水平特别低。要有效地对病人提供护理,需要进行人际协作,然而分属两个部门的医务人员之间却通常不愿意彼此过问对方的情况,或者共享信息。造成这种情况的原因有两个:第一,医务人员对向另一部门的同事询问情况感到尴尬,觉得有损自尊心。医护人员本来应当向患者提供富于成效的会诊,但结果往往相反,一些医护人员摆架子,故意让另一些人显得对其本职工作无知或者不胜任。第二,医护人员考虑更多的是自己的声誉,担心某次接触搞不好会造成误解,让人们觉得此人医术不怎么样,然后坏消息不胫而走。有一位医护人员这样说:"我可不想上那儿去,首先,这是个尊严的问题。我可不想让人觉得我有点卑躬屈膝似的。其次,我也不想让我的上司知道,免得常常给她找笑料。但是我相信这些事都会影响到病人上我们这儿来看病。我认为整个医护人员的组织方法是打算将基本的护理部门按照患者的种种需要进行横向整合。但是很明显在这条线索上缺乏彼此间的相互信任,从而严重影响到大家在一起工作,以及对患者的诊断治疗。"

## 建立相互信任关系的 *10* 种行为

为了搞清相互信任在人际网络中的潜在作用,我们另外参加了知识组织学院(Institute for Knowledge-Based Organization)进行的一项研究中的一个独立阶段。我们同Rutgers大学的丹尼尔·列文一道,对在不同国家工作的三家跨国公司里的员工进行了调查,利用统计方法,就相互信任对学习和信息流通的重要性进行了分析。[3]

我们发现,在决定人们是否能够有效地互相学习方面,有两种类型的信任发挥着显著的作用。第一种类型是,以工作胜任为基础的信任,它集中体现在能力上:我相信你精通你所谈论的事情,那么我愿意让你来影响我的思维。当我们以这种方式来信任一个人的时候,我们可能倾听他们,相信他所说的话,我们其实是相信他的能力。这种类型的信任在组织中会随着组织成员有更多的机会深入了解对方的专业能力而逐渐递增。

第二种类型是以一个人的善良品性(benevolence)为基础的信任——这是大多数人谈到信任一词时的含义。这种类型的信任体现着人性当中的弱点:如果我对某个问题所知甚少,我相信你不会看不起我,或者把这个信息拿到外面去散布。相信某人的善良,使得我们敢于暴露自己的无知,敢于向别人请教。当人们彼此之间建立了这种类型的信任,他们才会对自己的专业水平非常坦率,这反而会更加可能富于创造精神,学到他们需要的东西,从而把事情做得更好,或者做得与众不同。

在我们的研究中,对这三家公司所进行的调查使我们确信,相互信任对知识的有效切换传递发挥着重要的作用。为了给管理人员提供促进相互信任的实用方法,我们进一步对

## 第六章

20家组织进行了调查采访,[4]并从中归纳出能够推动相互信任的10种行为方式。领导者可将其纳入人力资源管理实践中,在构建人际关系类型、设计奖励制度等方面可以发挥重要作用。

### 谨慎从事

如果某人认为某些信息需要保密,那么泄密就会践踏了他对人的信任。[5]在寻找信息的过程中,保守秘密尤其重要,因为大多数有价值建议的得出,需要人们对所有潜在相关信息的共享。如果人们对公开某些信息感到不安全的话,他们可能有所保留对某个问题有帮助的信息,而且寻求信息者对他们想了解事情不知的程度也未必都真实。我们的采访表明,那些严格保守敏感信息的人,通常被认为是更加可靠的人。

谨慎从事看来是一种显而易"践"的行为,真正能够做到者,寥寥无几。实际上,接受我们采访的人常常提到有意利用他人谨慎意识的缺乏,在人际网络中传播信息的情况。当人人都认为,尽管事前承诺保守机密,但讨论的内容最终都会被人知道,就会出现问题。在组织中公开主动地寻找别人提供帮助的风气就会迅速消失。经理人员应该通过自己的行为以身作则,并且要求员工也对自己行为负责。

### 言行一致

言行一致是建立相互信任的决定性因素。它使人们能够相信一个人所说的话而不是去进一步揣测其中可能还隐藏什么动机,或者藏有什么其他的含意。[6]几乎每个组织中的每个人都会认为言行一致的人更可信任。如果一个人言行不一,当他向别人提供建议时,人们不禁要问他是否真的把别人或者别人的利益放在心上。

这里,有两种挑战。首先,人们必须清楚他们公开表明的与默认的承诺是什么,人们必须始终如一地履行那些公开的与默认的承诺,这些都是我们在一天当中做过许多回的事情。两个人对于承诺的心理预期上的微小差异在经历过一段时间之后,可能引起信任方面大的问题。其次,做出现实的预测同样重要。那些受人信任的人往往对于他们能够实现什么有一个现实的估计,因此几乎总是能够践约而行。一个出发点是好的、却夸大其词的承诺,在经历过一段时间之后,就会对信任度造成威胁。

### 经常与充分的交流

经常的信息交流可以帮助人们在分析人际网络里他人的能力、目的和行为时,得到足够的信息量支持。[7]多种形式的接触,例如,面对面接触,可以加强彼此间的联系,同时也创造更多的机会形成共同的观念,找到共同的语言。

### 建立共同的观念和语言

一些学者指出,共同的观念和语言会促进人际网络中的相互信任。[8]在一个项目开始的时候,明确奋斗的目标和规范

# 第六章

沟通的语言尤其重要。比如我们曾经采访过一位经理,他讲述了一个新产品开发小组的事情。这个班子曾经一度认为没有必要把时间花在确保小组成员使用共同术语、形成一致的看法方面。不幸的是,这个小组中很早就出现了裂痕,仅仅过了一两个月,事情就发展到快要引起危机的地步了。

首先,小组成员在解释该小组的使命时,见解就不一致。人人都认为自己在做着恰如其分的工作,但当他们在一起检查工作进展情况时,人们似乎莫名其妙地分别走上歧路。小组成员并没有意识到他们对于该组织的工作进展理解不同,认为是同伴把工作搞糟了,甚至是在玩弄政治把戏。

其次,在语言沟通方面,同样一句话有时对不同的人来说有不同的含义。例如,在一个具有戏剧性的场合里,两个小组成员之间彼此缺乏信任的现象越来越严重。一方成员来自美国,而另一方来自英国,起因于对 quite 一词含义的不同理解。对美方小组成员来说,quite 是个限定词,意思是"大量的"。因此,他们说一个新的软件"quite"有效,是指这个软件非常有效。相反,对于英方小组成员来说,这句话的含义是指这个程序刚好可以通过,"还可以"。一段时间里,在与客户、上司以及小组成员进行交谈时,双方都在以不同的理解方式使用着这个词,结果造成双方误解对方在做戏。双方之间都对对方的工作能力和诚意产生了极大的不信任:在工作能力方面——一方小组成员心里可能在想:不会没长眼睛吧?他怎么能够说刚好呢?在诚意方面——一方小组成员可能在想:瞧,他正在上司面前卖好呢。直到一次鸡尾酒会上有人偶然发现这个词存在不同的含义时,这种误解才得以消除。当然,由于人们来自不同的职能部门,不同的教育或文化背景,对同样的词、同样的话均有各自不同的理解,类似的误解可能时有发生。

### 重视知识领域分野

如前所述,当人际交往受到局限或者寻求信息者对所需知识领域不太了解时,判断他人的专业技能就成为一个挑战。尽管工作能力表现是判断一个人能否被依靠的重要因素,但经验告诉我们,当提供知识的人清晰地向人们界定他们所不知的内容时,这样的人才可能被信任。很多组织中,必须成为精通一切问题专家的压力,趋使人们过分自信地解答问题。我们的访谈清楚表明,对他人专业技能的局限进行清晰界定,是判断提供的信息可信与否的重要标志。

### 懂得何时进行角色转换

人们的职业角色规定了他们应当如何表现。[9]角色期望会妨碍相互信任的进一步发展。几乎所有接受我们采访的人员都表示,冲破角色约束、建立个人的人际交往,对建设一个富有成效的人际关系来说至关重要。寻找非工作关系中的共同点,例如受教育背景、家庭状况、管理理念以及政治信条,等等,可以使人们感觉到他们之间是相互联系在一起,而不仅仅是相互使用与被使用的关系。当然,人们愿意公开个人背景的程度取决于他们个人的感受。但是建设工作关系

# 第六章

以外的人际关系，在增进人们相互信任方面会产生很好的效果。

### 惠人以价值

不图回报的给予是信任的表示。这种情况下，给予者主动这样做，是基于这样的信念，即：受惠人会在将来的某个时候会予以善意的回报。[10] 我们在采访中清楚地感到，寻求信息者会据此判断可以在多大的程度上相信对方的品性。当人们愿意他人接触到自己那些宝贵的、或者是敏感的知识资源时，寻求信息者通常会把这视为对方信任自己的一种表示。对寻求信息者而言，这反过来又促进了相互间的信任。

在采访中我们发现，能够向人们提供宝贵的或者是敏感的资源的人，大体上分为两种情况。首先是彼此间的默契、经验的分享以及知识的共享通常导致以善良为基础的相互信任的发展。愿意向他人说明管理敏感的财务账户的微妙与细微之处，或者能够与难处的上司相安无事，这些都从几个侧面反映哪些人是人际网络中的资源提供者。这些人不仅在与他人共享知识方面舍得花时间，而且他们甚至还进一步向人们说明那些引起他们重新考虑他们过去的决定是否得当的知识。第二种情况是这些人愿意与他人分享自己人际关系的网络。泄露他人人际交往情况会有损于个人的声誉和社会资本，相反，允许外人加入到自己的人际网络当中则是一个信任的表示，通常这种人懂得尊重他人，并可与之来往。

### 循循善诱

组织中有许多重大事情错综复杂,让人无所适从。在这种情况下,寻找问题的答案需要对现象进行梳理,以确保问题得到真正解决。在美国公司里的许多领导人那里,有一条成文的或不成文的规矩:"给我方案,别给我问题。"鼓励人们寻找出现问题的环节,进行探索,乃至提出不成熟的想法与方案,这对于发展相互信任的人际关系至关重要。在许多场合,寻找信息者对于他们所提的问题并不十分清楚,更谈不上让他们找到答案了。因此鼓励他人在解决问题的过程中寻根溯源的人,比起那种非此即彼、不容别人搞清楚事情来龙去脉的人,通常被认为是更值得信任的人。

### 透明公正

尽管我们调查采访的重点放在信息寻访人与信息来源之间的关系方面,我们同时发现人们对于管理者的信任会影响到员工间的信任。公正性原则,即规章制度对每一个人都是平等的,以及公开性原则,即公开说明怎样以及为什么要采取这些规则制度,是人们关注的焦点所在。管理人员在决策过程中多大程度上贯彻公正、公开的原则,对于人们如何看待一个组织当中人与人之间的关系起着很大作用。

例如,许多接受我们采访的人员抱怨晋升与奖励标准不尽明确,似乎也没有得到平等地贯彻。这种决策过程缺乏平

# 第六章

等，或至少缺乏透明度的现象，影响人们对于一系列问题和人事关系当中信任状况的总体看法。一位被调查人员批评其组织内的晋升制度，指出不信任关系导致该组织中出现相互掣肘的关系，并对整个奖励制度表示怀疑。事实上，在整个采访过程中，晋升与晋级考核制度，只是许多棘手的问题当中的一个。同时受到人们关注的问题还包括工种、工资以及业绩考核，等等。当上述方面被看成是不公平的时候，人们甚至对随便什么话都疑心重重。人们不再相信别人的言行及见解，认为必须进行反复核实。此外，由于担心所引起的后果，员工们把想法埋在心里，不再畅所欲言，除非绝对有把握，否则绝不"出牌"，生怕带来对自己不利的后果。

### 对诚信负责

人们常说"种瓜得瓜，种豆得豆，"这句话同样适用于建立信任关系。[11]我们曾考察过几家组织，它们正对员工间的相互信任关系进行识别与评估。一名受访者说，他的公司明确强调建立信任价值观的重要性。正准备投入时间和精力对员工进行培训，让他们了解信任价值观念的重要性，同时还打算制定出一套考核方法，据此对员工间的信任行为进行考核。许多公司都会说他们重视正直诚实，但是又有几家组织愿意在这方面对员工进行培训。几乎没有人会主动地制定出一个对员工诚信进行补偿奖励、切实可行的考核制度。而这家公司做了所有的事情。因此，员工间都坚持诚信的价值观念。通过这种办法，诚信价值观念成为了公司的制度规范。

切实的奖励,而不是严格的惩处,会鼓励诚信行为。在我们的调查采访中,我们听说过几种针对诚信行为的考核制度。一家组织的管理人员对员工各方面的行为表现写出简短的评语,并对员工诚信行为进行评比。另一家公司,诚信行为考核成为计量考核体系的一个组成部分。诚信以及与之相关的行为成为管理人员考核下级六方面内容之一。尽管并非所有人都认为它应当占有 1/6 的权重(有些人认为应多些,另一些人则认为应少些),但是所有人都认为,明确提出诚信概念具有积极的意义。上面这两家组织中的员工认为管理层对诚信观念的倡导,对于促进相互信任具有深远的影响。

## 纠正无产能行为方式

在组织中,可以通过各种适当的举措帮助人们建立和发展人际网络。然而在人际关系拓展的同时,无产能的行为方式可能同时也在发展,经过一段时间之后就会变成一种习惯势力。在这种情况下,人际网络分析是很有帮助的。试图纠正一个人对一个组织的混乱影响可能会引起抵触。当事人可能会立刻辩称问题不是他们所为。这种辩称,如果来自组织中位置较高的人,就更加难以对付。在没有切实的证据证明某些问题确系某些行为所致的时候,面对有权势的人,局面就更加困难,而通过人际网络分析可以提供证据。

# 第六章

**避免人际网络死锁**

　　某些人在自己身上集中了过多的工作，这种现象经常发生。在人际网络中，人们过分地依赖专家或者有形组织领导人。这时，整个人际网络便会出现死锁现象，损害网络的机制。问题在于，极度的网络核心人物为工作付出巨大的心血，他们不肯退后半步，思考这种工作方式中存在的低效率情况。他们没有时间考虑为什么会这样，以及需要采取什么样的行动来扭转这种局面。我们在第五章提及的人际网络分析，可以使问题明朗化，经理人员可以通过重新分配任务、信息归属以及决策权限等措施，来扭转局面。

　　网络死锁的现象也发生在普遍的关系层面上。在我们的调查中，令我们印象最为深刻的发现之一是许多有效的人际关系在刚开始时，人们彼此之间的第一印象并不好。但是由于没有别的选择，人们只能在一起工作。随着时间的推移，人际关系开始逐渐趋于好转。我们的调查结果显示，一般来说，在刚开始的12个月里人们往往对于同事的情况进行充分的了解，而在那之后，他们会越来越多的把自己的人际交往局限在通过信任建立起来的人际接触范围以内，尽管其他人有更好的专业技术知识。

　　在某种程度上，这样做是有效的。但是，如果我们一成不变地和一个人接触的话，我们的认识就会产生盲区。更坏的情形是，我们往往非常狭隘地理解那些提供建议者所擅长的领域。自从上次谈话之后，人们可能又获得了更多的专业知识，但有时却被我们忽视了，这种情况相信我们每个人都经历过。你是否曾有过对同事不为人知的专业知识感到惊讶的时候？因为我们太忙了、太自以为是了，或者过分依靠老皇历，我们未经考虑便先入为主地认定他人所专长的领域，然而往往并没有发现对方真正的技术领域并从中获得教益。这意味着整个组织需要经常系统地更新对他人专业技术知识的了解。我们曾对一家技术组织中新近成立的一个部门进行了人际网络分析。在一个项目开始之前，整个小组聚集在一起，相互熟悉，了解彼此的专业技术知识。4个月之后，同样的会议又召开了一次。此外，该组织决定每月召开一次网络电话会议。在会上，由组成项目的各部分小组成员推举一个人，向整个组织介绍有关该项目的最新进展情况。这种交流方式把专业技术知识切换传递给每一个人。用一种得力的方式，要求所有人参加交流，对于系统地掌握有关的业务经验来说，是十分关键的。不幸的是，我们往往倾向于相信，如果我们认识了某人，我们同时也就自动了解了某人的专业技术与工作能力，然而事实远非我们所想象的那样。

**避免出现行政关系紧张**

有时，人际网络图中出现的稀疏现象，源于行政动机或事业抱负的因素。当两名领导成员意见相左或处于对峙状态时，两人之间的分歧会辐射到整个人际网络中去，造成人际网络图中出现集簇现象以及人们的派系意识。我们对一

# 第六章

家大咨询公司中的一个创新管理部门进行了人际网络分析。为了更有效地同另一家咨询公司竞争，该公司计划进行一次重大改组，把各小组中的专业知识整合到这个部门中。为了了解新建立部门的人际关系状况，负责该部门的一位公司合伙人邀请我们进行一次人际网络分析。

我们立刻注意到有三个紧密的小组，在人际网络中呈现明显的集簇现象：其中两家位于北美，一家位于欧洲。此后发生了一系列的变化，我们在别处已经做了介绍。[12]在这里，我们重点介绍在美国的两个小组出现的问题。我们发现，这两个小组成员的办公室不仅设在同一个写字楼，并且还在同一个楼层里。物理位置上的靠近，并不是一个问题，我们的调查暴露出负责两个小组的公司合伙人间的行政分歧。除了他们管理业务的方式不同之外，二人在性格方面代表着两个极端。尽管负责整个部门的合伙人对此有所察觉，但是我们的人际网络分析图形象直观地反映出此二人之间的关系波及影响整个业务组织的人际网络，并影响到两个小组的绩效。

为帮助解决两人之间存在的问题，有关方面采取了多种方法。例如，请来了一位从事经理培训的教师，帮助两名合伙人就双方的分歧开展对话，还针对两人处理彼此间矛盾的方式方法，制订了一些专门的改善计划。通过培训，那些使两人之间出现竞争与抵触情绪的因素被转化成为了推动工作的动力，他们终于学会彼此欣赏对方，并且就工作能力的问题在一起相互切磋。两位合伙人百尺竿头，更进一步，在

**关系建设：人际网络的启动、发展与维护**

一次"各路人马"齐聚的会议上，两个人心情愉快、开诚布公地把他们之间发生过的一些事情公之于众，让众人来帮助监督双方今后能够彼此相互信赖。

### 减少冗余人际关系

另一种使人际关系效率丧失殆尽的形式，是人际网络的过度连通。每个人似乎都有过这样的经历：被拖入确实不需要参加的会议。取得意见一致是一件好事，但是过多考虑让每一个人都参与到决策过程中来，然后一直等到会上全体一致通过才开始行动，这种做法会扼杀人们的主动精神。这种情况在我们曾经进行过人际网络分析的一家软件公司里清楚地表现出来。尽管这是一家到目前为止我们所遇到过的人际网络连通最为完善的组织，但是由于文山会海、电话、E-mail、即时通，任何人都感到什么事情也做不来。我们对这家公司人际网络分析的重点，不是帮助建立网络连通，而是舍弃其中的某些关系网络，同时明晰权限与责任，简化决策过程中的繁文缛节。

当你对于一个大规模的人际网络当中的团队组织进行研究时，例如，高级领导成员小组、新产品开发小组或者是固定的岗位小组，需要考虑这些团队组织是否都拥有同样一张人际关系网。例如，我们同一家政府机构的两名领导者密切合作，开展人际网络研究工作，我们发现，这两名领导者的人际网络几乎是同一个（见图6-2a、6-2b）。调查采访的结果表明，如果两位管理人员能够使他们各自的人际网络有所区

159

## 第六章

别,就可以更多地相互交换各自的人际网络中的专业知识,从而有可能取得更大的业绩。在他们的人际网络当中,还存在着信息瓶颈,因为多数情况下这两个人都出席同一个会议。为一位上司安排工作议程已属不易,而给两个上司安排同样的议程几乎是荒唐的。此外,一般情况下他们听到的都是同样的汇报,他们在一个基本相同的信息环境里巡游,无法交换各自对问题的看法,获得另外的见解。其结果是,除了彼此循环论证自己的想法之外,他们彼此之间一无所

图6-2a 领导人1的人际关系冗余

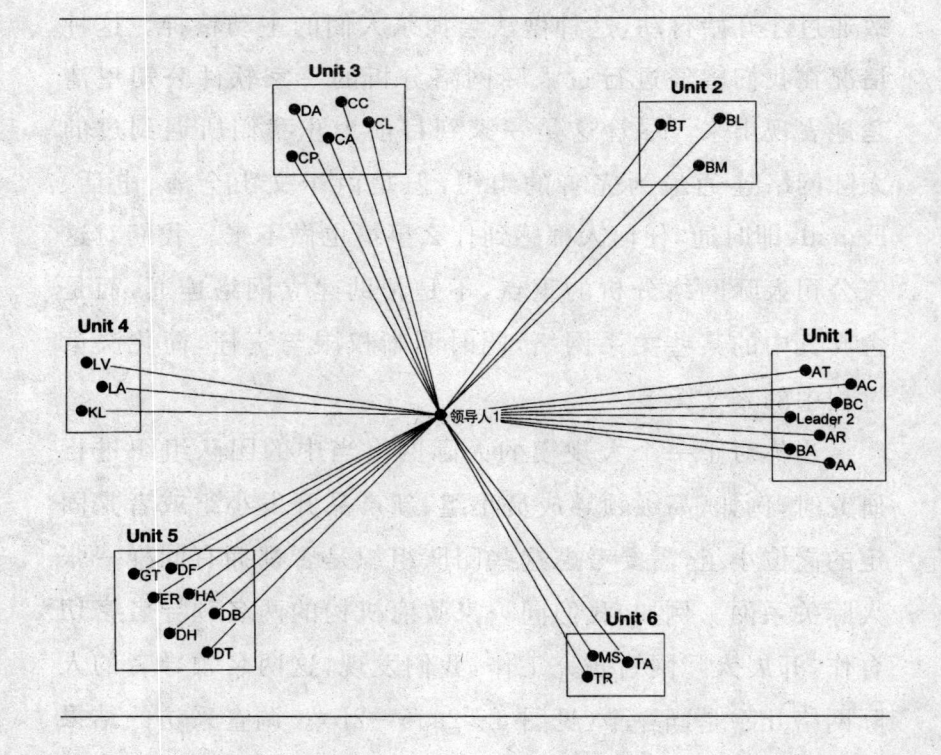

关系建设：人际网络的启动、发展与维护

获。这一次深入细致的个人人际网络分析（有关的方法见附录B中介绍的组织背景诊断），促使两位领导者为了实现整个组织的效率，重新考虑在人际关系当中哪些方面是属于他们各自应当关注的重点。

图6-2b 领导人2的人际关系冗余

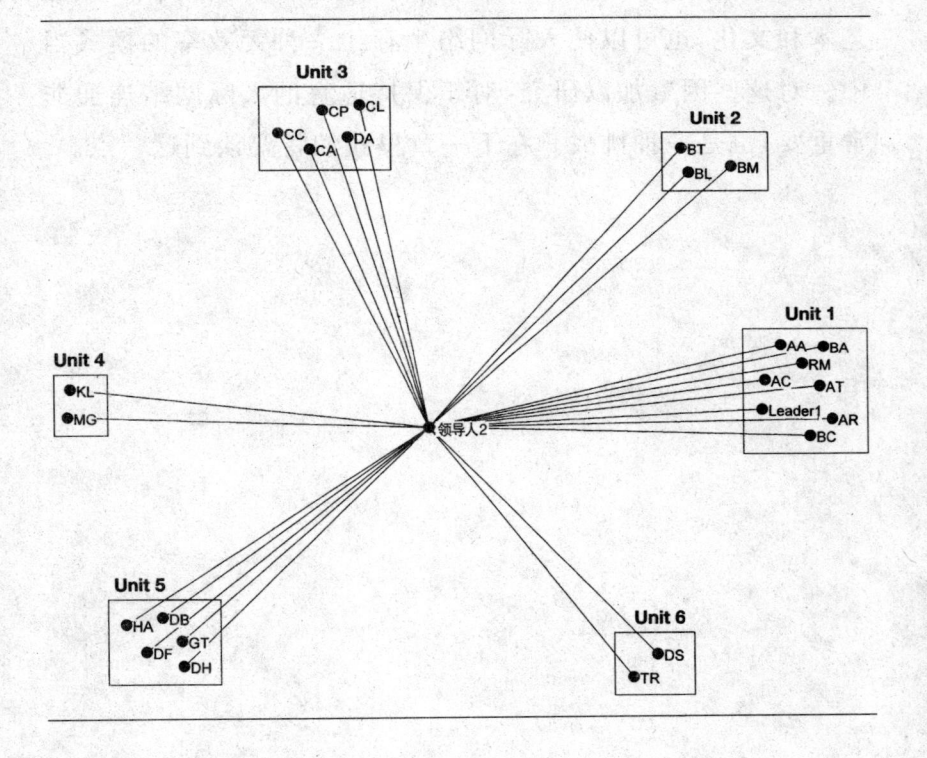

### 创造网络连通

我们不是在一般的意义上开展团队建设的活动，我们是将我们已有的研究成果，应用于开展针对具体环境、培育信

161

## 第六章

息关系的实践活动，这种关系对于一个组织来说非常重要。当然，无论多么完善的改革设计，如果组织背景（organizational context）与新的人际协作模式不相协调，也只能是在组织中昙花一现。组织设计的方方面面，例如，有形组织结构、工作绩效、作业进程管理以及人力资源管理，都会对人际网络连通产生巨大的影响。同样地，在"软件"方面，例如，领导艺术和文化，也可以使人际网络生存于一种无效率的模式当中。对这些因素加以研究，对于保持适宜的人际网络连通非常重要，也是一种挑战。在下一章里我们将要谈到这一点。

# 第七章 突破模式桎梏：改造组织背景，支持人际网络

　　人际网络分析的作用在于它让你看清网络目前的状况，因而能够做出相应调整。但是你必须注意到组织中影响人际协作的方方面面。人际网络不是存在于真空里面，有些方面，像文化、激励、领导艺术以及组织的层次结构，左右着谁在对谁讲话。我认为我们自己组织的网络图就说明一点，假如你想调整人际网络现状，但同时你又全然不顾那些在许多方面影响人际网络的力量，那么，你是想打赢一场必输的战争。很可能你会看到，事情又回到它原来不争气的模样。这不仅浪费了时间，而且也让人以后不会再这么投入。

　　　　——一家技术咨询公司负责管理工作的合伙人

# 一

　　家咨询公司在请我们进行人际网络分析之前，投入

# 第七章

了巨资重整其组织结构，将原来在美国每个主要城市都设有的自负盈亏业务机构，进行合并，重新布置在美国的4个区域。改组前，公司的竞争对手已经把业务做到了全美国、乃至全世界的范围，他们通常集合素质更高、更加精通业务的咨询人员，共同为客户服务。而这家公司不仅在这方面落后，它的人员构成也主要来自当地。公司领导人希望通过重组，提高专业服务的深度和广度，以适应客户的要求和市场竞争的形势。他们预测组织结构的改变不仅能够扭转市场份额损失的态势，同时还可以提高效率，因为至少咨询人员不会再重复进行其他部门也在进行的工作。

　　重组18个月后，我们受邀对公司进行了一系列人际网络分析，对重组区域之间的人际协作状况做出评价。我们画出了每个地区内若干业务部门的人际网络图，从结果上来看，我们认为公司的重组措施只能说是取得了部分成功。我们看一下处于不同地区的两个业务部门的情况。第一个业务部门被分割成三个小组，对应着该地区主要城市的业务分布情况（见图7-1），人际协作被紧紧地局限在它所处的地理位置上，而在不同城市之间，人际网络的连通很少。

　　在第二个地区内，我们勾画了另一个小组的人际网络图。该小组在人员规模、工作性质以及业务的地理分布上与第一个业务部门几乎具有相同的特点。但是在这里我们发现，该地区3个主要城市之间的人际协作模式与前者截然不同（见图7-2）。与第一个地区内分割的人际网络形成鲜明的对照，第二个地区的小组已经开始建立了地区间的人际协作,并有效地进行专业知识的切换传递,来配合销售商机与客户开展业务项目。

图7-1 第一个业务部门所在地区分割的人际网络

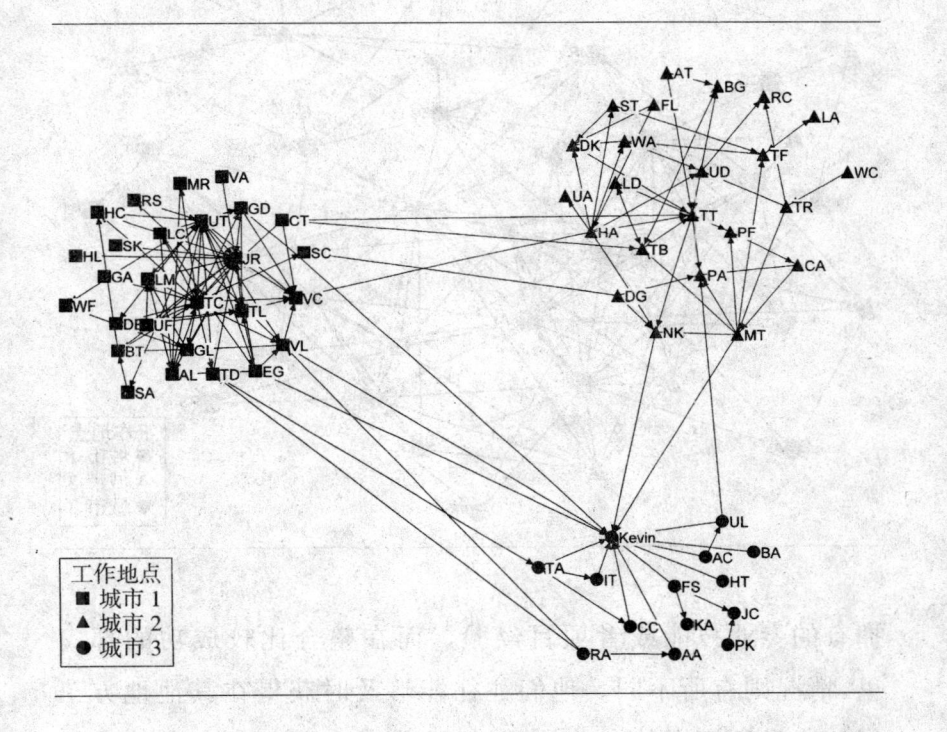

出现我们上面所看到的那些现象非同小可,要知道管理层投入了数百万的美元,把公司的前途押在了整合员工专业技能上。在这家公司的一些业务地区,由于业务部门过于分割,以致无法提供高质量的咨询服务。员工们或者无法提供最佳的解决方案,或者无法及时地满足客户需求的事情,屡见不鲜,原因是他们不了解在地区内其他地方工作的成员所

# 第七章

图7-2 第二个业务部门所在地区协调的人际网络

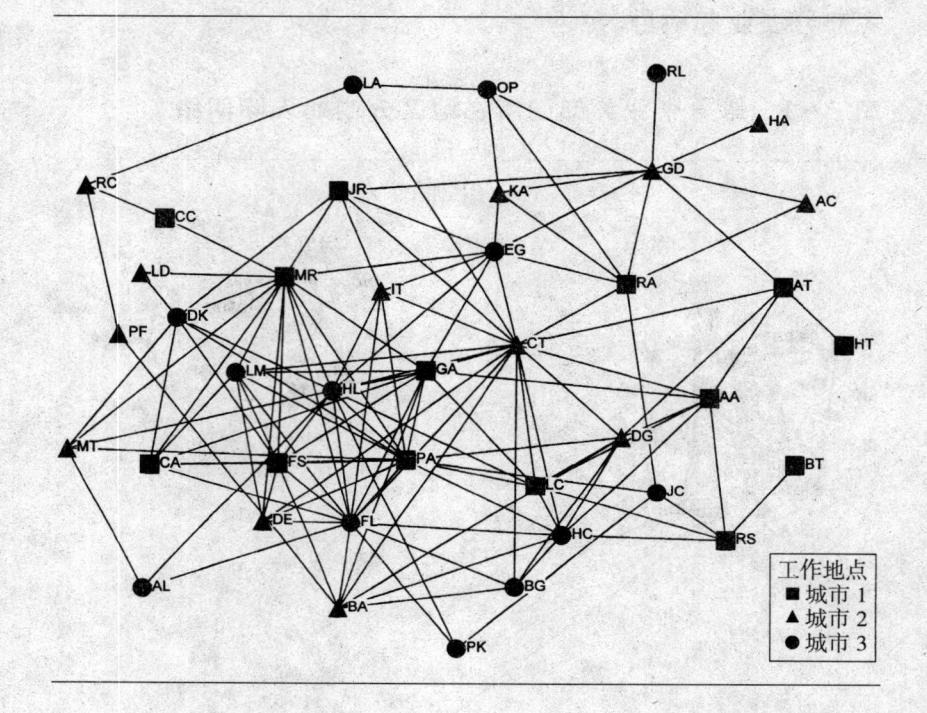

工作地点
■ 城市1
▲ 城市2
● 城市3

拥有的专业技能或者项目经验。而在整合比较成功的部门里,情况则有所不同。他们往往能够及时获得在其他地方工作的成员所拥有的专业技能,迅速搭成一张新的专业技术知识的人际网络,因而在捕捉销售商机或者做项目方面与众不同。在不同的地点之间切换传递知识信息与业务方案的能力,不仅有助于赢得项目、提供高质量的服务,同时还极大地提高了完成业务项目的效率。

显然,这家公司需要对分割的人际网络改进其连通状况。但同样重要的是,我们需从造成人际网络分割的组织

## 突破模式桎梏：改造组织背景，支持人际网络

背景出发，着手解决有关方面的问题。从本案例中我们就发现，管理上存在的某些差别对于业务部门的人际网络的整合情况及业绩表现，具有很大的影响。例如，除了合伙人定期会晤之外，小组成员的人际网络处于分割状态的地区没有一个能使大家走到一起、彼此见面、进而学习同事的专业知识的接触媒介。在人际网络支离分割的地区，那些被认为是"一笔不必要的开销"的环节，在后一个人际网络连通较好的地区却都被看作是关键的地方。在后一个地区人际关系联系紧密的人际网络当中，员工指出只有在和别人有过面对面的接触、有机会彼此了解对方的专业特长之后，才能够成为别人的信息来源。尽管在这个地区，小组里也使用了技术上最先进的个人技术档案系统一类的东西，但是人们认为只有人际的、面对面的接触，才能够反映双方是否以及如何建立起充分的信任，从而决定彼此能否互通信息。

另一个重要的不同之处，是两个小组人员安排。人际关系紧密的小组意识到有效的人际关系是在做项目的过程中获得发展的，因此他们的目光没有仅仅盯在效率与计时工资上。在考虑工作人员安排时，他们经常注意均衡地让来自不同地方的人员参与进来，或者有时做出一个在传统经验看来大不可取的决定。考虑到一个项目的启动与推向市场的成本因素，安排一个人负责一个项目6个月，而不是两个人三个月，通常会更加有效节约。然而从员工的工作氛围，并从人际关系未来发展的角度来考虑人际关系的重要性，后一个人

## 第七章

际网络连通更加紧密的领导人在追求长远经济利益时，就可能做出表面上看来像是不合理的决定。

虽然在整个公司范围内有统一的人力资源政策与实施手册，两个小组在这方面的具体做法也有所不同。例如，尽管两个组织都使用关键事件询问法（a critical-incident interviewing technique），人际关系紧密的组织重点关注的是求职者表现出来的协作精神，相反人际关系分割的组织则更加注重个人已往业绩、销售能力和技能。人际关系分割组织遵守着公司的传统做法，对新来人员安排两天的见习时间，而人际关系紧密的组织则补充了见习内容，将新来人员的照片和个人简历放在人流过往很多的大厅里，并安排他们与大多数组织成员一起吃午饭。同时，进行"捉迷藏"活动，以帮助新来员工结识和了解组织中其他的同事。

在业绩考核方面，尽管人际关系分割的组织也收集同事的反馈意见，但在分红奖励方面，仅仅以工时、创造收益的多寡为基础。实际上经理人员等于发出明确的信号，告诉员工们应当抓紧时间去做些什么。相反，人际关系紧密的组织在处理同伴反馈问题上十分认真，把它同晋级考核与奖励联系起来。

我们已经向该公司提出了一系列有关改善不同地区间人际协作关系的建议，但是，正如本章开头那位公司高级管理合伙人所言，落实这些建议需要组织背景支持。通过我们的调查分析，我们认识到促进人际协作，需要确保组织背景因素不致将组织行为拖回到从前无效率的行为模式上。本章下面的部分将介绍组织背景概念当中所包含的重要元素。附录B把这些观点反映在一个诊断问题的程序当中,我们自己通常将这些问题包含在人际网络调查的提问中。管理人员,由于他们在层次结构当中所处的特殊位置,通常可以看到组织设计、文化以及领导艺术会对人际协作产生实质的影响,而那些身在组织内部的员工则对之不以为然。利用我们的诊断程序可以提供重要的信息反馈,有助于纠正这些不正确的看法。

上面所谈到的一些看法,我们曾经在本书前面所举的一些例子中接触过。但是在这里,我们为那些正在致力于培养健全的人际网络连通的管理人员提供一个完备的组织背景框架,[1]尽管一个组织通常只是对那些显著影响人际协作的若干问题采取行动,但是从整体去考虑是很重要的,因为那些关键的组织背景因素并不总是明显、易识别的。

## 组织背景与人际协作

我们从曾经研究分析过的人际网络中,根据连通完善或稀疏的程度,挑选出20个具有代表性的人际网络。然后在每个人际网络中访问了6~10人,以确定组织背景中哪些因素对人际网络的影响最大。[2]首先,而且也是最重要的,我们发现有效的人际协作是一个全局性的工作。简单地引进人际协作技术、交叉刺激措施(tweak incentives),或者大力开展促进人际协作的文化活动,都是远远不够的。促进人际网络

# 第七章

的连通,需要协调有形组织中的组织设计、控制系统、技术,以及人力资源管理的方方面面。同时,特有的企业文化和领导者行为也可能对人际协作模式产生深刻的影响,并且常常超过表面上看来最主要的组织设计因素的影响。

同样重要的是,我们必须记住,没有一个普遍适用的公式。对于促进人际网络连通来说,从组织背景当中,正确地找出影响因素,对于每一组织来说,都是一项特殊的任务。在某些情况当中,需要同顽固落后的文化价值观做斗争(例如那种"事不关己,高高挂起"的心态),而在另外一些情况当中,则需要修改部门计划过程和员工业绩考核指标。因此,我们有关组织背景的论述是一种综合的模式,管理人员可以根据自己组织内的具体情况进行充分的判断,然而,若要整个组织重新定位以适应某种人际网络的类型,是极其不现实的。一般来说,抓住组织背景当中 5~10 个方面的问题,便可为我们改善人际网络连通创造很好的机会。如图 7-3 所示,我们认为,以下 4 个领域十分关键(我们将在附录 B 诊断问题当中详细讨论):组织结构、作业管理、人力资源管理,以及领导艺术与文化。

## 组织结构

组织背景中的首先需要考虑的因素是组织结构。按照明茨伯格(Mintsberg)[3]和加尔布雷思(Galbraith)[4]的说法,我们可以把有形组织的结构看成由三个主要元素组成:组织边

## 突破模式桎梏：改造组织背景，支持人际网络

图7-3 组织背景与人际网络

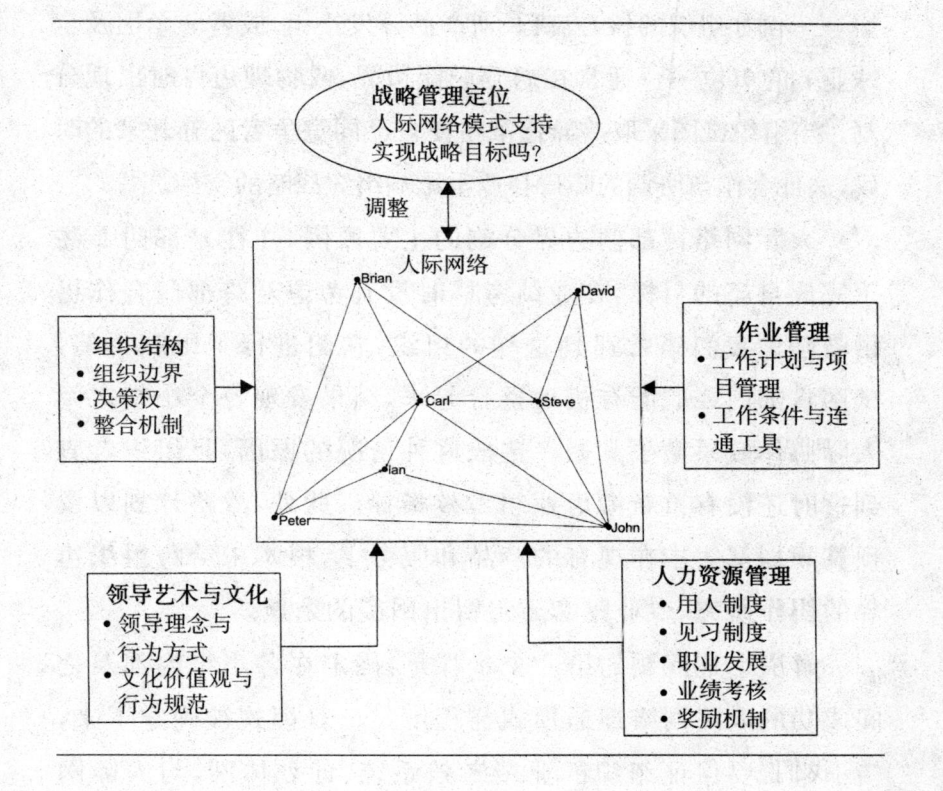

```
                    ┌─────────────┐
                    │  战略管理定位  │
                    │ 人际网络模式支持│
                    │ 实现战略目标吗？│
                    └──────┬──────┘
                       调整 ↕
    ┌────────┐    ┌──────────────┐    ┌──────────────┐
    │ 组织结构 │───▶│   人际网络    │◀───│  作业管理    │
    │• 组织边界│    │ Brian  David │    │• 工作计划与项│
    │• 决策权 │    │   ╲  ╱       │    │  目管理      │
    │• 整合机制│    │  Carl  Steve │    │• 工作条件与连│
    └────────┘    │   Ian         │    │  通工具      │
                  │ Peter   John  │    └──────────────┘
                  └──────┬───────┘
                         ▲
    ┌──────────────┐           ┌──────────────┐
    │ 领导艺术与文化│           │ 人力资源管理  │
    │• 领导理念与  │           │• 用人制度    │
    │  行为方式    │           │• 见习制度    │
    │• 文化价值观与│           │• 职业发展    │
    │  行为规范    │           │• 业绩考核    │
    └──────────────┘           │• 奖励机制    │
                               └──────────────┘
```

界（组织单元，如按职能、产品、区域等划分）、决策权（在一个组织单元内，影响行为方式、资源分配的权力）以及整合机制（协调各组织单元活动的方法）。其中任何一个元素都是改善人际网络连通的机会。

### 组织边界

在我们前述的讨论中，人际网络分割的原因往往是由于部门化的工作方式造成的。部门过分僵化的边界，阻碍人们同关键

## 第七章

员工的协作和学习。那些需要穿越有形组织边界的人际网络——例如组织的核心流程、新产品开发小组,或者一个遍及全球业务的单位——通常在遇到职能边界、或物理边界时出现分割。当组织试图采取差异化策略使自己同竞争者区分开来的时候,这种合作与协调的障碍会严重影响组织战略的实施。[5]

人际网络被部门边界分割的主要原因,往往是部门专注于完成自己的目标,在业绩考核时没有考虑对跨部门合作提供鼓励。我们经常遇到这样的组织,它们进行了组织再造,试图将部门或职能有机地整合起来,结果发现各个小组之间人际协作效果微乎其微。造成这种情况的原因,是组织者直到这时还没有重新考虑业绩考核指标。此外,战略计划以及预算规划都集中在现有的产品和服务上,根本未给跨组织边界的协作研究、专业配套重组留出回旋的余地。

解决上述问题的第一个步骤是:确定在各小组内部及之间成功的人际网络连通模式与程度。一旦模式被确定下来,接下来需要保证组织的业绩考核系统、计划体制,与人际网络的整合不发生冲突。例如,你可以将整合的目标列入到计划过程当中,以帮助确定怎样使一个人际网络(或者一系列的人际网络)当中的专业技能可以按照特殊的方式配套,以适应市场的需要。此外,还可以推动一些具有实际目标的项目开发,开展跨组织边界的学习与整合活动。

### 决策权

正如我们在前面的例子中所看到的那样,管理者通过重

## 突破模式桎梏：改造组织背景，支持人际网络

新分配决策权限可以使人际网络富于弹性。通常对于谁可以得到什么信息，或谁可以制定什么决策这样的问题，做一点简单的变动，便可改善人际网络的灵活性与反应能力。在考虑组织总体设计上这种方法同样非常有用。把人际网络分析图与传统的分析工具，例如生产流程图，结合起来，管理者便可以更好地进行过程设计和岗位设计，可避免人际网络中的不合理人员安排。

当我们写作此书时，我们正处于对一家大型的结算银行进行人际网络调查研究的过程中。一位高级经理非常希望在出纳人员、客户服务代表、信贷结算的负责人，以及几个重要零售部门的分部经理之间得出最佳的人员联系模式。如果我们将所有分支机构的人际网络关系绘制出网络图来会耗时太多，于是我们选择一个在人员规模与业务活动方面都具有代表性的人际网络子集。这个主意是，把人际网络分析技术推广到各种各样的信息流通和决策过程，这家银行的经理可以比照小范围内岗位设计与业务流程的变化情况，在整个银行系统内进行推广应用。

### 整合机制

当你只是暂时需要开展跨边界的人际协作，你可以建立一个委员会来保障人际网络的通畅。如果你经常遇到组织协调问题，那就可能需要建立起联络机制，或者指派协调人员参加各部门的会议，使各方了解彼此的期待是什么。你还可以创造一些中介角色，例如知识管理人员、人事协调人员、

# 第七章

计划管理人员,来帮助人际联系。

信息本身也可在整合机制中充当重要角色。一些公司不惜斥巨资从 SAP、PeopleSoft、Oracle 这样的大软件商那里购买企业软件,开发各种业务类型、各种功能的管理网络,确保各组织单元能够得到所需信息,同时,又使企业组织结构保持完整。[6]与某些公司将管理网络的重责交由专门的高管(例如 CIO)或者一个专门部门(例如 IT 部)负责的做法不同,英国石油公司和沃尔玛特已经建立了由企业经理人员、战略发展研究人员以及业务专家组成的灵活的人际网络组织,指导企业系统地建设与不断完善人际网络的工作。

## 作业管理

组织背景当中,影响人际网络模式的第二个因素是作业管理。对于有效地发展人际网络来说,管理者最能控制的办法之一,就是利用组织工作中已有的项目,它可以是制药公司里的一个新产品开发,或者是一个专业服务项目,还可以是一家投资银行里的一笔金融业务。围绕一个任务在一起工作,可以帮助人们了解彼此的专业能力并建立人际关系,从而有助于人们在需要时及时得到帮助。与场外会议或者团队建设活动不同的是,这是在实现组织(完成企业)目标的过程中进行的,因此不会牵涉到企业成本的问题。所以,工作安排与人员管理的方式可以显著地影响人际网络的连通。

突破模式桎梏：改造组织背景，支持人际网络

### 工作计划与项目管理

利用各种机会明确工作分工、让员工彼此协作，通常会建立起人际关系，促进问题的解决。有几家咨询组织已经开始在一个项目上配备两个或者更多的人员，尽管如果由一个人负责较长的时间，可以成本更低。一家大制药公司的信息科学部门建立了一种"团队搜索"机制，以满足科研人员查询文献资料的要求。通过这些方式，管理人员不仅开阔了视野，同时加强了部门的人际网络连通。从该公司以及其他类似的反映看，重视协作机会，而不是偏于倚重个人，可以促进问题的解决方案，提高员工士气，并且改善人际网络的连通。

项目管理也可以对网络连通产生显著的影响。首先，项目启动后，员工们能够接触到专家，我们的人际网络分析表明，凡是项目管理这种工作方式都可以推动人际网络连通、团队协作，并促进问题的解决。其次，项目管理方法包含回顾总结与学习活动。例如，在项目进行过程中，不断进行事后点评这些方法不仅可以改善整个团组的工作与人际网络连通，而且有利于员工相互学习。

还有一点也很重要，即当工作进程正处于从完成一种职能转入到完成另外一种职能的过渡阶段，管理者有必要审视现行的项目管理方法或者是处理的步骤此时是否依然相宜。经常会出现这样的情况，一些规章制度，或者是一些机械的工作流程或程序，把连接不同职能之间人际协作的效率给削弱了。在我们开展人际网络研究工作的几家组织中，由于没

175

## 第七章

有一个便于工作交接时彼此沟通、了解背景的机制,在实现职能间过渡、转换的过程中,常常遇到很大的困难。

### 工作条件与连通工具

物理背景(physical context)对人际协作有很大的影响。[7]在社会科学领域有一个十分著名的发现:空间距离妨碍交流。随着两个人互相之间的距离增大,他们之间协作的可能性将变小。[8]通过我们的研究,我们发现,物理空间——可以是两个潜在的协作者之间的距离,或者是其他的屏障,比如楼内通道的空间布局,或者办公室的空间设计——对人际接触的类型会产生很大的影响。例如,在一个技术组织当中,我们的人际网络分析表明,很高的围墙隔断,阻挡了两个小组之间的交流。当这面墙变得矮下来的时候,这两个小组发现了他们工作当中更多的共同点,于是他们赶快去找更多的空间,以便有机会在一起交流方案设想。

通常在分散的人际网络中,人际交往的成本严重制约着员工面对面的接触。如果组织文化鼓励员工利用技术手段,同时组织成员能够根据具体的任务找到适宜的技术通讯手段,那么,利用技术手段可以有效地提高人际协作水平。例如,IBM旗下众多的咨询业务组织,它们的成员之间彼此很少碰头,这些组织掌握了各种协同技术手段,在召开大型经营状况的网络电话会议的时候,咨询人员还经常采用一些辅助手段,诸如 Lotus IM 和 Web Conferencing(一种网络软件协同工具,以前叫做 Sametime),这种软件支持点对点的或者

突破模式桎梏：改造组织背景，支持人际网络

小组间的人际互动,对于解决问题或澄清疑难很有帮助。有时,员工们将电话会议与网络会议结合起来,这样彼此相距遥远的同事便可以同时看到会上的演示。利用这种方法,与会者在进行头脑风暴讨论时,不仅可以做到"声情并茂",还可以实现"情景交融。"其奥妙在于用技术手段来帮助开发员工的专业技能,并且规定使用规范。不幸的是,我们常常发现技术手段被弃置不用,员工们只愿意等待面对面接触的机会,或者是他们还不知道利用技术手段可以得到一种令人满意的交流方式。

本书只是到现在才开始谈到技术,因为我们希望强调,在组织中推动有效的人际协作是一个排在首位的、永远都同人有关的问题。我们不应当重复早期人们的错误,在开始进行重组的时候声称技术手段只是一个工具,但却总是把它放在整个过程设计的最开始。管理者应先从组织的角度了解工作是如何开展进行的,人际关系是如何在组织中发展的,然后再寻找运用技术手段使这一过程得到加强的途径。这样做才能有更大收获,也只有这样,使用技术手段才更有效。我们发现下列一些技术手段对人际网络的连通可以发挥重要的作用。

## 即时通

青少年们非常清楚即时通(instant messaging,IM)的便利之处,企业界在这方面正在迎头赶上。IM的一个基本的好处是它可以在大型、分散的组织中进行类似于楼道内过往

## 第七章

人员的随机谈话。尽管它比不上面对面的人际交流,但它可以使人们进行点到点的交流以及组织间的讨论,当人们遇到问题时可以立即进行询问,而不至于忘记,也不再惧怕随后的冥思苦想。此外,IM软件价格低廉,简单易学。这种超值的技术所产生的奇妙效果给我们留下了深刻的印象,它用自己的方式创造了虚拟的"饮咖啡机旁"或"饮水机旁"的谈话。我们常听到人们谈起在构思创新的开始阶段与关键时刻,使用IM与同事一起合作或者联手解决问题的故事。

除了点到点之间的联系,我们发现IM对于大规模的人际网络也发挥着作用。例如:我们曾经对一家广泛使用IM的著名技术公司里的一个大型软件开发组织进行了人际网络分析。我们发现,从总体上看,该组织内部人际网络连通完善,尤其是那些存在空间距离的组织,彼此连接得更好。令人感到特别惊讶的是,几乎一半以上的组织成员在通过卫星连接的办公室里上班,其中有些办公地点就设在员工家中。这种完好的网络连通带来了诸多的好处,所有我们采访过的人员均把这种安排的成功之处归功于广泛使用IM软件。

### 个人技术档案系统

当人们知道自己的协作对象是谁时,IM的工作特别出色。但是当我们面临新的项目或遇到新的问题,需要新的、不同以往的专业知识时,情况又当如何呢?个人技术档案系统或者各种专业技术识别系统所起的作用,相当于我们去浏

**突破模式桎梏：改造组织背景，支持人际网络**

览人们的在线个人简历。这些专业数据库系统可以帮助人们发现那些拥有他们所需要的专业技术和知识的人，即使人们彼此之间并不相识。当然，必须对这些系统里的内容保持更新，否则，它们将无法发挥作用。因此，建立与维护这样的系统需要组织设置专门部门负责，尽管以查询搜索和 E-mail 信息系统分类技术为基础的个人技术档案自动生成系统应用软件正在出现。

个人技术档案系统可以在很大程度上改善大规模分散组织的人际网络连通。然而我们发现，只有那些在系统设计实施当初，就已经考虑到如何使人们能够相信其中个人背景信息的真实性的组织，才能使这一系统的功能得到充分的发挥。在我们进行人际网络研究工作的组织中，多数都未能注意这一点，这是一个严重的缺陷。然而有一家咨询组织，在使信息寻访人相信查询对象所拥有的专业技术知识、鼓励人们相信人际信息方面，具有独到之处。这家组织不强调学历，它看重的是有关人员在近期活动当中，在哪些方面运用其专业技能。因此，员工的个人技术档案中包括了各自近期参加的3～5个项目，以及和他们一起工作的有关人员的名字。这样，信息寻访人相信，他们能够通过出现在个人技术档案中的合作人员进行证实。

据我们所知，到目前为止，凡是有效的个人技术档案系统，不论其具有什么特点，在涉及到个人背景信息方面均必须具有可信度。例如，在一些公司当中，用学历来说明人员的专业技能；而在另外一些公司当中，则以发表论文、申请专

# 第七章

利,或者具体的项目经验来表明一个人的技术专长。每一种职业,每一家组织,均具有自己一套显示员工专业技能的秘诀,应当避免简单地照搬现有的模式。为此,需要进行专门的设计,以便这一系统突出个人背景信息当中任何表达专业技能的内容,这样才能在应用这一系统中获得更大的收益。

但是仅仅了解某人具有某种专业技能这一事实并不能使这个人回应你提出的要求,按照我们在本书第六章归纳出来的情况,个人技术档案当中放入个人信息,例如共同的嗜好、就读的学校等,通常可以帮助人们发现彼此的共同点,正是这一点会促使对方回应你提出的要求,这些共同点还常常有助于彼此的交流持续下去。

## 集群支持技术手段

能够进行网络同步在线会议的软件产品,例如微软公司的 NetMeeting,具有丰富的功能,可以进行网上通话、文件传输、远程连接与共享、留言板留言、网络视频会议等活动。这些技术使得人们在一起研究文件的同时,能够进行实时网上虚拟交流,是对传统电话会议方式的重大改进。在传统方式当中,参加会议的人无法看到每个人的面部表情,因此,人际协作效率一般很低。

在非同步技术方面,例如采用 team rooms,也可以促进人际协作。人们可以把文件存放在一个可以进入的地方,但不局限于个人的硬盘上,同时提醒其他人注意那些需要他们处理的文件。team rooms 使得每一个人都能够了解有关项目进展的最新情况,并且使拥有专业技能而别人又不了解的人能够对项目中的某些部分做出贡献。通过这种方式可以将组织里员工紧密联系在一起,组织内所拥有的专业技能也能得到最大程度的利用。

## E-mail 的应用

我们每一个人都非常熟悉 E-mail,但是一些与之相连的新的应用软件,例如 KnowledgeMail,已经改变了这一大众熟悉的技术面貌。该软件由 Tacit 设计,可以通过分析一家组织中的电子邮件往来,发现某人正在进行的工作,以及谁是专家,从事哪些专业课题。该软件不仅为每一个人,还为每个部门,以及整个系统提供了个人专业技术档案,该项技术还可以对自带的数据库进行连续更新。

## 人力资源管理

我们在组织背景当中介绍的一整套人力资源管理措施可以用来改善人际协作。例如,改变新人择取的标准、改革培训员工的方式,以及修正对行为方式的考核与奖励。第一个需要管理者考虑的问题是:用人标准是根据个人业绩、个人特质,还是看其是否具有协作精神。连通程度高的人际网络通常具有一个与众不同的特点,即管理者根据协作精神择人录用。例如,他们可能会采用关键事件法的心理测试技术来寻找求职者具有协作精神的证据。此外,某些组织要求求

## 第七章

职者在应聘过程中,模拟一系列有待解决的问题,根据其表现来判断求职者协作精神。用一位管理人员的话说:"问卷出的题目太巧妙了,真能判断出谁将会在协作环境中工作得更好。"这里的关键是,在招聘过程中所关注的求职者情况必须成为最后录取决策的判断依据。如果你找对方谈话是为证明对方具有某种协作行为,而最后的用人决定只是根据个人的业绩或基于对其性格特点的考虑,这种做法是无益的。

第二个我们常向管理者指出的问题是:组织中见习制度能否主动帮助新人融入到组织中去?迅速而顺利地使新人融入到组织中需要做两件事情:帮助新来人员结识人际网络中的成员;帮助现有人员逐渐了解新人的专业技能。连接紧密的人际网络组织往往会系统地采用上述两种方法,而不是让新人放任自流。例如,某些公司在最开始的几个星期让新人依次在不同部门实习。另外一些公司则对实习过程做了系统的规定,例如在前两个星期,部门经理带着新人在各个小组一起午餐。这不仅仅是友好的姿态,一起就餐是实习制度的一个正式组成部分,在新人到来之前就已经安排妥当。部门经理与新人可以利用这样的机会建立个人联系,对于管理者来说,他还可以因此了解到更多有关本组织新获得的专业技能储备。这是一个关键的过程,因为新人通常是通过那些有更多基础的人介绍到人际网络当中去的,这些人了解新人的专业技能。

管理者还应当考虑培训制度与职业发展计划究竟在多大程度上帮助员工建立个人的人际网络。许多组织在内部

## 突破模式桎梏：改造组织背景，支持人际网络

安排各种培训，而不是把人送到外面去参加各种培训，这种做法不仅可以支持知识的切换传递，同时也有助于促进组织内从事相同工作员工间的关系。进一步讲，职业发展计划可以帮助员工培育与延续有效的个人人际网络。[9]在我们进行人际网络调查的几家组织中，有些组织在职业发展过程中帮助员工分析自己的人际网络当前的组成情况，制定出有针对性的计划以改善网络连通。这种做法，为在某些环节上整合人际网络提供了重要的、基础层面上的支持。

业绩考核也是组织中人力资源管理重要的一部分，它可以促进人际网络中关键环节上的人际协作。一些组织采用根据项目对员工的行为绩效进行评审的方法，来评估员工在具体项目中所表现出的协作行为。另外一些组织则采用年度评审方法，要求员工证明他们有过支持跨部门协作的行为。更有其他一些组织使用所谓360度全方位评审办法，要求其他部门的人指出是否曾经得到过某人的帮助。无论采取哪一种方式，都必须认真地进行，并且评审者在被考核人员眼中是可信的，这种方法才有效。理想的情况是，进行评估者对评估对象有直接的接触了解，他不应当像一位管理者，仅仅在项目中与被考核人有过部分的接触。

最后我们希望向管理者指出的、或许也是最重要的一个问题是："你奖励协作行为吗？还是你只看重个人业绩？"奖励给予了谁，是基于协作行为还是个人业绩，到底更加看重哪一个方面非常重要。看看近来谁被提升了，或者听说谁得到了更多的奖金，这些都是管理层更看重什么的试金石。或

# 第七章

也许你正在分析业绩考核方案当中对于提薪有重要影响的指标,如果一方面说人际协作与信息共享是必要的,而另一方面员工们看到的却是奖励制度在实质上与信息共享、帮助同事的精神大相径庭,那么这种做法不能产生任何效果,充其量不过是闪烁其词而已。

形式上的奖励制度仅仅只是一种办法,也可能不是最有效的办法。告诉大家,是谁忘我地帮助了自己的同事,给予奖励,例如给红包、请客吃饭,或者赠与奖券,可能是鼓励人际协作的有力手段。影响更大的鼓励人际协作的方式可以是管理层向属下及团体表示敬意。例如,通用汽车公司近来在技术中心里重新设立了"车棚展"(garage shows),展览使人回想起了当年那些简陋的露天房屋,机械工与旧车改装工人正是在那些屋子里面,尽情地发挥着他们的发明创造。

不幸的是,我们发现奖励更多地给予了那些有较好个人业绩者。例如,一名员工花很长时间终于完成了某个项目。我们很少听说某人因为挺身帮助别人而获得某种形式的承认。

## 领导艺术与文化

领导艺术和文化既可能支持一个完善的人际网络设计实现,也可能使其化为泡影。我们发现,有些领导人能够在他们的身边建立起形式多样、机动灵活的人际网络。他们没有忙于巩固自己的权威,而是与大家分享信息与决策责任,

## 突破模式桎梏：改造组织背景，支持人际网络

把身边的人联系在一起，同时还把边缘人物也吸引进来。同时我们也发现有另一类领导人，他们游离于组织边界之外，人际网络联络稀疏，过分地依靠他们自己。例如，在一家旅行社我们就遇到了一位表里非常矛盾的领导者，他看上去精力充沛、富有远见，却事无巨细地管理着这家企业。这家旅行社的人际网络原本非常紧密，这一优势也使其在线服务遥遥领先于竞争者。然而他的这种管理风格，却使这家旅行社在他的手中逐渐衰败，员工的工作热情也丧失殆尽。

高效与低效领导者之间第一个显著的差别，表现在他们对自己的工作及其所领导员工的认识上。低效率的人际网络建设者们往往把注意力放在个人的责任上，把任务分解为更小的——往往到人——的单位。高效率的领导者则将任务视为是一种巨大而复杂的挑战，需要通过人际协作才能够完成。在一般情况下，承认人际协作的重要性与否，往往可以从问题的讨论会当中略见端倪。相信其重要性，则在会上不论个人职位高低与资历经验如何，任何人都可以表达自己的意见、观点。我们还可以看到有效率的领导人会不懈地努力，使人际网络的边缘人物直接参与到项目中来，或者为其最大程度地创造机会，让他们融入到人际网络中。

高效的领导者往往对富有成效的协作行为表示出高度赞赏。在我们的采访中，我们曾针对以下问题对有关人员进行过调查。我们的问题是：在他们的组织当中，被视为是成功的事迹，更加可能是那些成功地化解了危机、巧妙地破解了难题的英雄式人物呢，还是那些更加具有协作精神、想办

## 第七章

法团结与帮助他人的人物呢？答案在我们的意料之中，英雄式人物通常会得到全体人员的认可。然而领导层可以通过他们的认同方式改变这种现象。我们发现在网络连通较好的人际网络当中，领导层在公开的场合表彰通过协作方式完成工作、主动向别人征求建议的人，乃至提拔具有协作行为的人员。这些领导人在言行方面均对于人际协作的重要性传递出明确无误的信息。对管理层而言，重要的问题是能够发现组织中有助于建立人际网络连通的协作行为，并有意识地予以肯定与奖励。

　　高效率与低效率领导者之间的第二个显著的区别在于，在连通较好的人际网络中，领导者更能感知存在于人际网络中的紧张关系，这并不意味着他们十分擅长处理紧张的人际关系、缓解带有政治色彩的紧张气氛；通常，他们会引入协调缓冲机制。但是，他们认识到并且有勇气尽早处理复杂的人际关系问题（无论是在他们自己与其他人之间、还是在他们的组织成员当中），而不是对问题视而不见，任其恶化。反之，低效领导人通常也了解人际关系紧张的状态，但是他们不主动采取务实的态度去解决问题，而宁愿寄希望于问题会自己消失。不幸的是，他们常常事与愿违。我们经常见到管理者之间的紧张关系辐射到整个人际网络，在整个人际网络中留下裂痕。

　　我们发现高效率与低效率领导者的最后一个差异是，善于建立人际网络的领导者大都深谙交流之道，并且大力提倡交流与面谈。通常在全国乃至全球分布的大型组织中，惟一

## 突破模式桎梏:改造组织背景,支持人际网络

能够突破地缘边界、职能边界、层次结构界限的,只能是通过人际接触。如果考虑旅行成本的限制,也可以利用技术手段作为纽带。但通常的情形是,技术手段对于建立一个旨在日后人们可以相互依靠的人际关系来说,其作用是有限的。

但是并非任何一种形式的面对面接触都能产生相同的效果。企业经营例会或者季度会议对于营造人际网络来说,就不是一种行之有效的人际接触场所。会上人们听汇报,接下来参加鸡尾酒会,只有互相熟识的人在一起扎堆。在相对成功的人际接触方式当中,与会者需要事前阅读有关资料,并把宝贵的时间花在一起讨论需要共同协作解决的问题上。员工们可以按照专业职能或者地区分成小组,这些小组不仅解决问题,还有助于建立跨各种边界的人际关系。会议结束后,这些关系通常还会存在,进而创造出一个更加活跃的人际网络。在这些方面,某些公司的季度会议,例如 Nucor 公司,[10] 为我们提供了范例。

文化因素有可能使由有形组织理论倡导的人际协作行为落空,这是本章最后提出的一个值得考虑的重要组织背景因素——无论是同职业背景有关的,还是同组织背景有关的文化因素。从某种意义上来说,文化在人际关系当中产生,并在其中传播;而另外一方面,文化置身于人际网络之外,并通过传统的行为规范制约着人际网络关系。领导的一个重要责任是弘扬任何同无效率倾向做斗争的行为,使其成为一种行为模式,并对之进行物质奖励。这种行为如果得不到保护,文化价值理念与我们所期待的协作行为模式之间的冲突

# 第七章

必将导致管理措施无法发挥作用。

文化因素怎样会使促进人际协作的管理措施落空呢？文化首先在职业认同现象（occupational identification）中发挥作用。人际网络分析通常反映出组织以下的分组群体是由关心同一个工作方面的人们所组成的。这些人很自然地被相同的问题所吸引，彼此往往更容易交流与合作。例如，市场营销人员关心议论的话题可能是市场前景与销售，而技术人员通常所关心的话题则是产品质量，甚至引发争论。因此，这两个小组如果跨部门协作会受到阻碍，因为他们彼此孤立自守，甚至失去了两个部门的工作怎样配合的想象力。克服这种本位倾向的一种办法是培养一种为实现更高理想而奋斗的精神。比方说，假如我们是海军，我们首先考虑的是要教育官兵保卫全美国；或者，如果你是在世界银行里面工作，你要关注全人类的卫生健康问题。作为变通的方法，领导者可以制定出只有改变工作方式才能实现的业绩目标。有些公司正是有效地采取了这种策略，像通用和本田汽车公司就非常善于采取这种方法。

某些特定的文化价值观念也会妨碍有效的人际协作。通常，一些理念规范是从这种文化价值观中衍生出来的，虽然在历史上曾经一度是合理的，却没有人想过应对它们重新进行审视。例如，那种"事不关己，高高挂起"的心态，可能同人们一直以来便能够一帆风顺地依靠自身的力量，完成一系列成功的发明创造这样的经历有关。另外，在那些极端的意识形态，或者沾染了浓厚政治色彩的文化中，固然鲜有狭隘平庸、唯利是图者的存身之地,但同样也缺乏那种可以让人感到"虽败犹荣"、体面地找台阶退出冲突的制衡机制。这里所提及的两种文化心态妨碍人际协作,虽然绝非是人们的故意所为,然而文化因素的确形成了左右人们日常行为方式的不成文准则。[11]

对于各种类型的人际网络,员工的国籍在其中也起很大的影响作用。本书中大多数的案例来自美国的公司,少数的几个来自欧洲、澳大利亚、加拿大和南美地区国家的公司。虽然这里的国际视野相对有限,但我们已经发现某些组织成员的倾向似乎与一个民族的行为规范有关。例如,在我们进行过人际网络研究工作的三家加拿大公司当中,其人际网络模式显然呈现出稠密的态势。我们的调查显示,较之于同一行业里的美国公司,这些公司更加具有协作与倾听的意识。我们同时也注意到一些欧洲国家公司里的人际网络处于孤立的、连接稀疏的状态。我们对于组织背景的调查采访显示,价值观念是使人际网络更加紧密,并具有某种政治倾向的因素。

## 创造舞台

当管理者把人际网络分析与对组织背景的关注——其中包括组织结构、作业管理、人力资源管理、领导艺术以及文化等因素——结合在一起考虑时,他们便可以使员工的追求与组织战略的目标要求保持同步,并避免人际网络在经历了

## 第七章

一段时间的发展之后，重新回归到没有成效的巢臼。我们并非是在建议改善组织的重塑工作必须顾及到组织背景中的方方面面，相反，管理者需要将我们所提出的理论框架视为一套实务，从中选取那些能够控制的、并且非常适合自身组织类型的做法。在构建一个支持某种人际网络模式的组织背景的时候，重要的是，管理者必须时刻意识到，知识密集型的工作正在大量的涌现。与其试图精确地设计未知的未来，管理者不如去创造一种氛围，这种氛围支持有效的创新与人际协作。

至此，我们已经介绍了管理者怎样在组织中使无形的人际网络运转，从而促进更好的人际协作与信息共享可以横跨各种边界开展进行。本书第一章至第四章，说明管理者怎样发现并解决人际网络中存在的分断现象，如何促进人际网络当中的信息流通，以及如何创造、激发能量，使组织中燃烧起工作的热情。第五章至第七章介绍了根据人际网络分析的结果对其进行改善的行动框架，首先是通过针对人际网络中的个人采取的措施，其次是通过针对人际网络当中的人际关系采取的措施，最后是通过组织背景进行调整。在第八章，我们将要谈到我们对于有形组织当中人际网络未来发展的一些趋势的看法，以及人际网络和人际网络分析所涉及到的一些应当注意的问题。尽管我们对于在组织行为理论当中引入人际网络这一概念的前景抱着乐观的态度，然而那些热衷于这一理论，并为之投入大量的时间与精力的有识之士，需要对可能遇到的潜在挫折与阻力，做好心理准备。

# 第八章　发展中的组织网络
## ——前瞻与挑战

无论人们是否使用这样一个词汇,人际网络都将是有形组织的基本特征之一,并在很大程度上决定着组织的效率与创新。[1]因此我们认为,在有形组织间以及内部,人际网络这一概念,其存在的前途是光明的。就组织间的关系而言,我们相信,人际网络分析方法会被越来越多地应用于分析战略合作关系的有效程度方面。合资企业、企业联盟以及R&D机构,这些组织形式的主要作用在于鼓励创新,以及根据具体的项目,迅速整合各种能力资源(capabilities)。然而直到现在,人们很少关注由这些组织实体产生的人际网络,以及它们帮助组织实现目标过程中起作用的方式。如同我们在第二章中介绍的,把人际网络分析用于分析战略合作关系当中信息流动以及决策的过程,可以极大地改善合并组织链接环节的效率。

我们还将看到,除了分析单个的联盟或合作关系,人际

# 第八章

网络分析正在被越来越多地应用到分析一个组织的全部关系集合。战略合作带来的利益并不仅仅只来自谈拢一两家组织联盟,同时更得益于人们能够接受人际网络这种观点,把分析的视野放在所有那些星罗棋布的关系群体上面,其中,涉及一个合作对象的决策,往往需要同时考虑寻求——或者是限制——与其他潜在的合作者合作的机会。[2]一位同仁把这种在组织战略决策过程中观念上的转变,比喻为从驾驶一艘战舰到指挥一个舰队。人际网络的视野可以扩展到包括一个组织同客户、供货商以及员工之间的所有关系。这种综合有机地看待一个组织的"关系资本"的观点,本身便不失为是一种重要的战略资源。它可以通过人际网络分析这一方法,与经济上的收益联系起来。[3]

我们还希望看到,企业领导人会更加重视(无论是有计划的还是随意地)推进组织内的人际网络,让人际协作变得"天衣无缝。"在某些组织当中,这项工作在很大的范围内进行,例如通用汽车公司正在推行的"无界计划",而在另外一些组织当中,它可能仅仅是指建立一个专门的机构,或者采取协同技术手段。我们认为,只有竞争才能促使组织间更加有效合作。我们在本书任何地方都想强调的是,采取有针对性的措施,完善人际网络的连通,会比心血来潮式的、或者粗线条的方式方法,产生更好的效果。

人际网络作为组织存在方式的一个部分,将会得到越来越多的承认。因此,与之有关的理论也将会得到发展,改善人际网络的方法将会更加有针对性,臻于完善与成熟。未来我们将会看到出现能够满足某种特殊价值需求的人际网络，例如旨在提供高效的专门服务的人际网络，或者某些专业技能的人际网络，具有稠密的网络连通、刺激机制以及技术手段，它可以使人际网络"嗅到"客户的需求，并能够迅速做出反应，提供相关的技术支持，而与人际网络的地理位置、功能划分无关。反之，处理日常事务性工作、同人力成本关系不大的人际网络，如果其中所含关系的数量更少，更加部门化，并且拥有基础性的技术设施、以满足重复性工作的要求，则会更加有效。这里所谈到的仅仅是众多可能的人际网络结构配置当中的两种情况，网络结构配置涉及到明显不同的价值要求、经济适用性以及网络技术设施等诸多考虑。

从个人的角度来看，我们认为管理层会更加重视网络中个人关系的连通（包括他们自身的以及员工的人际网络）。技术手段的应用目前正获得迅猛的发展，技术工具可以用来帮助人们管理个人关系，例如使用 Act! 以及 Outlook, 等等。一些领先组织的人力资源管理部门已经把员工的个人人际网络的评估与开发工作作为员工职业生涯发展计划中的组成部分。

特别值得提出的是，我们相信个人人际网络的连通管理在开发高效能的人际网络当中，所起的作用将会变得越来越重要。管理者用以决策的信息，大量地来自于他们自己个人的人际网络。作为一名有效的决策者，特别是当一个人晋升到组织中更高的位置时，意味着有机会接触到各种各样的信息，可以对各种各样的观点、见解进行权衡取舍。我们不止

# 第八章

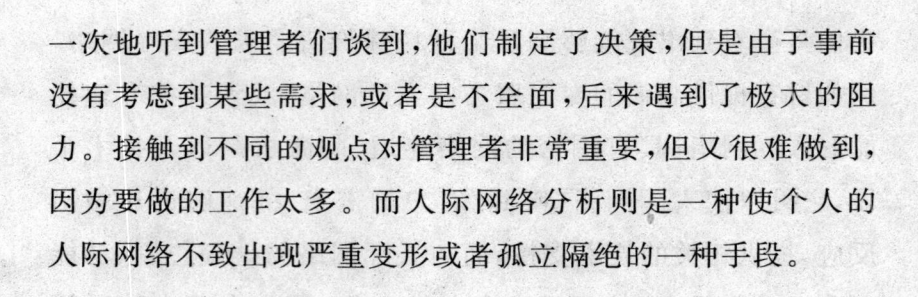

一次地听到管理者们谈到,他们制定了决策,但是由于事前没有考虑到某些需求,或者是不全面,后来遇到了极大的阻力。接触到不同的观点对管理者非常重要,但又很难做到,因为要做的工作太多。而人际网络分析则是一种使个人的人际网络不致出现严重变形或者孤立隔绝的一种手段。

## 考虑未来与变化

### 网络的动态特性

目前,人们的工作已经越来越具有了项目的性质,更大的灵活性、越来越短的工作周期,从总体上造成了人员更大的流动性。[4] 此外,某些管理措施,例如,组织结构扁平化、重组、团队组织形式——我们这里仅举几例,已大大弱化了有形组织结构所界定的各种关系的作用。因此,员工的人际网络,不会像人际网络分析所描述的人际交往或者信息流通网络图那样,稳定不变。然而直到现在,管理者似乎还没有注意到人际网络更加具有的动态特性,以及这种特性将如何影响组织的灵活性与组织变革。[5]

通过几个案例,我们制作了两个不同时点上的人际网络分析图。我们发现,仅仅经过了很短的时间,人际网络的模型便发生了很大的改变。例如,一组信息科技人员的人际网络两次观察分析结果显示,重组之后,几个小组合并到了一起,人员的角色与责任均发生了改变,其人际协作的模式也随之发生了巨大改变。但我们发现,某些关系并没有随之解体,从而造成人际网络负荷过重。重组之后成为网络核心的人物,会按照之前与之后他们所承担的角色来咨询信息。

在一些经过合并之后试图进行整合或者采取以团队为单位重新设计组织结构的组织中,我们发现了同样的情况。组织结构图可以很快地画出来,然而某些人际网络关系退出历史舞台却需要时间,建立新的信任关系也需要时间。因此,人际网络分析人员需要更好地同时注意到人际关系的静态共时与动态历时这两个方面。

计算机模拟技术可以显示人际网络各种可能的动态变化,并将结果通知考虑制定组织战略和人事决策的管理者。如果管理者能够采集到有关的数据,并具有设计、运行相关软件的能力,他们会发现这些模拟结果包含着丰富的信息。通过对网络图进行简化,人际网络分析能够显示某些人或者某些类型的人一旦离开组织的情况,这些网络图景可以向管理者提示组织的薄弱环节所在。当某些职业需求升温时,这将是严重的问题,就像美国上个世纪90年代末面临的情况。它同时也是当前管理方面所面临的问题——目前存在着大量即将退休的人员,人际网络分析可以帮助管理人员在人际网络中嵌入适当的富余连结关系,以避免退离人员留下来的网络间隙。

## 人际关系的深层观点

本书基本围绕着人际网络研究中的基本问题,即网络当

# 第八章

中的信息流通与人际协作，进行探讨。尽管某些学者开始注意到人际网络当中所涉及到的情感因素方面问题，例如，友谊、情结、信任，[6] 但多数的学者始终将注意力放在人际网络的结构性质方面。我们认为，人际网络分析的趋势是，研究方法趋于多元化，研究内容更趋于具有重要理论意义的层面。

我们和波士顿大学的比尔·卡恩一道，研究工作岗位上存在的人际关系的各种功能。到目前为止，我们已经在三个组织中进行了60次调查采访。我们请受访者谈谈他们工作中与所求助人员（包括组织内部和外部的任何人）之间的关系，并从以下几个方面分别进行描述：

- 完成任务——提供帮助我们完成工作所需的信息、资源以及指导的人。
- 职业发展（学习）——提供信息反馈、帮助我们职业发展的人。
- 事业支持（政治帮助）——处在有影响力的位置上，对我们有提携作用、提供政治帮助的人。
- 调谐情绪——提供八卦传闻、透露内部消息、传播小道消息的人。
- 人际支援——在工作和个人事务方面帮助我们摆脱困境的人。
- 价值体验——让我们意识到我们工作的重要性与意义的人。

受访者一致表示,在其生涯当中,能够提供以上诸方面帮助的人,他们都需要。虽然按上面所列各项功能自上而下,人际关系所起的作用变得更加抽象,然而这种抽象的功能通常被认为更加重要。更为有趣的是,人们采取各种不同的方式管理服务于这些功能的不同关系的集合。例如,有些人在完成任务方面拥有一个庞大的人际网络,而在实现其他目的方面,却只依靠其中的一两个人。此外,哪怕仅仅失去人际网络当中一个关键的联系,人们也常常会感到自己仿佛蒙受了严重的损失。另外一些人拥有高度多元化的人际网络,他们非常精明,知道什么事情找什么人。这些人的人际网络也更加活跃,但受访者也坦言,维持很多数量、服务于不同目的人际关系网络需要付出巨大的时间与精力。

这项研究的目的是想一定程度上向人们提供更深入的人际关系研究内容,来帮助人们诊断自己的人际网络效率。然而一个人的人际网络究竟应当具有哪些性质,取决于一系列的因素,而对于这些因素,我们才刚开始着手进行研究。采访结果反映出,人们运转人际关系的方式与他们所处的职业发展阶段有关。在开始的时候,大多数人在职业发展方面的人际网络十分发达,而人们的价值感受仅仅通过客户与上司的反应体验出来。在此之后,帮助职业发展的人际网络的重要性让位于起调谐情绪作用的人际网络,此时,获取价值体验的人际网络当中所依靠的人员,也从原来的上司与客户变成受尊敬的同事,或者是组织之外的成员,例如家庭成员。

# 第八章

在我们接下来的研究项目当中,我们希望从性格特征、工作设计、职业发展阶段以及性别等方面的因素,在建设卓有成效、令人满意的人际关系网络方面所起的作用,进行更加深入的研究。

此外,我们还针对不同的群体,把以上的关系类型,通过人际网络图的形式表示出来。例如,我们考察了一家技术组织里由专家组成的虚拟的人际网络。这些远程操作人员可以轻而易举地从虚拟人际网络中得到信息与帮助。然而,他们力争获得的是深层次的满足,例如,人际支援与价值体验。这似乎说明,人员的直接面对面的接触,以及由此而可能衍生出来的信任感,对于不处于人际交往现场的员工来说是需要的,如果他们要想从自己的人际关系当中获益的话。

在另外的场合当中我们发现,上面提到的那些关系类型给人们带来不同的职业满足感,在其中所承担的义务也有所不同。诚然,置身于调谐情绪和职业发展的人际网络当中可以给人带来更大的工作满足感,然而获取这种满足感的方式,并不与人们的设想一致。从调查的结果来看,人们认为获得满足感的方式是有人前来向他们寻求帮助,而非相反。对于一些培训计划来说,这是一个有意思的发现,至少从获得满足感的角度来看,这一类计划当中培训者要比受培训者能获得更大的满足感。

我们的研究使我们对员工如何利用他们周围的关系有了更为丰富的看法。据我们所知,在这个领域,对组织中人际关系的负面效应的研究也已开始着手进行。[7]这些研究的出发点认为,人际关系并非在所有的方面都是积极的。消极的人际关系,尽管可能为数很少,然而却比积极的人际关系所产生的影响力,要大得多;此外,人际网络的观点可以扩大到人际接触领域以外。卡内基-梅隆大学的凯瑟琳·卡莱长期以来一直认为应当把各种数据库或者其他形式的信息来源看成是人际网络当中的节点。

### 让技术手段发挥作用

　　计算机计算能力的空前提高,应该是导致人际网络分析技术骤然兴起的最主要的原因。从技术层面来看,该技术目前最重要的进展发生在数据的收集与关系模型诠释方面。我们现在可以通过电子邮件构建一个关系网络模型,甚至捕获电子邮件通信的内容,从而更深地了解人际交往的性质。尽管捕获电子邮件内容从道德方面使人感到进退维谷,并且有一个合法性界限的问题,但是这项工作可以使我们对于各个组织之间的关系网络整体有更加深刻的了解。

　　利用代理技术,我们便可以通过因特网里电子邮件服务器中流动着的文件、电子邮件的内容,显现出一个人的个人技术档案。在完全不冒犯他人隐私的情况下,组织可以利用这些系统所提供的手段来获得人们专业技能的个人技术档案,进而帮助人们发现专业人才。尽管是通过 E-mail 内容建立起来的关系网络,而非面对面人际接触,但这种技术的重要性是不能被低估的。如果这样的系统能够得到广泛的应用,将会对传统的人际网络产生重大的影响。例如,如果最

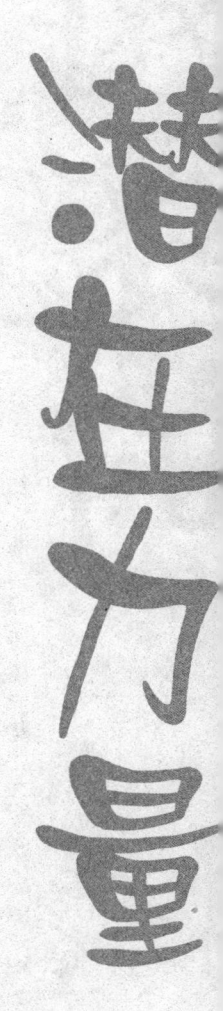

# 第八章

终人们是通过技术手段，而不是像现在这样通过人际方式联系起来，那么他们就有可能更多的是根据工作任务，而不是按照人们的个性特征的相似性、组织的行政隶属关系联系起来。这意味着，一方面员工的人际网络可能会更加通畅、具有更强的反应能力；另一方面，也可能诱使人们与技术系统进行周旋，把持信息以要挟，或者夸大其专业技能，以提高其个人技术档案的价值，但却于组织无益。

使用技术手段遇到的另外一个问题是，如何有效地解释这些复杂的网络信息。要想使其发挥作用，对网络信息内容必须进行简化。同时，无论是对个人还是对一个组织，它都必须具有意义。在数据收集与信息解释方面，已经有许多实用的软件工具。在 E-mail 内容捕获方面，例如像 IBM 公司的沃森实验室（Watson Laboratories）里开发的 Raison 这一类软件，可以对数据库中所包含的个人信息部分进行"围拦截获"，然后再对这些信息进行整合，以便可以提供给有关的组织进行分析。像 Pajek 一类的网络生成软件，可以利用先进的算法，把一个包含成千上万个节点的网络压缩成为一个适合于采用某些特定方法进行分析、并可以管理的小型网络。

## 人际网络观点的局限性

毫无疑问，人际网络的观点就其实用性而言，自然会是有其局限的。当然，在我们开展人际网络研究工作的那些组织当中,网络概念的应用还远远没有到达其应用的极限。然而随着网络观念的逐渐流行,管理人员应当注意到这种方法自身的局限性。网络只是一个复杂事物的一部分,但是随着网络观点思维方式的流行,网络分析作为一种方法,可能今后会成为一种时髦的做法。果真如此,人们对于人际网络分析方法的应用可能未必会采取谨慎的态度。以为只要做到人际网络的优化、组织绩效的提高,就会大功告成,因此过分依靠人际网络的做法是危险的。显然,其他的事情也很重要,如人员的聘用、人力资源的开发、防止人才流失等。同样重要的还包括企业的数据库,以及其他存储信息的载体。数据库尽管对于多数人来说不是首选,但它仍不失为一种强有力的工具,它能够帮助人们记忆,完成例行的工作,并且可以重复使用。

　　过分依靠网络协同工具的做法,对于管理者来说同样危险。我们曾经见过管理者强制要求员工使用即时通,意想不到的是员工们花大量的时间用于通信往来,反而造成本职工作受到影响。事实上,使人际网络连通变得更加容易的技术手段往往构成对人际关系的威胁。当你不忙的时候,与别人利用即时通进行交流或者发一个 E-mail 是件举手之劳的事情,但是对方未必能够及时方便、恰如其分地做出回应。也许两天之后你收到一封勉强的回信,或者更加不幸,收信人会在夜里忙中出错,将电子邮件删除——这些都可能会影响、甚至阻碍人际关系。对发信人而言,一封发出去得不到回应的电子邮件,本身就说明了这种关系的性质,尽管收信

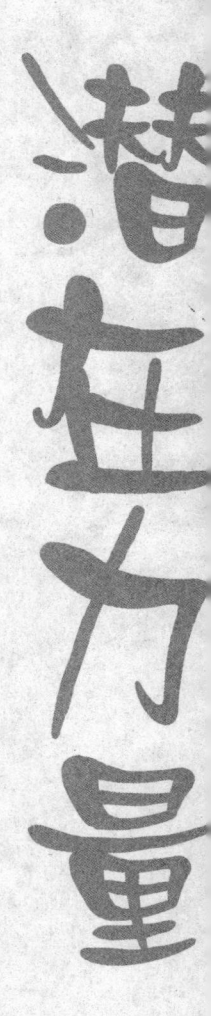

# 第八章

人可能从来没有把你的电子邮件从计算机上删除。虽然如此,收信人可能再也找不到机会来解释这当中的误解。

此外,人际网络仅仅是人力资本当中值得我们重视的一个方面。文化因素,即人们对事物的共同理解和共享的价值观,在许多方面与人际网络中的各种因素交织在一起。对管理者而言,它昭示着另外一种重要的管理方法。这可从一个组织中,人们对于信任感或者安全感的不同理解方式上体现出来。在一些文化当中,上司向员工寻求帮助是完全可以接受的,而在另外一些文化当中,这类举动则会被视为软弱或无能。这些现象更多地是与特定组织或者行业中的文化因素有关,而与人际网络的模式关系不大。

## 人际网络分析的局限性

作为一种管理工具,人际网络分析方法同样具有自身的局限与潜在缺陷。确切地说,网络分析方法,可以捕捉到工作开展与人际协作的细节,而这一点正是其他诊断分析方法所无法提供的。然而,人际网络分析能够提供给我们的也仅此而已。此外,人际网络存在大量的细节和信息,而实施网络分析有责任确保有关的信息使用,是在伦理道德的范围内进行的,尤其是在人们对某些人、某些部门的看法不太有利的情况下。因此,分析人员不仅应该在有关人际网络信息采集与分析方面要具有一定的技巧,同时,应当提交建设性的分析结果,帮助开展对话交流,以改善人际网络模式。

### 人际网络信息的局限性

如何获得人际网络中有价值的信息也是一种挑战。一些采集人际网络数据的方式对网络成员几乎没有负担。例如,使用电子邮件日志可以快捷、方便地分析人际网络连通情况。然而,容易分析的信息渠道未必就是关键的信息渠道。面对一张由 E-mail 信息流通构成的人际网络,经理们会说那里面没有抓到多少有用的信息。相反,他们可能会对一张含有大量工作内容、反映人与人实际接触情况的人际网络图更加感兴趣。为了使有关人际交往的信息更具有现实的意义,我们可以通过调查访问,或者利用能够反映人们相互交往的电子名片(electronic nametags)来采集有关人际交往情况的数据。这些方法通常可以提供更大程度的精确性,但是也会带来成本方面的问题。

我们发现,过于繁复的细节会扼杀管理层对于人际网络关注的热情。多数情况下,通过调查,我们可获取人际网络中有价值的信息。但这些需要花费时间,时间的长度取决于组织的规模和调研的问题。当人们急于填写完调查问卷时,可能会遗漏某些重要的关系。他们还可能会不适当地表述某些关系的性质,在调查中有所夸张,以使自己看上去更像一个网络核心人物。同时,每一张网络图仅仅反映了人际关系的一个侧面。

附录 A 中列举了检验调查信息有效性的几种方法,例如,对一次接触过程,询问参与过程的双方。分析人员还可

## 第八章

以结合人际网络图,对一个小组的内部关系运行机制获得更多的了解。然而,为了能够确实取得实效,分析人员必须同人际网络中的知情人员密切配合,共同开发改善人际网络连通的措施。谈到我们的调查方法,无论与少数人见面,还是有整个小组人员出席的会议,我们通常都要列出我们认为是人际网络中有效率的部位或者是出现问题的节点,然后询问网络成员哪些节点同他们有关。对于人际网络的分析人员来说,需要注意的是,不要被网络分析图以及分析结果的表面上的精确性所迷惑,直到同人际网络成员核实后才发现自己的结论是错误的。

人际网络分析的另一个限制因素是分析人员本身的专业水平。人际网络分析人员需要经过一段时间来积累各方面的工作经验,包括:选择研究小组,设计、实施调查方案,分析调查的结果,提出反馈意见。整个过程可能会出很多差错。在我们自己的调查过程当中,也在很多问题上——如果不是所有的问题——常常出错。在附录A当中,我们在介绍描述人际网络分析当中的重要步骤以及相关的问题时,尽可能删繁就简,同时又注意做到尽可能精确。但是对每一次的一个小组的分析来说,都是一次新的挑战,而主观判断在每一次的分析当中,都会发挥作用。人际网络信息的解析,既是一门科学,又是一门艺术。我们的一位同事把这两者之间的关系性质比喻为会拍X光片与能够解释X光片之间的差别。尽管系统地梳理分析每个案例是取得经验的好办法,但发现与甄别问题的能力仍需要时间加以磨练。

### 人际网络图的错误诠释

人际网络图本身散发出一种神秘而诱人的力量。尽管此前我们完全不知道一个组织中什么人、为什么事情而角逐,但是人际网络图能让我们直观地感受到一些情况,虽然我们仅仅是知道一项工作到底由哪些人来完成。对于某些第一次见到这类图像的人,人际网络图似乎太过复杂了。而有些时候,经理人员还会根据自己的主观臆想,赋予网络图以某种意义,而完全忽视了这幅图像所代表的真实信息。

让我们难忘的是一次同一位高管及其领导团队的见面经历。我们向他们做简要的情况介绍,并制作了一份有关人员联系的网络图,图中所示的情况只是一种假设,它并不存在,但如果作为一个成功组织却应该是这样。我们还来不及道出其中的原委,可那位高管已经开始回忆这份图纸诞生之前"所发生的一切"了。在长达5分钟的喃喃自语当中,他回忆了"过去工作中曾经发生过的人际交往,从工程开始之前他参加过的攀登脚手架的训练,一直到眼前正在进行的工程,"他确信眼前这份图纸中的网络模式说的正是那些事情。我们在这里提起这段经历是要说明,人际网络图的确具有某种诱人之处,因此我们必须注意不要让我们眼前的观点、想法先入为主。

为了避免发生错误的理解,人际网络的分析人员需要引起重视的是,应当系统地将所有了解到的情况公之于有关各方面。对于时有发生的人们对人际网络分析图不准确的理

# 第八章

解，网络分析人员应当采取一种低调姿态予以纠正。如果遇到理解错误的人是一位高级经理，可能会比较棘手，但还是应该及早予以纠正。网络分析图留给管理者的印象是深刻的，同时也会在很大程度上改变他们对员工的看法。我们常常对于管理者了解人际网络分析结果后，对员工人际关系的看法以及言谈举止态度的变化深感惊讶，尽管他们并没有马上按照有关的结论采取相应的措施。

### 抵触情绪

人际网络分析图较之于人文调查（cultural diagnostics）或者是员工意见调查表，具有更强的披露性。有时，一些管理者或部门看到人际网络分析图反映出的情况对自己不利，就会自己辩解，或者否认一些情况。最坏的情形是，可能会演变成一场有关人际网络分析方法，或者对其他一些问题的看法的争执，从而偏离了寻求发现不良人际协作原因的初衷。

因此，分析人员在进行人际网络分析之初，就应该做好某种程度的心理准备。分析前的调查采访可能会暴露出组织内的政治氛围，如果政治色彩浓厚，在人际网络分析图中就不宜公开有关人员的姓名。附录A中对涉及披露过程的有关问题做了细致的介绍，利用不同形状的几何图形代表网络节点，同样会使分析人员获得很多的信息。例如，这样的节点可以表示层次结构所起的作用，等等。我们在第二章当中曾经采用的反映网络密度情况的表格，同样传达了丰富的信息，同时又不涉及到具体人员的姓名。虽然在网络图中将具体人员的姓名标识出来可以诱发人际网络成员的热情，但避免因此引起不必要的过激反应则更为妥当。

尽管我们在工作中采取了必要的预防措施，但是许多人还是向我们谈到，某些管理人员对于网络分析图中关于他们的情况的描述感到严重的不安。人际网络研究的重点在于发现系统的、或者组织的哪些因素使组织成员处于特定的网络组织结构上，而不是要追究哪些个人的所作所为导致了问题的出现。如果你去询问一位管理者，其行为是否对人际网络的连通与组织当中的人际协作产生了负面影响，那么一个积极的讨论便会陷入僵局。

将工作的着眼点放在网络系统而不是个人成员，可以使一个困难的交流过程变得容易进行，并对整个组织产生积极的影响。例如，网络中处于极度核心位置上的人员有时候会成为人际网络的瓶颈，这些与他们自己的行为有关，但同时也由于其他人的过度咨询、让他们进行过多的决策造成的。相反，处于网络边缘的人物，有些时候则是因为他们的观点虽然可能是正确的，但他们的意见却没有人听得进，得不到机会去证明，从而形成恶性循环。将这些问题集中起来进行讨论，而不是简单地指责某些人，可以使一个组织对于组织中问题的起因、解决的办法逐步达成共识，使某人意识到自己已经成为人际网络的瓶颈，因而必须下放手中部分的工作。我们还必须使其他的人也同意不再向已经成为网络瓶颈的人员咨询过多的问题，不让他们制订过多的决策。否

# 第八章

则，脱离网络瓶颈的人员还会重新恢复回到原来的位置状态。

### 关注伦理道德

在最坏的情况下，人际网络分析可以构成对员工的伤害。人际网络分析人员总是会在工作开展的某个阶段，遇到人们提出的同样的要求，即利用人际网络分析，指出哪些人是管理者需要保留的，尤其是在出现企业兼并或者出台其他重大的机构改组措施的时候。而醉翁之意其实是要利用人际网络分析确定需要裁减的人员，通常是那些处于网络边缘的人员。然而正像我们在第五章的讨论当中所指出的，有许多理由可以说明网络边缘人物具备较高的生产率，试图将这些人员一概加以革除的做法，不仅从伦理道德的立场上看是错误的，从管理者的角度看，也是愚蠢的行为。

就是那些过于处在网络核心位置上的人物，其地位也是脆弱的。我们就曾遇到过一次这样的情况。在一个联盟组织内的人际网络当中，我们惊奇地发现，一名经理人员对一名经常处于网络核心位置的人员心存恶感。乍看起来，人际网络分析图显示出此人与合作伙伴组织中的许多人保持了过多的联络，相反，与她自己所在的组织中的人际网络连通关系却相对要少。这种情况诱发这位经理人员产生了某种政治情绪。他凭借这样一条信息，让这位网络核心人物靠边站。当主持此次人际网络分析人员了解到这一情况之后，他向这位经理人员展示了原来的人际网络图与去掉这名成员之后的人际网络图。第二张图显示，缺少了这名成员之后，联盟组织将陷入分割的状态。幸运的是，这名网络核心人物得到了必要的帮助。然而，危险总是存在的——怀有某种政治企图的人可以使人际网络信息成为某种破坏性的力量。

这种危险并不是使用人际网络分析才会出现的特有现象。我们这里只是提醒从事这项工作的人对这种现象予以关注。然而，尽可能在最大程度上确保按照符合伦理道德的规范，并且富有成效地使用人际网络分析的结果，开展针对有关各方的工作，是我们所有人义不容辞的责任。我们曾婉拒了一家组织邀请我们进行人际网络分析的邀请，因为据我们所知，当时这家组织正准备让一些人下岗，人际网络分析方法不应当成为制定这一类决策的工具。我们的这一立场现在应当是十分清楚的，人际网络分析的结果可以成为管理者进行人事决策时需要参考的数据因素。正如我们看到的那样，人际网络信息极其微妙，但是一个人在人际网络当中的位置，不应当成为决定其生计前途的绝对因素。

## 展望前景

本书写到这里，我们认为，尽管人际网络分析方法存在着诸多的局限，还有人们对于它的种种疑惑，但人际网络分析应用在组织当中具有光明的前景。在改善组织行为与个人行为方面，人际网络分析方法拥有巨大的潜力，需要我们

## 第八章

通过审慎的方式,很好地加以利用。我们希望会有更多的人能与我们一道,燃烧起激情,去感受探索人际网络分析所产生的思想力量,一如我们所做的那样。

# 附录 A  人际网络分析实施与诠释

人际网络分析有两种方式：定点（针对个人的，ego-centric）和定界（针对组织的，bounded）的人际网络分析。针对个人的（定点）人际网络分析方法，要求被调查人指出，对于实现某种特定功能，或完成某项任务（例如学习或者信息寻访），哪些人对他/她来说是重要的，然后回答同这些人有关的一些问题。个人人际网络当中可以包括所有种类的关系类型，例如，同一个单位的员工、在同一组织不同地区工作的同事、任何其他组织中的成员，乃至朋友和家庭成员。

个人人际网络分析的一个重要的优势是，它可以找出同一个人有关的所有重要关系（这些关系并不局限于这名成员工作的组织当中）。其数据采集工作，通过短暂的调查即可完成，迅捷而成本不高。然而由于人们通常拥有不止一套的人际关系网，使用个人人际网络分析的方法一般难以制作出能够连接各个部门，或连接各种功能群体的人际网络图。同

## 附录 A

一个组织当中的两个人很可能指出本企业组织之外的人际联系,但是不太可能恰好是同一个人,因此,构成一张人际网络图、或者形同本书当中出现的那些人际网络图是困难的。[1]

针对于组织的(定界)人际网络分析方法,首先需要确定有关的网络对象,例如一个组织中的职能部门,或者,构成某个核心业务流程的一组人员。此后,就该小组中的每一位成员与本组中所有其他成员之间的关系进行调查。与前一种方法不同的是,这里需要调查人员提供一个对该组人员进行调查的人员对象名单。确定这一名单有各种方式,例如,通过 E-mail 当中的记录,来了解一段时间内个人的往来关系,但通常比较有效的方式是开展一个小型调查。只要有铅笔、纸张、电子邮件附件,或者其他一些网络工具就可以完成。根据人际网络规模的大小以及调查所提出问题的数量,这类调查一般 10~30 分钟即可完成。

通过一个组织完整的关系集合,分析人员可以制作出人际网络图来,从而进行一系列的定量分析。但是这种调查方法对于大型的组织来说十分费时,并且无法考虑周全其中每一个人所有的人际关系。例如,一个人际网络成员可能在本小组以内只有极其有限的联系,因此成为网络边缘人物,但是在该小组之外则可能拥有大规模、有价值的个人人际关系网络。科研人员、销售人员以及业务专家往往出现这种情况。

考虑到了解组织之外的人际关系的重要性,在进行人际网络分析的时候,我们通常都同时进行小组及个人的人际网络分析，让管理者能够了解到组织的对外关系。这些外部联系可能是新的信息、观点的重要来源，例如，研发部门的人员同科研机构一般保持了密切的联系；这些外部联系也可以反映出人际网络中潜在的孤立隔绝部分，例如，领导成员或者整个小组专注于自己组织内部的事务，而从组织之外却得不到信息的情况。这样做同时还可以为人际网络当中的成员提供诊断信息，他们可以使用这些信息使自己的人际网络变得更加有效。

## 人际网络分析的实施步骤

### 第一步：寻找具有战略重要性的小组

进行人际网络分析的第一个步骤是找出一个人际网络。这个人际网络自身的人际协作状况对其所在的整个组织都将产生重大的影响。在有些情况下，有形组织当中的业务或者职能部门就是现成的选择。举例来说，制药组织当中的研发部门，或者银行信贷部门的内部人际协作状况，都可以为管理者提供重要参考。但是如果选择那些在有形组织结构图中找不到、很难引起管理者关注、因此享受不到组织资源的人际网络，可能会对组织当中的人际网络有更深刻的了解。例如，对于药品开发与推向市场，分析一个制药组织当中，研发部门与市场部门之间业务交插部分所形成的网络关系，要比单独分析研发部门的效果更好。同样地，分析贯穿

# 附录 A

于信贷业务活动全部过程当中存在的人际关系网络，可以有效地帮助管理者从中发现横向销售商机（cross-selling opportunities），从而缩短完成一笔贷款业务的周期。这样做，要比仅仅考察涉及商业贷款业务功能本身的人际网络，取得更好的效果。

我们建议分析人员考虑选择那些其有效的人际协作对于实现整个组织的战略目标、并对组织运行带来好处的小组进行分析。同时，我们还寻找那些跨职能、跨层次以及跨地理位置的组织，因为这些部位通常都是人际网络中经常出现的分断点。在我们开展人际网络研究活动的组织里，人际网络分析获得了以下的应用：

- 整合核心业务进程当中的人际网络 这种人际网络经常被职能或者层次结构的边界所分割。这些障碍使小组人员难以将其特有的专业技术知识整合到一起，因此降低了工作质量、组织效率与创新水平。
- 改善新产品开发或者改进过程中的人际网络连通，促进创新 大多数重要的创新活动都是人际协作努力的结果，无论是提出设想，还是实施的阶段，都是如此。对于新产品开发或者是实施过程改进的措施，人际网络分析在揭示一个小组内部专业技术整合的具体过程，以及未来它将能够在多大程度上吸收利用整个小组成员的专业技术知识方面，具有特殊的重要作用。
- 有助于组织合并后的人员整合以及大规模的组织变

革 对于知识密集型的组织来说,大规模的组织变革实际上是人际网络整合的问题。在组织变革措施实施之前开展人际网络分析,可以帮助组织成员了解组织变革的措施,并且可以帮助实施者发现哪些人员是他们希望在变革之初参与进来,可以在组织中传达变革信息的人员。组织变革完成接下来的6~9个月之后,可以再次进行人际网络分析,通常这次分析可以反映出那些领导人员了解不到的、但如果要使组织变革获得成功则必须要加以解决的问题。

- 支持专业社区　业务社区通常不是一种能够在形式上被识别的组织形式,但它对于提高一个组织切换传递因地理位置或组织设计等原因而分散存在的专业技能,可以起到重要的作用。管理人员可以利用人际网络分析,发现社区内关键的成员,并对社区内的人际网络连通情况做出分析。

- 建立战略合作关系与组织联盟　管理者正越来越多地采用组织间的协作措施,例如建立组织联盟,或者其他的战略合作关系,共享每个组织特有的能力优势。人际网络分析可以从信息流通、知识传递以及决策制定等方面,具体说明这类合作举措是否有效。

- 改善高层领导人际网络的学习与决策过程　高级行政人员组织的核心职能是获取信息,制定合理的决策,并有效地把决策传播到组织当中更大的范围。把高层领导人员及其下一层成员的人际网络联系在一

## 附录 A

起同时进行分析,有助于分析高级领导组织成员内部人际网络连通的状况,了解信息是如何进入领导层,并由此而传播出去的。

确定了具有战略意义的人际网络对象后,接下来需要考虑的是该人际网络的规模。人际网络分析从理论上来说可以在整个组织范围内进行,但在实践中,它受到人们是否愿意接受长时间询问的心理反应的限制。举例来说,对于一个有100人的人际网络,要求每一个人都说出自己与该人际网络当中其他99人的关系。为确保得到足够数量的调查反馈,一般将被调查人员数限制在约250人以内。

此外,可以采用其他技术手段部分缓解信息反馈的压力,以支持对于更大规模组织的分析,例如采用挖掘 E-mail 通信往来的信息,但是这种方法往往导致对人际关系性质的了解不够精确。因此,我们在分析大规模组织时,往往取其中的一个小组做代表,而此小组中的人际协作状况将会对整个组织的协作状况产生关键的影响。例如,对于一家联合企业,如果我们对贯穿其中的核心业务进程的人际网络,或者跨联合企业的各职能部门的人际网络感兴趣,那么,我们可以选择该企业某一个垂直结构的层面,这里显然应当存在着人际协作关系。对于企业合并或者结盟的情况,我们不一定从整个合并组织内部的全体成员之间的人际合作关系出发,而是考虑从组织战略目标角度出发来看的、分别来自每一个合作组织内部的某一些小组人员之间的人际合作关系。

## 第二步：从切实可行的角度分析人际关系类型

继确定具有战略重要性的目标小组之后，人际网络分析的第二个步骤是采集同绘制网络关系图有关系的信息资料。这些关系必须如实地反映小组内部的关系机制，同时调查的结果必须具有可操作性，披露之后管理者能够据此进行操作。通常仅凭一张有关人员交往的网络图无法反映充分的关系细节，因此我们要求管理者提出多种人际关系类型。根据我们自己和其他人的经验，下表所列举的人际关系类型有助于开展人际网络的关系调查（见表A-1）。

表A-1　人际网络中一些重要的关系类型

| **反映人际网络当中人际合作的关系类型**　人际交流与信息流通关系可以明显地反映出当前或近期一段时间内人际网络内部组织成员协作的情况。而围绕寻找解决方案以及开展创新活动所形成的人际网络则对于关系双方在相互信任方面要求比较苛刻。分析这些关系类型的一些组合通常是非常重要的。这些关系组合可以充分说明在知识密集型的组织背景当中，工作是怎样通过人际网络进行的。 ||
|---|---|
| 人际交流<br><br>信息流通 | ◆ 你经常与某些人员讨论有关×××（问题的内容）吗？<br>◆ 相对于小组中其他人，你同这些人的交流程度如何？<br>◆ 在过去的三个月当中，你曾经有多少次从此人那里获得过完成工作所需要的信息？<br>◆ 请指出在哪些范围内，其他每一个人向你提供完成工作所需要的信息。<br>◆ 你通常向谁咨询与工作有关的信息？<br>◆ 你通常向谁提供同工作有关的信息？ |
| 解决方案 | ◆ 在解决工作当中遇到的新的、或具有挑战性的问题时，你通常向谁求助？<br>◆ 在上一个问题中向你提供帮助的人，其效率如何？ |
| 创新活动 | ◆ 当你有一个新的、或者创新的想法时，你可能同谁探讨？ |

# 附录 A

| | |
|---|---|
| **反映人际网络当中信息共享能力的关系类型** 分析这种人际关系类型——不论从个人的角度还是将其作为一个整体加以考虑——可以为改善人际网络应对新的机遇与挑战威胁的能力提供可行的方法(详见第三章)。 ||
| 认知 | ◆ 我了解此人的专业知识与技能,但这并不一定意味着我也具有这些技能或同样具备该领域里的知识。然而我了解此人具有哪些技能以及其所擅长的那些领域。 |
| 接触 | ◆ 当我需要信息或者建议时,通常我可与此人进行交流,并且对方愿意花费足够的时间来帮助我解决问题。 |
| 参与 | ◆ 如果我向此人求助,我确信他/她会热情前来帮助我解决问题。 |
| 安全感 | ◆ 说明当你就有关工作的问题请教此人、或者向其询问工作所需要的信息时,个人的心理感受如何。 |
| **揭示人际网络当中存在僵化部位的关系类型** 关系僵化代表人际网络中存在的制约因素,例如网络瓶颈。出现制约因素是由于对某个关键的决策人物的过度倚赖或者人们过分围拢在某些"能人"周围。 ||
| 决策 | ◆ 进行重要决策之前,你找哪些人询问或取得决策所需要的信息? |
| 增进交流 | ◆ 假如过去我与此人有更多的交流,现在我的工作可能会更加有效率。 |
| 任务进程 | ◆ 指出以下人员在多大程度上可以输入满足你接手工作所必需的信息。 |
| | ◆ 对以下人员,你在多大程度上可以输出满足他们接手工作所必需的信息? |
| 权威或影响 | ◆ 你认为以下人员在多大程度上对×××(组织的名称)具有影响力(影响系指此人在组织当中能够左右进程方向、阻碍或推动某一进程)? |
| **反映人际网络当中是否存在和谐融洽与配合默契的关系类型** 将以下各种关系视角进行综合考察,可以对小组当中的一般关系氛围以及成员之间彼此配合的默契程度进行分析。 ||
| 好恶感 | ◆ 说明你对小组内每个成员的好恶。 |
| 友谊 | ◆ 指出哪些人你认为是你的私人朋友,即你们经常在工作之余一起活动,例如,一起吃午餐、请客以及家庭成员往来,等等。 |
| 职业支持 | ◆ 指出哪些人对你专业提高与职业发展做出了贡献,即那些对促进你职业发展很感兴趣并主动采取行动帮助培养你的人。 |
| 人际支援 | ◆ 指出当处于工作进展不顺利、项目受挫、或者某些人的决定使你感到沮丧的时候,你向哪些人寻求个人支援。 |
| 能量 | ◆ 你与某人接触时,这种接触过程对你的能量水平产生什么样的影响? |
| 信任 | ◆ 指出在本小组当中,你相信哪些人会把你最为关注的利益放在心上。 |

218

大多数的公司都对与工作有关的人际协作非常感兴趣，所以我们几乎没有例外地制作信息流通的人际网络图。如果有可能，我们会调查双方对同一个关系的看法。例如，我们可能会向 Bob 询问 Ann，向 Ann 询问 Bob，是否来问过信息。同时分析双方的看法不仅可以使人际网络所反映的情况更加精确，还可以帮助确定是否有人夸大自己在人际网络当中的重要性。例如有人可能会声称与所有的人合作，然而其他的人却不承认这一点。此外，我们常常透过简单的信息流通人际网络，来了解更深层次的人际关系。例如寻求解决方案或者某些专业技术知识的人际网络，一个小组的工作如果要顺利地开展，这些都是需要在其中流通的。

根据第三章的讨论，我们一般都绘制几种反映不同关系侧面的人际网络图，以发现该人际网络迎接新的机会或者项目的潜在能力。信息流通、人际交往以及解决方案等方面的人际网络图使我们可以看清当前或者近期哪些人员在协作，或者彼此接触，尽管这些关系都是我们极其关注的，但是它们无法表明当新的项目或者机遇来临的时候，整个人际网络成员是否具备主动寻找某人并与之建立关系的能力。因此，我们经常绘制那些反映不同关系侧面的人际网络图，这些网络图可以指出当新的挑战来临时，人们可能会寻找哪些人，尽管他们现在可能一时没有从这些人那里取得过信息。同时，我们还制作另外一些人际网络图，这些人际网络反映的是人际关系当中的某些方面，了解这些关系侧面对于改善人际交往本身，可以起到帮助的作用。我们把这些人际网络图

# 附录 A

统称为潜含网络图（见第三章——译者注），因为它们反映的是在需要的时候才运转起来的人际网络。

关系当中存在的问题对于发现人际网络当中僵化的部位十分有效。例如，我们在调查中曾经绘制了有关决策过程的网络图，即工作的流程图，以便搞清楚层次结构或工作设计如何造成人际网络中出现信息负荷超载的现象。此外，人际网络图还可以有效地反映出一个组织的氛围。比如说，我们可以画出围绕事业支持或人际支援、诚信或者能量等不同关系侧面的人际网络图，因为这些不同侧面关系不仅仅对于信息流通以及学习是重要的，对于提高人们职业生活的质量来说也是十分重要的。

总之，描绘人际网络关系类型的方法是没有限制的，关键是要选择那些应对挑战或者具有战略重要性的关系网络。同时，一旦我们发现了需要加以改进的目标部位之后，这些关系网络对象必须具有可操作性。虽然我们在多次调查中利用了表 A-1 中的所有问题，我们始终围绕着三个问题以及由它们产生的各种关系组合展开调查。我们认为从这些问题出发，我们可以发现改进人际关系的机会，这三个问题是：完成一项工作所需要的信息、对其他人专业知识与技能的认知，以及谁是你更愿意与之进行交流的人。表 A-2 是利用这三个方面的问题进行人际关系网络分析调查的典型例子。调查表中，除了同个人人际网络有关的问题，还包括了属于社会统计当中的一些问题，例如有关个人的工作地点、所在的部门，等等。

表 A-2　人际网络分析调查示例

## 人际网络分析调查表

　　我们得到的信息反馈表明，我们彼此都业已认识到改进本小组成员内部以及本小组与其他小组的成员之间人际交流的方式并使之更趋完善与有效的必要性。我们希望此次基于人际网络分析的基础性调查工作将有助于为我们找到改进的方向，尤其是在涉及跨部门进行的人际协作领域。现在，我请你拿出宝贵的时间，回答调查表中所提出的问题，并将答案寄到以下地址：jsmith@xyzcompany.com，以便我们进行分析。尽快为宜，最迟不宜超过 11 月 10 日。为处理方便计，请将调查表原文件名重新命名，例如，可以你的姓名作为文件名。完成此次调查所需要的时间大约在 20 分钟以内，我们希望它不致占用你过多的宝贵时间。为了使我们之间的合作取得成功，我们希望所有参与此次调查的有关人员表现出高度的参与精神。

　　我们将为每个成员填写的调查资料保守机密。与成员姓名相联系的调查结果将仅限于主持开展此次调查小组的成员之间，在本调查小组之外所公布的调查结果当中将只涉及同个人姓名无关、反映小组整体情况的统计结果。我们期待尽快看到你的调查问卷。

　　感谢参与合作！

　　Jane Smith
　　人事部副经理

| |
|---|
| 个人信息： |
| 姓名 |
| 工龄（限组织，按月份数计） |
| 层次结构级别 |
| 工作地点 |
| 部门 |
| 主要职责 |
| 　　指出 20 名（限以内）在提供你完成工作所需信息以及帮助你解决工作中的复杂问题方面起重要作用的人员。选择不限于经常性接触范围，可以包括来自本组织之内或之外的人员（例如客户、其他部门、组织中的同事、朋友、家庭成员等）。[注：表格设计为 8 人] |

## 附录 A

| 姓名 |
|---|
| 1 |
| 2 |
| 3 |
| 4 |
| 5 |
| 6 |
| 7 |
| 8 |

针对以上所列举人员分别回答以下 4 个问题

**Q1.** 此人在物理空间的哪个方面与你接近?
1. 相同楼层
2. 不同楼层
3. 不同楼宇
4. 不同城市
5. 不同国家

**Q2.** 指出此人所在的工作单位。
1. 同一部门
2. 不同部门,同一业务单位
3. 不同业务单位,同一组织
4. 不同组织

**Q3.** 相熟时间年限。
1. 1 年以内
2. 1～3 年
3. 3～5 年
4. 5～10 年
5. 10 年以上

**Q4.** 指出此人在层次结构中所处的位置(对应于你所在组织的层次结构)。
1. 高于你所处的位置
2. 等同于
3. 低于
4. 不具备可比性

| 姓名 | 问题 1 | 问题 2 | 问题 3 | 问题 4 |
|---|---|---|---|---|
| 1 | | | | |
| 2 | | | | |
| 3 | | | | |
| 4 | | | | |
| 5 | | | | |
| 6 | | | | |
| 7 | | | | |
| 8 | | | | |

以下是同人际网络有关的 3 个问题。每个问题给出 6 种程度选择答案,从 0~5 中选择适当的答案(如果不认识在问卷当中出现的人员不予回答)。

Q1. **信息流通**——指出你向以下人员询问同工作有关的信息的频繁程度。
    0＝不相识         3＝有时
    1＝从不           4＝常常
    2＝很少           5＝通常

Q2. **认知**——我了解此人的专业知识与技能,但这并不一定意味着我也具有这些技能或具备该领域里的知识,然而我了解此人具有哪些技能及其擅长哪些领域。
    0＝不相识         3＝可以接受
    1＝完全不同意    4＝基本同意
    2＝有不同意见    5＝完全同意

Q3. **增进交流**——假如过去我与此人有更多的交流,现在我的工作可能会更加有效率。
    0＝不相识         3＝可以接受
    1＝完全不同意    4＝基本同意
    2＝有不同意见    5＝完全同意

| | 问题 1<br>信息流通 | 问题 2<br>认知 | 问题 3<br>增进交流 |
|---|---|---|---|
| 伦敦 | | | |
| 1. Smith, David | | | |
| 2. Brown, Anne | | | |

## 附录 A

|  |  |  |  |
|---|---|---|---|
| 3. Chen, Paul |  |  |  |
| 4. Black, Susan |  |  |  |
| 5. Davis, Alan |  |  |  |
| 6. Jones, Chris |  |  |  |
| 纽约 |  |  |  |
| 7. Cox, Robert |  |  |  |
| 8. Elliot, John |  |  |  |
| 9. Daniels, Brian |  |  |  |
| 10. Peters, Erin |  |  |  |
| 芝加哥 |  |  |  |
| 11. Cohen, Bob |  |  |  |
| 12. Parker, Dave |  |  |  |

注：本表中问题与答案的内容与选择方式只作为参考，可以有许多其他的内容与格式，读者需根据本组织具体情况自行设计。

除了选择切实可行的人际网络对象之外，有效的人际网络分析还需获得足够的调查信息反馈。哪怕失去一个关键的人物网络链，也会严重影响到对于该人际网络的客观反映。有各种可以提高网络调查信息反馈的方法，例如，给每个人或一个小组发E-mail 或打电话，有些组织采取发放小礼品的办法来鼓励人们参与调查。例如，我们开展人际网络调查的一家石油天然气组织向所有参加调查的人发放办公用笔。参加调查能够得到礼品奖励的消息一经传开，回答调查的人数大幅度上升。另外一些组织则委派若干联络员，这些联络员负责跟踪他们所熟悉的人际网络成员，以保证人际网络调查可以得到足够的信息反馈。如果人际网络调查能够由适当级别人员负责，一般来说，要获得足够的调查反馈是不困难的。

　　最后一个有关人际网络调查设计的重要问题是保密。以人员真实姓名标出的彼此之间关系的网络图具有很强的披露性。我们发现人们对于了解组织内部信息流通模式十分感兴趣，如果再深入一步调查，例如，表明信任关系的人际网络，则更有可能激发人们的好奇心理。一个组织是否愿意探索人际关系问题似乎同该组织中的文化价值观念有关。某些组织中人们对于看到谁能够激发谁的能量感到兴奋好奇，并对了解为提高组织的能量可能采取的措施显示出很大的热情。另外一些组织则甚至连同工作有关的信息流通的人际关系也不愿涉及。有必要及早地向员工担保有关的调查结果将被保守秘密，并确保这一承诺将坚守到底。

　　有三种保密方法，我们一般采取其中的一种。第一种是在全体员工参加的吹风会上或在其他公众交流的场合全部公开调查结果。通常我们会举行一个介绍会，会上向大家介绍有关人际网络的调查方法以及所产生的结果。然后告诉大家我们愿意与大家一道促进该小组成员之间的人际协作。此时我们会把我们的 E-mail 地址提供给大家，同时说明我们希望指出该小组人际网络中的每位人员的姓名，以便与大家一起了解本小组内的人际协作状况，然而我们不希望任何人由于该项研究而感到不安。我们告诉大家如果他们感到不安，可以在一个星期之内用电子邮件方式通知我们。我们还告知他们即使我们仅仅只收到一份 E-mail（对于这方面的情况我们也将保守秘密），我们不会泄露发信人的身份。

# 附录A

第二种方法是只允许一个人或者一个由大家推举出来的人员组成的小组了解调查的全部结果，以便采取进一步的改进措施。受大家委托的人可以是一个组织的领导，或者是该小组中热心推动人际协作的3～4名成员组成的一个非正式委员会。在这种情况下，我们会在调查说明当中指明哪些人将会看到有关的人际网络分析调查结果。

第三种做法是不披露任何人的姓名。初看之下，人们会对这种做法表示疑虑，然而这种做法往往会得到更多有用的信息，尽管在吹风会上披露人员身份的做法使人情绪高涨，但即使不暴露有关人员的身份，我们同样可以利用人际网络分析得到很多的信息。例如，你可以在网络图中用不同几何形状节点符号来标识围绕地理位置、层次结构、专业技能所形成的人际网络当中所出现的分断。只要能够向小组提供有意义的信息反馈、同时确保既不披露姓名又能产生实用的解决方案的任何方法，都可以采用。

## 第三步：利用目视法分析人际网络图像

一旦信息采集工作结束后，便可以利用网络分析软件进行分析。现在有许多现成的软件包可以采用。其中一些结合了图形生成与计量分析的功能，另外一些则可能侧重于其他功能。如想查询有关网络软件的目录，可以登录the International Networks for Social Network Analysis Web（人际网络分析国际网会）的网站：〈http://www.sfu.ca/~insna/〉。本书当中所介绍的案例，以及我们在过去几年里进行的大多数人际网络分析，都是利用 UCINET、NetDraw 以及 Pajek 来完成的。另一个商务人士常用的网络软件是 Inflow。

如何理解网络图的含义？我们先从几个最基本的概念谈起。首先，在网络图中，两个人之间的连接线表示二者之间存在一个关系。例如，图 A-1 是一张人际网络图，它是根据"通常你向谁询问帮助完成工作所需要的信息？"这样一个问题的调查结果绘制成的。本图中，人员之间的连线表示寻找信息的关系。显然，图中连线表示的具体含义决取于所提问的问题。

图 A-1　人际网络图举例

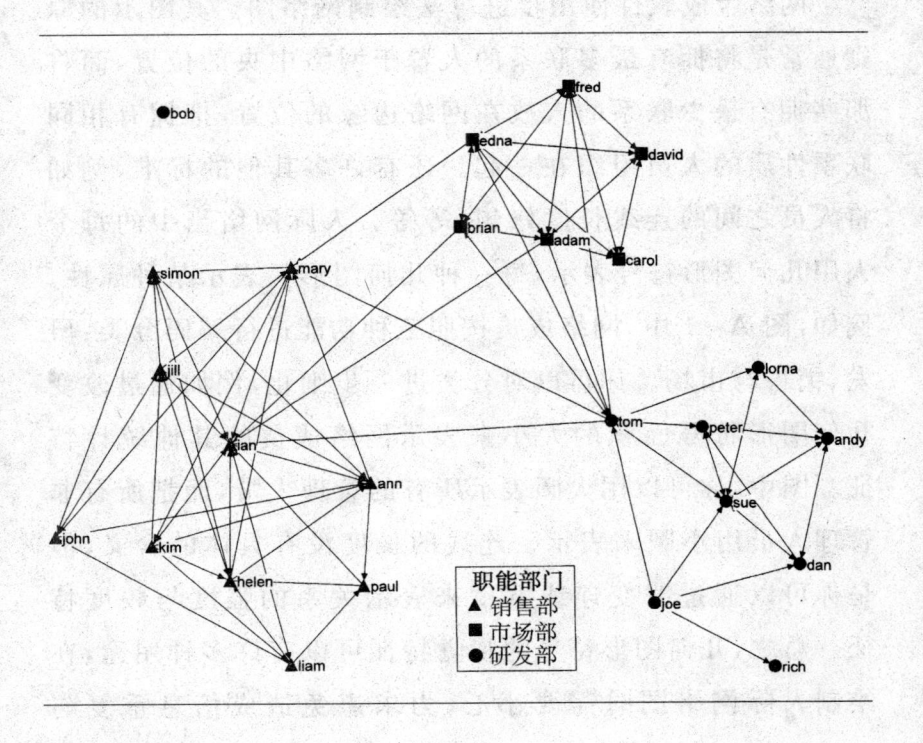

# 附录 A

其次，箭头代表着关系的方向。例如，在图 A-1 中，有一个从 Joe 到 Sue 的箭头线，表示 Joe 向 Sue 询问信息。在这个例子当中，不存在相反方向的箭头，这表明 Sue 从不向 Joe 询问信息，他们之间的信息关系不是相互对称的。

关系中的方向性对于网络成员来说具有不同的含义。某人被许多箭头线"射中"，说明此人可能是一位你不愿失去的专家人员，然而也可能是个潜在的网络瓶颈；某人"发射"了许多箭头线，可能会消耗他人的时间，但他也许是个行政人员，需要从别人那里取得信息。

网络生成软件使用步进算法绘制网络图。其图示的原则通常是将拥有最多联系的人置于网络中央的位置，而将那些拥有最少联系的人放在网络边缘的位置，把拥有相同联系性质的人员组织在一起。还有许多其他的标准，例如将人员之间的连线长度修匀，等等。人际网络当中的每个人用几何图形符号表示，每一种几何图形只表示某种属性。例如，图 A-1 中，网络成员按照三种功能进行编码分类：研发、销售与市场。你可以对分类进一步细化，例如通过改变几何图形符号面积的大小来表示网络成员的其他统计特征。图中，你可以用大圆表示所有的管理人员，而把所有非管理人员用小圆来表示。连线的长度没有具体的含义，但是你可以通过改变连线宽度来表示关系的强度与频度特征。总之，几何图形符号的视觉特征可以有许多种用途，在绘制人际网络图时需要小心，力求避免造成信息重复与混淆。

  当我们同管理人员一道进行分析时，通常我们向他们指出人际网络当中的核心人物、边缘人物以及各个群体组成的人际网络的情况。核心人物可能是专家或者是网络瓶颈（需要进一步的调查才能够确定），通过一名成员所拥有关系的数量，一望即知其是否是网络核心人物。同时，他们常常——尽管不总是——由于网络算法的表示而被置于网络中央的位置上。例如在图A-1中，Ian（网络图左侧的中央位置）在整个网络中是核心人物之一。你还可以找到很少有箭头线指向他们的网络边缘人物，例如Rich就属于这种情况。而Bob的情况在网络边缘人物里比较特殊，他同任何人都没有联系，并且同组织完全隔离开来。识别网络边缘人物是很重要的，因为他们代表组织中尚未被利用的资源。这些人要比那些有良好的人际网络的同事更容易离开组织。

  通过人际网络图，我们还可以发现人际网络是否分裂为不同的次群体组织（subgroups）。当网络成员之间出现关系隔阂的时候，可能会出现这种分组现象。这些关系障碍可能包括人际关系紧张（因政治方面的原因）、奖励方案的影响、物理空间上相距遥远——这里仅举几例。如果把一些统计分析与人际网络分析结合在一起，就有可能确定人际网络当中的分组是否具有可识别的特征，例如地理位置、职能、层次结构、年龄、性别，等等。在图A-1中，该人际网络可进一步划分为三个功能组织。

## 附录 A

如果在小组之间不需要信息共享，那么这种分立群体网络就是有效的工作方式。但是这种分裂有时又是有害的。当你试图改善网络连通时，了解网络分裂出现在哪里，并且知道出现这种现象的原因是十分重要的。

### 第四步：利用计量方法分析人际网络图像

对大型的人际网络来说，计量分析工作尤其重要。例如，在由大量分组与许多成员组织起来的人际网络当中，并不总是能够直截了当地确定哪些人是更为靠近网络中心位置的人物。计量分析方法通常把一个组织作为一个整体来处理，同时对成员在其中连接的方式进行考察。实际上，对之进行分析的方法种类不计其数。以往我们自己在对人际网络进行分析的时候，考察了许多计量分析技术，同时我们把所要选择的分析技术与管理人员一起进行权衡，以确定哪种分析方法是最为实际的。表 A-3 简要介绍了一些网络计量分析方法，我们认为这些方法对于向管理人员提供可操作的信息方面，具有很大的实用性。[2]这里所介绍的绝不是人际网络计量分析方法的全部内容，对更加深入的网络分析工具感兴趣的读者可以参考斯坦利·瓦泽曼(Stanley Wasserman)和凯瑟琳·福斯特(Katherine Faust)等人合著的《人际网络分析》(*Social Network Analysis*)一书，该书对一系列的计量方法做了较为详尽的介绍。

表 A-3 网络计量分析的常用指标

| 个人核心程度计量指标 | |
|---|---|
| 收敛密度（In-degree centrality） | ◆ 指入某一节点（人员）链矢（表示某种关系，例如，人际交流、信任关系等）的数量。 |
| 发散密度（Out-degree centrality） | ◆ 某一节点（人员）指出链矢（表示某种关系，例如，人际交流、信任关系等）的数量。 |
| 包络强度（Betweenness centrality） | ◆ 表示某一节点（人员）被其他网络节点包围的程度。节点包络强度大的人际网络，其信息流通易受权威或关键人物离去的干扰。 |
| 矢径张量（Closeness centrality） | ◆ 从某一节点（人员）到达网络内其他任一节点所经过的最少的连接链矢的数量。在人际网络当中，一般来说核心程度高而矢径张量小的人，比其他的人更快地得到信息。 |
| 矢径跨度（Brokerage measures） | ◆ 该指标对信息经纪人进行计量分析。一般情况下区分 4 种类型的信息经纪人：协调人（coordinators），帮助连通本小组内的人际网络；代表（representatives）、门卫（gatekeepers），帮助连通本组与其他小组的人际网络；联络员（liaisons），帮助连通其他两个小组的人际网络。 |
| 组织内部关系紧密程度的计量指标 | |
| 网络密度（Density） | ◆ 网络内所有节点（人员）之间实际存在的连接链矢的集合，与该网络内所有节点（人员）之间可能存在的连接链矢的集合，两者比值的百分数。 |
| 网络紧致度（Cohesion） | ◆ 网络内所有任意两个节点（人员）的矢径张量集合的平均数。 |

衡量一名网络成员在人际网络当中的核心程度，一个重要的计量指标是网络节点的密度指标（degree centrality），用一个人在网络当中所拥有的直接联系的数量表示。这一指标可以反映出一个人在人际网络当中是处于过度连通、还是处于缺少连通的状态，这两种状态可以分别用收敛密度（In-degree centrality）和发散密度（Out-degree centrality）两个指

## 附录A

标来表示。例如,图A-1中,密度指标数最大的是Ian,有11名成员前来向其咨询信息,由此整个人际网络可能会过分依赖此人。Bob的密度指标数最低,没有人前来向其咨询信息,他代表着组织中待开发利用资源,同时Bob本人可能产生一种脱离组织的孤独感。

此外,我们还可以利用一张散点图,将收敛密度与发散密度加以对比,来分析网络成员的核心程度。通过这种分析,我们可以从三个重要的方面发现有关人员在人际网络当中所起的作用。首先,我们可以从散点图上看出,哪些人是主要的信息提供人员,哪些人是经常询问信息的人员。某些人据称是专家,而我们发现他们有大量的信息指出链矢,但同时只有很少的信息指入链矢。这说明,这些人的实际情况并不像人们所想象的那样。如果是相反的情况,同样也是引起我们关注的理由。

其次,当发现整个小组在信息方面过分依赖某人时,应当设法为此人留出更多的时间,使此人能够起到一个专家顾问的作用,或者重新安排此人的工作量。

第三,那些指入/指出链矢都很少的组织成员,显然在组织中处于孤立状态。对于临时工与高端技术专家人员来说,处于网络边缘的位置上刚好投其所好,但如果这种情况换成其他的人,问题的性质则有所不同。管理者可以采取有针对性的措施帮助整合网络边缘人物。

对同一名网络成员在两种不同功能的人际网络中核心程度的密度指标进行比较,也十分有用。例如,我们经常把反映信息流通情况的人际网络当中某个成员的密度指标与其在"增进交流"的人际网络当中的密度指标进行比较,通常我们发现,领导层或者专家既是得到信息询问次数最多的人,同时又是人们想要与之经常进行交流的人。我们就曾遇到了这样的情况,一些领导或者专家,有超过50名成员经常向他们咨询信息,而另有50人则表示希望能够得到更多的机会与其进行交流接触。从这种情况来看,显然任何人支撑一个组织的能力总是有限的。我们在本书中一直提倡尽可能将网络边缘人物拉到网络内部中来,同时要更加注重对决策权的再分配以及信息分流,以减轻那些被信息负荷过度消耗人员的负担。

　　比较反映信息流通情况与反映"增进人际交往"情况这两种关系网络中成员核心程度的密度指标,还有助于发现网络边缘人物或边缘组织。那些在信息流通人际网络当中密度指标很低的人在组织当中受到孤立,如果再没有人愿意与他们进行更多的交流,他们不太可能在孤立无援的情况下自动整合到组织中来。此外,我们还可能遇到的一种情况是,一个部门不向另外一个部门询问信息,并且没有与该部门做进一步交流的打算。如果对整个组织来说,此处人际网络节点上的人际协作十分重要,那么,这里的组织改进工作就十分必要。领导者需要做的不仅仅是提供技术手段或者是能够面对面接触的论坛场合,来创造开展人际协作的机会,更要说服两个部门,使他们认识到配合开展工作的重要性。

　　为帮助管理人员得到更具操作性的信息,我们发现,反映网络中人际关系整体状态的密度指标与紧致度指标,具有很大的实用性。网络密度(networks density)是用百分比数

# 附录A

来表示的,它考察的是人际网络的整体连通状况,是用人际网络内实际存在的连接链矢数目除以该网络所有可能的连接链矢的总数后得到的。根据这项计量指标,在人际网络当中,如果每一个人均与该网络内所有其他人员相联系,则该网络的密度为100%;反之,如果与任何人都没有联系,则网络密度为0。该指标同一个组织的人员规模有关系,10个人要比100个人更容易做到全部连通。在对网络密度这一指标进行解释的时候,必须注意把相同人员规模的组织放在一起进行比较,或者根据组织的目标来确定一个理想的人际网络模式,然后进行比较。

我们可以用网络密度概念进行一项有意义的分析。例如,把人员按照职能或者位置等不同的分类指标进行分组,然后分别计算每个分组内部以及各个分组之间的网络密度,由此得到一张类似于表A-4的网络密度表。在这张表中,对角线上的百分比数表示所有分组内的网络密度,举例来说,在市场部里,所有可能的连接总数当中,有83%的连接是实际存在的。如果我们回头去看图A-1,你可以发现,市场部里几乎所有的人都彼此相互连通。

表A-4 网络密度表

| 从 | 至 市场部 | 销售部 | 研发部 |
|---|---|---|---|
| 市场部 | 83% | 5% | 6% |
| 销售部 | 0 | 46% | 0 |
| 研发部 | 6% | 2% | 38% |

对角线以外的百分数表示部门之间相互联系的网络密度值。例如，表示市场与销售部门之间人际连通的网络密度仅为5%，这表明两个部门之间的联系很少，从图A-1来看，只有三个。我们当然不认为人际网络当中，所有的分组之间都必须具有极高密度的网络连通，但是通过这项计量指标，可以使我们看清楚那些在我们看来应当存在着网络连通的地方，实际上的情况是否如此。例如，在图A-1所示的人际网络当中，你可能会推测在销售部门与市场部门的人际网络间应当存在着很高程度的网络连通，但这里的网络密度不一定和销售部门与研发部门之间的人际网络的密度水平相当。这里同样值得人际网络分析人员注意的问题是，与分析人际网络整体密度时的情况一样，部门组织的网络密度受到分组规模的影响。

另外一个非常有用的计量指标是人际网络的紧致程度(cohesion)，它建立在矢径张量(closeness centrality)的基础上。换言之，它关注人际网络中任何两名网络成员之间最少的连接环节的数量。一个人际网络整体的网络紧致度则是指网络内所有可能的矢径张量之和的平均数。以图A-1为例，从Tom至Rich之间，最短程的连接链矢的数目是2，而从Joe到Kim之间，两个节点的矢径张量是3，如果我们计算该人际网络整体的网络紧致度，得出的数字为2.2。如果管理者希望组织成员之间良好地切换传递专业知识，我们认为理想的网络紧致度应当接近于2。以我们自己的情况为例，你可能打电话给一个朋友询问信息，也有可能给你的另外一

# 附录A

个朋友打电话,介绍别人向他询问信息。在此之后,进一步利用他人介绍的关系进行连续的信息询问的可能性将迅速下降,随之下降的还包括与你陌生的人回答你询问的可能性。

简言之,也许我们只要通过对向图A-1所表示的那种人际网络图像进行分析,就可以对其中某些关键的成员以及整个人际网络所代表的组织,产生相当的了解。然而即使如此,对于人际网络进行计量分析仍然是极其重要的。这是为什么呢?首先,对于超过40人的人际网络,通过视觉进行分析难度极大,网络图像越来越交织在一起,为了能够得到精确的观察结果,就需要特别关注分组的情况与计量分析的结果;其次,由于网络图像变得很复杂,人们似乎往往是在根据自己的主观看法,而不是人际网络提供的信息所反映出来的情况来进行判断,因此可能不能了解或者错误地解释人际关系当中存在的重要问题。计量分析技术,例如我们这里所介绍的,可以帮助减少在对人际网络图的含义进行解释时可能出现的偏差。

## 第五步:召开有意义的汇报会

尽管人际网络分析是了解某一组织内部人际关系的一种非常实用的方法,但是它未必能够说明,在一个组织中,何以出现某种性质的关系,或缺乏某种性质的关系。甚至并不能够说明,哪些关系类型是有效的,而哪些是无效的。为了更加深入地揭示推动人际网络关系运转背后的动因,还需要进行人员采访。一般可以选出 8~10 名人际网络成员接受采访,选择采访对象应尽量根据人际网络分析的结果。例如,我们通常选择人际网络当中的核心人物以及边缘人物进行采访。同时,为了能够获得来自各方面看法,我们还尽量从各个层级、小组的新成员以及具有较长工龄的人员当中,选择采访的对象。

当整个人际网络的调查分析工作结束时,提交调查结果的信息反馈形式多种多样,从书面汇报,到召开有网络成员参加的汇报会,我们倾向于后一种做法。我们曾经召集过百人以上的组织会议,取得了很好的效果。

这一类会议通常包括两个部分的内容。首先,我们把人际网络分析的过程与结果向与会者做一下综合介绍,使其有心理准备。接下来,我们利用大约 10 幅左右的幻灯片进行总结,指出我们在人际网络分析过程中发现的要点问题,这部分的重点在于使网络成员对于小组中存在的重要问题达成共识。人际网络分析方法目前对于人们来说还是一种新鲜的事物,人们看到人际网络图时往往会表现得十分兴奋,并产生很高的热情。在会议的第二部分,与会者分成几个组,进行头脑风暴讨论,商讨如何推进、完善小组内的人际网络连通并提出建议,防止组织背景因素把人际网络推回到原来无效的模式上去。然后各分组把各自讨论的结果集中到整个小组中来,所有的建议被分门别类,形成一个改进措施方案。

在会议的两个过程当中,我们始终将注意力放在如何

# 附录 A

改进组织效率的行动方案上，而不追究诘难成为网络中心或者网络边缘的人员或部门的原因，关注一个组织如何克服无效的人际网络模式本身是更加富有建设性的步骤。此外，我们并不急于一上来便亮出人际网络分析得出的结论，更多的是与组织成员一道，明确哪些是重要的问题，以及需要采取哪些方案措施。按照这样的程序，我们往往在那些重要问题上使众人达成共识，并对采取下一步措施取得一致。按照我们这里所介绍的方式，我们的汇报会不仅是一个诊断的过程，而是已经成为改变组织管理计划当中的第一个步骤。

## 第六步：对人际网络的改善与效率进行评估

人际网络分析结果反映的仅仅只是某段时间内人际网络的连通水平。在 6~9 个月之后，再进行一次相同的分析，便可以看出该人际网络是否发生变化。要想了解一项具体的管理措施所产生的效果，跟踪分析尤其重要。人际网络分析方法使我们能够目睹变革措施所产生的效果。例如，在组织内采用了协同技术手段，或者采取了某些组织发展计划之后，其所产生的效果用传统管理方法是很难进行评介的。我们还对提高组织绩效的目标管理措施进行时间跟踪，这一点尤为重要，因为即使是在第二次调查信息反馈当中，仍然存在着反馈失实的可能性。在接受调查的人员当中，有些明白调查所产生结果的精明人，有可能人为夸大自己在组织中的实际作用，以使自己显得很重要。有过这样的事例，我们在一家组织里听说,有人游说其他人在人际网络关系调查中给予她更高的评介,通过对关系的双方进行调查,我们可以在一定程度上矫正我们得到的信息。关于这一点,我们在前面已经有所论及。不仅如此,我们对针对小组的其他管理措施也进行跟踪,来保证我们的人际网络分析工作对一个组织的业务绩效产生了预期的效果。

## 案例:一个具体的人际网络分析实例

我们对一家提供石油与天然气服务的组织开展了人际网络的分析研究工作。由于人际网络分析方法能够对于知识与信息的传播做出客观的描述,这家组织对这种分析方法非常感兴趣。该组织面临的最主要的挑战之一是,减少其全球范围内的海上和陆上油田提供的低质量服务而造成的经济损失。低质量服务造成的损害不仅仅局限于直接的经济损失,从长远来看,它还带来信誉问题。在这个竞争激烈的行业里,公司的服务通常被看成是一种商品。如果一个组织不能够做到尽善尽美和卓有成效,就不能拥有有价值的客户。

### 步骤一:寻找具有战略重要性的小组

我们选择了一个直接面向客户提供服务的小组进行了人际网络分析。这些人员跟随大型石油公司一起工作,在世界许多地方从事油井建设工作。这是一项非常专业化的工

## 附录A

作，即在油井管道周围塞满砂子将其固定，使其能够承受压力、抵御严酷的自然环境。由于各个油田所在地区的自然条件不同，在所使用的技术上也稍有不同，但大多数问题都存在着相似之处。尽管存在着这些共同点，同样的问题在全世界不同的地方要被反复地解决，但组织中相互关联的专业技术往往不能同时到位。这两个问题导致了服务质量下降以及工作效率降低。由于该小组的规模庞大，我们从该小组所在的7个国家地区当中分别选择了大约100名人员开展人际网络的分析工作，这7个国家所在的地区对提高服务质量具有全局性的重要作用。

该公司基于两个原因想进行这次人际网络调查分析。首先，高级管理人员很想了解该组织的人际网络在不同的国家之间是如何联系到一起的。他们相信，推进连接各个井田的人际协作，除了可以改善每个项目的质量、提高工作的创新意识之外，还可以减少重复性的工作。第二个原因是，由于在某个国家里的一个客户服务小组大幅度降低了低质量服务造成的经济损失，管理层急于想要知道这种情况是否同该国各个职能小组之间的人际协作水平有密切的关系。

### 步骤二：从切实可行的角度分析人际关系类型

在征求了该小组管理人员的意见后，我们决定将该小组成员个人的人际网络与整个小组的人际网络结合起来进行调查，以分析在小组之内与该小组之外的人际关系状况。管理人员对工地上的工作人员和技术中心里的工作人员的人际网络连通程度尤感兴趣,因此我们在调查中询问了三个有关小组人际网络的问题(即定界分析)。首先,为了了解该地区内部,以及该地区与其他地区之间的信息共享的程度,我们向每一位接受调查的人员询问"谁向你提供完成工作所需要的信息?"第二,我们要求接受调查的人员说明,他们是否了解本小组内每个成员的专业知识与技能,这样,我们可以知道员工们是否充分了解、并且有能力将他们所在地区以外的工作人员的专业技能知识连接成网络;最后,我们要求接受采访人员指出与某人的接触对提高自身的能量水平是否起作用,以便了解在该人际网络内部能量流通的情况和创新的可能性。

### 步骤三:利用目视法分析人际网络图像

网络图表明(见图 A-2),该小组在不同国家的地区之间,信息共享的程度极其有限,在许多情况之下,在两个国家的地区之间,人们仅维持了 4~5 个网络连通,而在某些情况当中,两个国家地区的工作人员之间则根本不存在着联系。情况比较好的方面是,我们确实发现在同一国家地区之内,小组的人际网络连通程度比较高,尤其是成功地减少了低质服务造成经济损失的那个小组所在的国家地区情况更加明显。而进一步的观察表明,在该组织所在国家的地区之内,各个职能组织之间存在着较高水平的人际协作。

## 附录 A

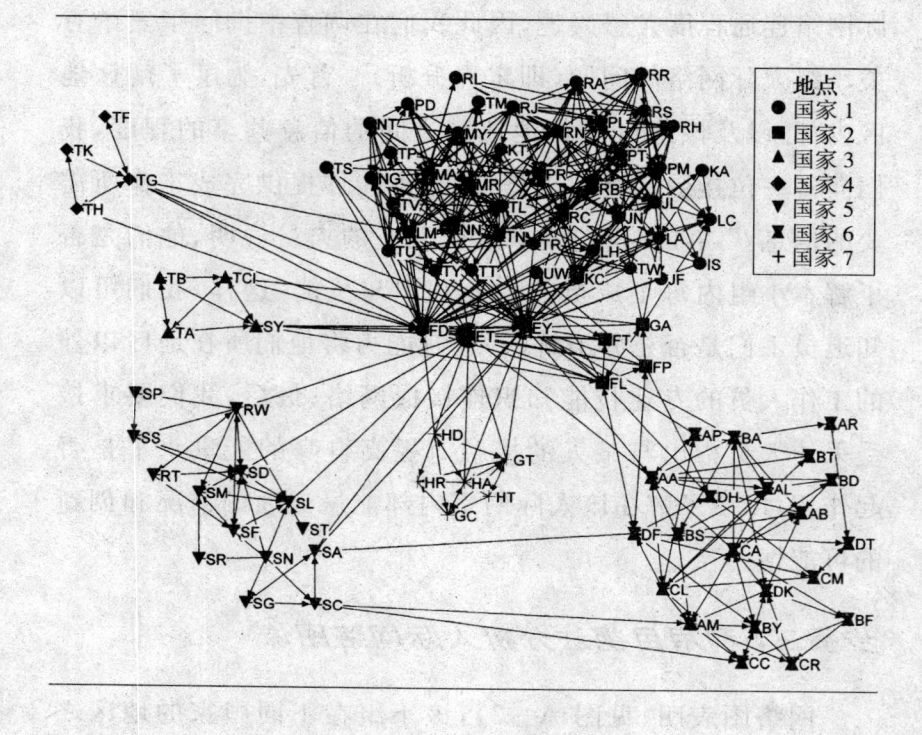

图 A-2　产品与服务小组人员信息流通的人际网络

图 A-2 还清楚地表明，有三名人员在几个国家的地区之间明显地起着网络穿梭的作用。事实上，如果我们把这三名人员（FD、ET 以及 EY）从网络图当中移出去，我们发现，不同国家地区之间人际网络的连通数目只剩下不到 15 个。我们最初的猜测是，网络穿梭人员是国与国地区之间最重要的信息管道，然而，在我们采访了几位关键的成员之后，让我们感到惊讶的是，网络穿梭在这里被称为全球业务顾问，而实际上他们所起的作用更多的是信息瓶颈而不是人际网络的关系纽带。

242

这些角色是在上个世纪 90 年代该公司进行的一次重组当中产生的。那次重组方案是当时作为改进服务质量、明确责任制度方面所采取的措施当中的一部分。最初这些顾问人员对于服务质量改进所产生的影响是积极的,但是随着时间的推移,越来越多的员工前来向他们咨询信息,于是整个人际网络变得过度地依靠这些人,甚至事关细微末节的决策也需要这些全球业务顾问制定。同时,人们总是重复地向他们询问最基本的问题,甚至库存备件的数量,等等。当我们采访三位专家时,他们一致认为,按要求他们所进行的决策当中,80%以上本来是可以由其他人来决定的。

　　对技术知识与技能认知情况的人际网络所进行的仔细分析表明,人们未能实现跨国界的信息共享的主要原因是由于他们彼此之间不了解对方的专业知识与技能。许多我们采访过的人都认为,由于没有明确的可能发现专业知识与技能的渠道,那么只有在"知识出现故障"的情况下,人们才会匆忙去建立随便一种形式的人际协作。认知缺乏,加上在不同国家地区工作的人员之间缺乏信任,使情况变得更加复杂。在这家组织中,想要建立那种对于人际协作来说是前提条件的信任感,人们需要有曾经在一起并肩工作过的经历。

## 步骤四:利用计量方法分析人际网络图像

　　对人际网络的计量分析证实了我们通过图形分析所得出的结论。例如,在表 A-5 当中,在对角线上表示人际网络连通程度的百分数清楚地表明,在每一个国家内部,都存在

## 附录 A

着程度很高的人际协作。相反,不在对角线上的百分数表明,在国家之间,几乎不存在着人际协作。从网络密度与网络紧致度两项计量指标来看,整个小组人际协作的总体水平很低,此外,计量分析证实了 FD、ET 以及 EY 在人际网络当中所起的网络穿梭的作用。

表 A-5 该小组在不同国家内部与之间的人际协作情况

| 从＼至 | 国家1 | 国家2 | 国家3 | 国家4 | 国家5 | 国家6 | 国家7 |
|---|---|---|---|---|---|---|---|
| 国家1 | 53% | 3% | 0 | 19% | 0 | 5% | 16% |
| 国家2 | 3% | 100% | 0 | 0 | 0 | 0 | 6% |
| 国家3 | 0 | 0 | 42% | 0 | 0 | 2% | 2% |
| 国家4 | 25% | 0 | 0 | 75% | 0 | 0 | 9% |
| 国家5 | 0 | 0 | 0 | 0 | 77% | 2% | 4% |
| 国家6 | 6% | 1% | 1% | 0 | 2% | 45% | 1% |
| 国家7 | 11% | 4% | 0 | 2% | 1% | 1% | 38% |

### 步骤五:召开有意义的汇报会

前四个步骤结束之后,我们将此次人际网络调查分析的结果通知公司的一些重要的股东,重要的是,我们将结果同时告知众多参与此次人际网络调查分析活动的人员。为此,我们拿出半天的时间召开了包括大多数网络成员参加的会议。这次会议理所当然地在两个方面取得了令人瞩目的成果。首先,与会者就如何改善人际网络的连通提出了许多积极的建议;其次,这次会议使许多在此之前彼此互不熟悉的人走到了一起。

### 步骤六：对人际网络的改善与效率进行评估

　　此次人际网络分析、调查采访、信息反馈汇报会以及人们对于改善人际协作所达成的共识等一系列成果，使该组织发生了若干变化。首先，该组织制定了一个加强业务情况交流的计划，为处理具体的项目方案提供了明确的程序规范。第二，公司建立了一个内部网站，具备查询有关专家人员情况的导航功能，由知识经纪人这一角色负责网站的运行与维护工作。知识经纪人负责管理个人专业技术知识的档案系统与内容更新工作，同时负责把所出现的问题提交给适合的专家，避免等待专家自己去寻找问题出现在哪里。这项措施较之于以前被动等待的方式大大缩短了解决问题的时间。

　　第三，专业社区人员举行了几次活动，彼此得以相见、相识，这样彼此间建立了信任感，进而能够打破人际关系的壁垒，分享信息与知识。第四项措施是，为彻底解决三名已经成为人际网络瓶颈的人员所起的作用问题，在小组所在的每一个国家的地区内，安排某些成员作为地区的知识管理负责人（knowledge champions），他们的任务是发现当地所在的小组内的业务专家（subject-matter experts），并积极帮助实现在同一国家内工作的组织成员之间的信息共享，同时在不同国家地区工作的组织成员之间，起人际网络连通的信息经纪人的作用。以上这些情况表明，原来集中式的组织模式开始向一个分布式的、更加富于参与精神的组织模式过度，而它所强调的是分权决策机制。

# 附录 B  促进人际网络连通的若干方法

附录 B 介绍了三种促进人际网络连通的方法。第一个方法是一套自测题，帮助受测人员更好地了解自己的人际网络；第二个方法是一系列的训练活动，旨在通过人际关系的营造来改善人际网络的连通；第三个方法是一个诊断程序，用来确定组织背景对于无形的人际网络所产生的影响。

## 方法一：个人人际网络的快速诊断

进行这种诊断（见表 B-1x 系列）可以使你对你个人的人际网络有一个更为准确的了解，这样你可以制定一个相应的行动计划，使它变得更加有效。如果你有兴趣的话，你可以在罗布·克罗斯（本书作者之一——译者注）的个人网

## 附录 B

站上（〈www.robcross.org〉）找到该程序的电子版。作者使诊断过程自动化，可以即时向你提供详细的信息反馈以及人际网络建设等有关方面的建议。

  诊断过程的第一步，指出你经常向谁寻找完成工作所需要的信息；第二步，说明你的这些人际关系的一些特征；第三步，根据前面你自己所提供的信息，诊断在你个人的人际网络当中是否存在着变形。例如，当你完成一项工作需要信息的时候，你是仅仅去寻问那些在你工作地点周围的或者是在本部门以内的人，还是出现在整个组织范围以内的人？通过发现个人人际网络当中存在的变形，你可以制定出一份行动计划，调整你的个人人际网络当中那些投入过度和投入力量不足部位之间的关系；第四步，把你完成某项工作所需要的专业技术知识类别列出表来；第五步，把前面列表中的项目同你的人际网络进行连接；第六步，即最后一步，根据第五个步骤当中的信息，分析你的专业技术知识人际网络当中是否存在着分断，还是你仅仅依靠人际网络当中的一两个人。

表 B-1a　个人人际网络的快速诊断：步骤一

**步骤一**：指出你完成工作所依靠的人，例如在咨询信息或解决问题方面。注意，这些人可以是来自任何一个行业的人。

| 姓名 |
|---|
|  |
|  |
|  |
|  |
|  |
|  |
|  |
|  |
|  |
|  |
|  |
|  |
|  |
|  |
|  |
|  |
|  |
|  |
|  |
|  |

## 附录 B

**表 B-1b　个人人际网络的快速诊断：步骤二**

**步骤二**：根据表中分类，填写各种人际关系的数量。

| | 小组 | | | 关系时区 | |
|---|---|---|---|---|---|
| 1＝在同一个小组 | | | 1＝短于 1 年 | | |
| 2＝不在同一个小组，在同一个业务单位 | | | 2＝1～3 年 | | |
| 3＝不在同一个业务单位，在同一个部门 | | | 3＝3～5 年 | | |
| 4＝不在同一个部门，在同一个组织内 | | | 4＝5～10 年 | | |
| 5＝不在同一个组织内 | | | 5＝10 年以上 | | |
| | 物理空间接近程度 | | | 层次结构 | |
| 1＝在一起 | | | 1＝高于你的级别 | | |
| 2＝同一楼层 | | | 2＝等于 | | |
| 3＝不同楼层 | | | 3＝低于 | | |
| 4＝不同楼宇 | | | 4＝不可比 | | |
| 5＝不同城市 | | | | 接触方式 | |
| 6＝不同国家 | | | 1＝随机性直接接触 | | |
| | 人际接触 | | | 2＝按约定直接接触 | | |
| 1＝从不 | | | 3＝电话 | | |
| 2＝很少 | | | 4＝E-mail | | |
| 3＝有时 | | | 5＝即时通 | | |
| 4＝时常 | | | | 性别 | |
| 5＝经常 | | | 1＝同性 | | |
| | 关系投入 | | | 2＝异性 | | |
| 1＝1 小时以内/月 | | | | 年龄 | |
| 2＝2～3 小时/月 | | | 1＝比你小 6 岁或更多 | | |
| 3＝1 小时/星期 | | | 2＝与你相差在 5 岁及以内 | | |
| 4＝2～3 小时/星期 | | | 3＝比你大 6 岁以上 | | |
| 5＝1 小时（或以上）/天 | | | | 种族 | |
| | | | 1＝相同民族 | | |
| | | | 2＝不同民族 | | |

**表 B-1c　个人人际网络的快速诊断：步骤三**

**步骤三**：考察个人人际网络的构成。找出影响你开展本职工作的人际网络变形因素。例如，宁肯失去得到更多相关信息的机会，而只愿意接触易打交道的人的心理倾向。注意这种倾向对于你工作方式的影响，以及应当采取的纠正措施。

| 人际网络变形 | 影响/矫正方案 |
| --- | --- |
|  |  |
|  |  |
|  |  |
|  |  |

**表 B-1d　个人人际网络的快速诊断：步骤四**

**步骤四**：指出完成本职工作所必需的 8 种（以内）专业技能或知识。技术方面如编程技巧；行政方面如办公用数据库、专用软件；管理方面如项目管理、领导艺术，等等。

| 完成工作所需专业技术知识及技能 |
| --- |
| 1. |
| 2. |
| 3. |
| 4. |
| 5. |
| 6. |
| 7. |
| 8. |

## 附录 B

表 B-1e　个人人际网络的快速诊断：步骤五

**步骤五**：将前项有关步骤当中所举人际网络成员转录至下表中第一列，所举专业技术知识技能转录至第一行（本表中行数可视情况自行增加）；在表中指出你向谁咨询哪些专业技术知识（各列）。汇总各行（列）合计数。

| 专业技术知识<br>姓名 | 专1 | 专2 | 专3 | 专4 | 专5 | 专6 | 专7 | 专8 | 合计 |
|---|---|---|---|---|---|---|---|---|---|
| 1. | | | | | | | | | |
| 2. | | | | | | | | | |
| 3. | | | | | | | | | |
| 4. | | | | | | | | | |
| 5. | | | | | | | | | |
| 6. | | | | | | | | | |
| 7. | | | | | | | | | |
| 8. | | | | | | | | | |
| 9. | | | | | | | | | |
| 10. | | | | | | | | | |
| 合计 | | | | | | | | | |

表 B-1f　个人人际网络的快速诊断：步骤六

**步骤六**：根据上表中专业技术知识人际网络当中各网络成员的得分情况，分析你对哪些成员过分依赖、与哪些成员之间切换传递不足（包括你所咨询的人员与你所要求的知识不相匹配的情况）；接下来查看每项专业技术知识的得分情况，分析是否你有某些专业技术知识尚需与其他成员进行切换传递而缺乏相应的人际网络成员；在下表中分析出现过分依赖他人或专业技术知识人际网络的分断对你的工作方式所产生的影响，并找出解决这些问题的方案。

| 人际网络分断/过分依赖 | 影响/解决方案 |
| --- | --- |
|  |  |
|  |  |
|  |  |
|  |  |

## 方法二：营造人际关系

以下营造人际关系的训练，目的是培养促进人际网络连通的技能。训练分为三个方面，分别旨在帮助人们建立、发展、改善与维护人际关系。

每个训练由两项活动组成，每项活动包括内容介绍、所需工具、活动方式以及从活动当中能够获得的效果等项内容。

**启动人际关系方面**

**"十年规划"**(Decades)

进行这项活动对新成立及现在的小组成员了解他人的专业技术知识与背景很起作用。训练结束后，小组成员应对

## 附录 B

其他成员的职业经历和个人背景有所了解。

■ **所需材料**
- ✓ 硬纸板
- ✓ 马克笔
- ✓ 图板

■ **过程**

1. 将硬纸板挂在墙壁上，上面开出一栏，以 10 年为一个周期单位，栏中注：60 年代、70 年代，等等。也可以是任何其他有意义的时间单位；对应此栏，另开设一栏填写将来的内容。

2. 要求参加训练的人根据亲身经历，在每个 10 年段中填写其职业或个人生涯中的一件事件；在另外一栏中，填写在下一个 10 年当中个人希望实现的一些目标，目标须围绕建立个人生活和职业生涯所需要的人际关系方面，所以要注意提醒成员兼顾人际关系当中的这两个方面。

3. 让参加训练人员在 20 分钟内填写上述内容。

4. 每个人做完之后，重新召集小组成员，要求每名成员讲述表中所列事件的故事。每人发言时间控制在 3～7 分钟。

5. 所有人发言结束后，对讲述的内容围绕以下几方面小组进行集体讨论，并在图板上记录下其中的要点：
   ➢ 我们彼此学到了什么？

促进人际网络连通的若干方法

> 我们拥有哪些共同之处？
> 让我感到最惊奇的是……

■ 获益

"十年规划"训练帮助人们从个人和职业的两方面发展人际关系。一方面，参与者之间可以相互了解对方的专业技术知识，从人们透露出来的职业经验当中，参与者可以学习他人解决问题的技巧，并且加入到他们的人际网络中。另一方面，通过相互了解，人们在一起相处时有安全感。提供这样的训练机会，使人们彼此了解生活经历，包括在职业和个人两方面，有助于人们未来在解决问题时相互联系。

■ 耗时

视组织规模灵活而定，最短时间为20分钟。

"神秘小组"(Mystery Group)

该训练旨在鼓励大型会议、集会或者其他社交场合里的人际接触，帮助陌生人在一个由其他熟人组成的人际网络当中打开局面。

■ 所需材料或要求

√ 前期调查
√ 彩色名片

## 附录 B

■ 过程

1. 在进行这项训练活动之前,主持人员需对参与人员的过去或现在的专业兴趣有所了解。参与人员须提供允许他人了解的有关个人职业背景的信息。
2. 主持人员将兴趣相投或经验相近、但来自不同背景的成员分成小组,例如,同对一项技术有兴趣、但分属组织中不同部门的人员可以组成一个小组。
3. 主持人分别为同一小组成员制成一种颜色的名片,名片上只出现姓名一条信息。
4. 训练活动正式开始。主持人分发名片,要求参与者找出属于同一个"神秘小组"的所有成员。每个同一"神秘小组"的成员,具有相同的兴趣与职业经验,持有相同颜色的名片。
5. 该项活动还可以利用社交场合进行。例如,安排参加训练的人员围坐同桌聚餐,分桌入座的原则是依据相同的兴趣或工作经历。席间,要求每人讲出分在一组围坐一桌聚餐的原因。

■ 获益

"神秘小组"活动鼓励人们营造人际关系,目的是发现参与者的职业兴趣与经验。由于这种活动是在工作范围以外进行的,发生误解的风险不大,人们在交谈的过程中感到放松。

促进人际网络连通的若干方法

■ 耗时

视组织规模而定。

## 发展人际关系方面

### "棒球卡"(Baseball Cards)

这项活动可以在新成立的或现有的小组中进行。为小组中每个成员建立一张类似于棒球卡的卡片，作为员工个人的专业技术档案卡，通过它帮助人们了解其他人拥有的技能。一旦组织成员建立了一套个人的技能名片，这些资料卡片便可以复制与流通，在将来有参考价值。

■ 所需材料

√ 技能名片模板，每人一张（见表 B-2）
√ 笔，每人一枝
√ 一次成像或数码相机（在有条件的情况下）
√ 打印机（使用数码相机时用）
√ 复印机（使用相机时用）
√ 剪刀（使用相机时用）
√ 胶带（使用相机时用）

■ 过程

1. 把技能名片模板和笔发给每人，要求参加训练人员填写模板，限时 15 分钟。

## 附录 B

2. 填写完毕，每人上前拍照，要求每人在拍照时尽量体现自我。告诉参与者照片将贴在技能名片上。如果有人表示不愿拍照，可以讲明照片只用于每人的技能名片上。
3. 每人绕场一周，分别向他人介绍技能名片模板上所填写的内容，时间限制在20分钟以内。
4. 利用小组成员进行自我介绍的时间打印数码照片（可以使用一般纸张，如使用相纸则照片质量较好）。
5. 照片打印结束后，将小组成员重新召集到一起。发给每人照片、胶带和剪刀，要求每人将照片用胶带粘贴在技能名片模板上。
6. 要求小组成员将各自的技能名片交回。利用休息时间，将技能名片复印，使每个小组成员手中持有一套小组中所有其他成员的技能名片。将技能名片发给所有参加训练的成员，要求小组成员尽量保存技能名片，方便今后聚会，还可作为他人技术档案的参考资料。

### ■ 获益

开展传递技能名片活动的目的是了解其他人的知识与经验，但是参加活动的人还可以通过发现在个人背景、所受教育、家庭状况等方面存在着的共同点，来发展人际关系。成员手中的技能名片还可以成为有关个人技能与性格方面的档案资料，方便快捷，具有持久性，为今后发展人际关系带来方便。

## 促进人际网络连通的若干方法

■ **耗时**

视组织规模而定。

表 B-2  技能名片模板

| 照　片　　　　　　　　　　　　　　　 | 出生日期（月/日）_____ |
|---|---|
| | 出生地 _____ |
| | 居住地 _____ |
| | E-mail _____ |
| | 电话 _____ |
| | 教育程度 _____ |
| | _____ |
| | _____ |
| | 职业经历 _____ |
| 姓名 _____ | _____ |
| 小组 _____ | _____ |
| 职务 _____ | 个人业绩 _____ |
| （正面） | （背面） |

### "捉迷藏"(Scavenger Hunt)

这项活动可在新建或现有小组当中进行，目的是在一个低风险的环境中帮助小组成员彼此相识。

■ **所需材料**

✓ 个人技术资料卡，人手一份

## 附录 B

- ✓ 藏谜卡（Scavenger Hunt List），人手一份
- ✓ 笔，人手一枝
- ✓ 图板和记号笔

■ 过程

1. 为每一名参加训练的人员制作一张个人技术资料卡，训练活动正式开始一周之前送至个人手中填写。主持训练的人需要根据每人填写的内容，制作一张藏谜卡，以下是一些可在个人技术资料卡上填写的内容：
   - 介绍你曾参与过的重大项目，说明你从中获得的技能或经验。
   - 介绍你擅长的工作经验，或者缺乏的工作经验。
   - 你的爱好是什么？
   - 因工作外出或旅游的关系，你到过哪些最富异国情调的地方？

2. 训练正式开始之前，主持人应留有充分的时间对个人技术资料卡当中的内容进行整理，然后制作一张藏谜卡，把每个参加训练人员的特点匿名列于其中。下面是一个例子：

   | 找出一位拥有个人网站的人员。 | X |
   | 找出一位喜欢乘坐飞机的人员。 | X |
   | 找出一位参与过 XXX 项目的人员。 | X |
   | 找出一位一遇到 CEO 就犯憷的人员。 | X |

3. 训练活动正式开始的时候，主持人首先对每位填写个

促进人际网络连通的若干方法

人技术资料卡的人员表示感谢。发给参加训练人员笔以及藏谜卡。针对藏谜卡上面列举的每一条特征，要求每人分别指出小组当中与之相符人员的姓名，并须征得本人认同的签字。

4. 准备30分钟进行"捉迷藏"活动。一旦有人征得所有人认同的签字，将小组成员重新召集到一起，检查藏谜卡，要求小组成员讲述从他人那里了解到的情况。在图板上记录令人感兴趣的事情。

■ 获益

　　该项训练活动的基本目的是使参加训练的人员彼此学习对方的专业技术知识、了解个人背景情况。这项活动对权衡他人的强项与弱点很有帮助，而了解他人知识方面的强弱是发展有效的知识共享人际关系的关键过程之一。同时，参加活动的人可以在友善和有趣的背景下结识新友。这项活动对建立人际交往具有促进作用。

■ 耗时

　　25～45分钟，或更长。

## 改善与维护人际关系方面

"待机而动"(Reconsidering Expectations)

　　此项训练培养参与者阐明或把握整个小组对会议或项

261

## 附录 B

目的心理期待(expectations)的能力。让参与者学习在参加会议及其在今后的活动中,为满足这种心理期待,如何开展高质量的人际交流活动。提供高质量的交流,而不是频繁的交流,对维持长期高效的学习型人际关系而言,非常重要。

■ 所需材料
- ✓ 图板
- ✓ 记号笔

■ 过程

1. 训练会开始,要求参加活动的人员思考自己对此次训练会(或项目)的心理期待是什么。参加训练的人员分成3~4个分组,每组3~4人。

2. 要求参加训练的各分组人员对会议效果的心理期待达成一致。分组人员需要将答案记录在图板上,并为接下来的活动指定一位发言代表。提醒分组成员注意,他们期待的目标应当是现实的。

3. 将各分组成员重新召集到一起。发言代表通报各分组成员对此次训练会的心理期待,接下来全体与会成员讨论参加此次训练会得到的收获。最后,再次要求小组成员思考如何才能形成高质量的人际交流。

4. 小组成员应当保留有关心理期待的讨论结果,为今后的会议留作备用。让小组成员在会议中目标瞄准满足人们的心理期待很重要,这样做有助于使参会人员对所召开的会议感到满意。

### ■ 获益

　　这项训练活动的作用之一是使人们感到参加会议使自己的心理期待得到了满足。对于使人们了解他人认为哪些方面在高质量的人际交往过程当中是重要的因素来说，这项训练非常有价值。

### ■ 耗时

　　至少 20 分钟。

#### "注意影响"(Your Effect on Others)

　　这项活动帮助参与者在向他人寻求解决方案的交往过程中，如何提高交流质量。训练提供了有步骤的思考方法，使参训人员重视自身行为对他人的影响，帮助他们对当前已存的学习关系，找到更富有成效的交往方式。

### ■ 所需材料

√ 笔，人手一枝
√ 成员/小组问题模板（见表 B-3）

### ■ 过程

1. 发给每位参训人员笔和模板。
2. 要求参与人员举出针对某个问题他们可能要求他人提供帮助的所有人员名单，并回答以下问题：
   - 此人是否是提供我所需要信息的最佳人选？
   - 我的问题将对他或她的工作负荷产生哪些影响？

## 附录 B

- 我应当怎样做,使这样的人际交往对此人也有益处?
- 我的问题对此人将会产生积极的、还是消极的影响?如何减少消极的影响?

3. 提醒小组成员把最后一个问题记在模板上,并尽可能考虑与此人交往更有成效的方法。
4. 提醒参训人员,把他们对问题的答案作为将来向他人寻求帮助时应注意考虑的问题。

■ 获益

　　此项训练的一个基本作用是,帮助参训人员系统地思考,在与被视为是关系极为重要的人员进行人际交往时,采取哪种方式是最有成效的方式。我们的研究表明,某些用来向他人学习的人际关系受到人们的极端重视,人们必须依靠高质量的人际交流方式,才能够延续这种类型的人际关系。

■ 耗时

　　10分钟。

## 表 B–3　成员/小组问题模板

**个人(姓名)/小组(名称)** _____

积极影响 _____
_____

中性 _____
_____

消极影响 _____
_____

减少消极影响的方法 _____
_____

**个人(姓名)/小组(名称)** _____

积极影响 _____
_____

中性 _____
_____

消极影响 _____
_____

减少消极影响的方法 _____
_____

# 附录 B

## 方法三：组织背景诊断

以下是一个组织背景诊断程序（见表 B-4），可以同人际网络调查结合起来同时进行。它可以帮助分析人员了解组织背景的诸多方面是怎样影响整个网络当中的人际协作的。组织背景诊断常常可以提供有说服力的观点，因为处在人际网络中的不同部位，人们会有不同的要求和不同的看法。

**表 B-4　组织背景诊断**

根据表中两个方面回答诊断问题。把代表意见的数字填在横线上面。

| 管理实务促进人际协作的效率（评价意见） | 管理实务改善人际协作的作用（评价意见） |
| --- | --- |
| 1＝无效 | 1＝坚决不同意 |
| 2＝低效 | 2＝不同意 |
| 3＝不表态 | 3＝不表态 |
| 4＝有效 | 4＝赞同 |
| 5＝高效 | 5＝坚决支持 |
| 6＝上述管理不存在 | 6＝上述管理不存在 |

**组织结构**

|  | 效率 | 作用 |
| --- | --- | --- |
| 1. 倡导人际网络成员跨部门访问信息获得专业技术知识，不拘泥于组织结构或行政隶属关系。 | ＿＿＿ | ＿＿＿ |
| 2. 有明确的计划与目标，可以解决职能或部门间的关系整合问题。 | ＿＿＿ | ＿＿＿ |

3. 有计划地寻找对分布不均的专业技术知识进行整合的解决方案,使组织结构与竞争者差别化,向客户提供增值服务。
4. 财务计划提供预算资金或支持整合不同专业技术知识、不同职能部门人员的改组活动。
5. 有明确的过程安排或程序,或组织当中默认的文化规范认可组织成员无需经过行政环节而直接与层次结构的各个级别接触。
6. 人际网络成员明了自己的决策权限以及哪些问题属于需要协商的范围,并且知道应当与谁去协商。
7. 决策权限在组织中分配合理,不会因行政程序而严重延误工作进程。
8. 信息在组织中流向合理,组织成员无需向更高层次结构寻找完成工作所需信息。
9. 该组织中的领导、委员会当中有影响力的职位均衡分布于垂直与水平结构当中,有助于跨边界、层次的整合。
10. 该组织中有起连接物理空间或职能边界的特定角色,例如,知识管理人员、人事变更协调员(modified staffing coordinators)。
11. 该组织当中有为小组内部或之间的职能部门或业务单位进行人际交流负责建立关系的、正式的或非正式的联络人员。
12. 岗位轮换制度通过在职能界限或物理空间分隔的位置上建立起人际关系来整合职能边界。
13. 提倡专业社区,以此帮助整合跨物理空间、职能、层次结构边界的人际网络。
14. 组织活动,例如,开展协会工作、救助措施、用人制度、文体活动等等,有助于人际网络成员整合。

## 附录 B

**作业管理**

|  | 效率 | 作用 |
|---|---|---|

1. 开展项目的用人原则是根据相关专业技术知识，而不仅仅选择领导了解、喜欢的人。 _____ _____
2. 提倡所有项目人员向具有相关专业技术知识的人员寻访信息，不论其是本组或是其他小组成员。 _____ _____
3. 组织成员有充足的工作时间向其他人寻取完成工作所要信息、向他人提供信息或帮助。 _____ _____
4. 组织成员愿意把任务交到专业技术知识对口的人手中。 _____ _____
5. 组织中有为提供产品或服务进行多种职能整合的人员。 _____ _____
6. 办公场所的物理空间布局利于主动型的随机人际接触。 _____ _____
7. 综合使用同步与非同步技术手段，支持虚拟人际交流。 _____ _____
8. 有组织成员的技术档案系统，人们可以把需要的专业技术知识连接成人际网络。 _____ _____
9. 组织成员利用同步技术手段作为面对面人际接触方式的补充交流手段。 _____ _____
10. 组织成员使用非同步技术手段向他人查询及存贮信息。 _____ _____
11. 使用即时通，有利于主动型随机接触。 _____ _____

**人力资源管理**

|  | 效率 | 作用 |
|---|---|---|

1. 招聘员工选择有协作表现的人员。 _____ _____
2. 招聘员工选择知识广博的人员，从而有效整合各种专业技术。 _____ _____

3. 工作见习制度帮助新来人员建立人员认知，了解组织中"谁做什么。"　　　　　_____ _____
4. 工作见习制度帮助组织成员认知新来人员的专业技术知识。　　　　　_____ _____
5. 工作见习在小组之间进行，以便新来人员在进入组织之初即可建立自己的人际网络。　　　　　_____ _____
6. 工作见习结束时举行活动支持新来组织成员，例如安排接下来的培训工作，业余的社交活动等。　　　　　_____ _____
7. 一般情况下培训在组织内部进行，不负责提供组织成员参加社会举办的各种专业培训的费用。　　　　　_____ _____
8. 职业发展计划有利于小组成员发展个人的人际网络。　　　　　_____ _____
9. 人际协作的行为表现是业绩考核当中一项具体的指标。　　　　　_____ _____
10. 业绩考核由见证人提供信息反馈（至少包括同人际协作有关的行为）。　　　　　_____ _____
11. 晋升或分红奖励一般根据人际协作的行为表现。　　　　　_____ _____
12. 该组织对协作行为有"现场奖励"机制。　　　　　_____ _____
13. 小组成员自觉把协作行为视为工作的组成部分。　　　　　_____ _____

## 领导艺术与文化

　　　　　　　　　　　　　　　　　　　效率　作用
1. 领导成员视工作为人际协作行为。　　　　　_____ _____
2. 领导成员鼓励寻求解决方案的人际协作。　　　　　_____ _____
3. 领导成员关注网络边缘人物参与组织活动。　　　　　_____ _____
4. 领导成员帮助员工建立个人人际网络。　　　　　_____ _____
5. 领导成员允许他人介入他们个人的人际网络。　　　　　_____ _____
6. 领导成员采取引导介绍而非生硬的方法，帮助成员与具有相关专业技术知识的成员接触。　　　　　_____ _____

## 附录 B

7. 领导成员对人际网络中造成关系紧张的要害所在反应敏锐。　　_____　_____
8. 领导成员热衷并擅长人际交往。　　_____　_____
9. 该小组中存在经常性的、可以提供面对面人际交往的论坛,人际网络因此得以发展。　　_____　_____
10. 使该小组成员保持面对面接触的论坛方式使组织成员既发展了人际关系,又学到了对方的专业技术知识。　　_____　_____
11. 见面论坛具有包容性,而不是少数精英独占的领域。　　_____　_____
12. 组织成员致力于组织的整体目标,维护使整个人际网络得到整合的价值观。　　_____　_____
13. 该组织重视拓展组织活动的目标范围,鼓励跨组织边界寻找盟友、资源以及解决方案。　　_____　_____
14. 各种默认的组织规范无碍组织成员跨组织结构边界开展工作、不引诱人们向上级隐瞒坏消息或拒绝承认过失。　　_____　_____
15. 该组织的总体氛围是一个安全的组织背景,组织成员敢于坦承缺乏知识。　　_____　_____
16. 该组织为成员提供充分的机会,发展彼此间的信任关系。　　_____　_____
17. 小组成员乐于采用便条传递信息,避免手头工作结束以后才得到有关的信息。　　_____　_____

诊断程序包括 4 个部分:组织结构、作业管理、人力资源管理、领导艺术与文化。在每个部分当中,包含一系列涉及组织管理实务的问题,人们需要根据现行管理在组织中对人际协作是否产生了积极的影响,以及人们认为它在改善人际协作方面所起作用的大小两个方面,对之进行评价。

很少有一个组织按照这里所提出的全部问题进行诊断,管理人员可以选择有针对性的诊断问题。如果能够利用这里的诊断问题确定在组织当中哪些方面制约着无形的人际网络效率,这些诊断问题就可以成为制定组织变革行动方案的一个基础。

组织背景诊断既可以放在开展人际网络分析所进行的调查当中进行,也可以将其放在整个人际网络分析结束时召开的汇报会当中。如果诊断放在人际网络分析调查当中一道进行,可以对诊断的结果按照图 B-1 的方式进行总体的计量分析,制出条形图来。这里我们所看到的是根据对组织结构进行诊断后绘制的结果条形分析图。从中可以看出,财务预算支持(问题 4)效率最低,而计划方案支持(问题 2)效率最高;信息寻访(问题 1)与预算支持(问题 4)的作用最大。值得注意的是,这种情况与在这两方面当前的管理效率形成了对比。针对这种具体情况,显然两种最有效的措施是鼓励人们进行跨职能边界的信息交流,重新安排财务预算分配方案,以便资金的使用方法有利于促进人际协作。

此外,通过调查会议或采访可以反映出来哪些是对于一个小组起重要影响作用的组织背景因素,人际网络分析人员可以选择这些因素加以分析。这样做可以使分析人员引导人们注意汇报会以及问题讨论当中的重要方面。分析人员可以把这些方面制成像图 B-2 那样的蜘蛛形状的分析图,便于大家对问题有更准确的了解。图 B-2 是我们根

# 附录 B

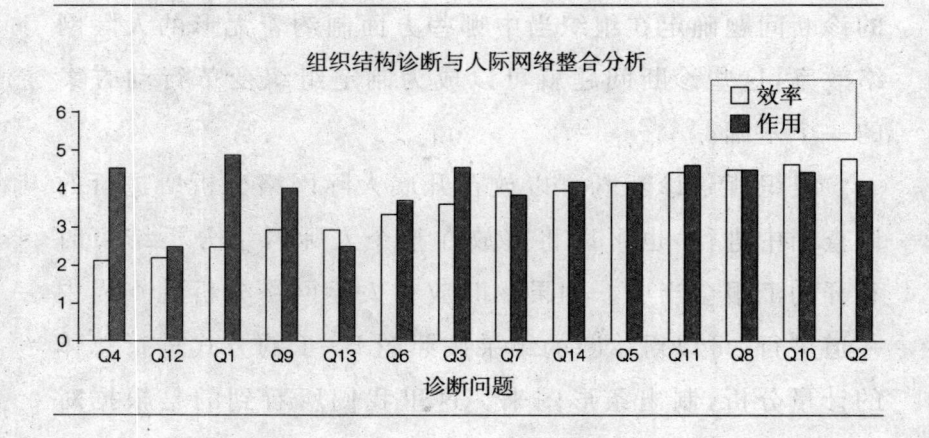

图 B-1 组织结构与人际协作改善

**组织结构诊断与人际网络整合分析**

□ 效率
■ 作用

诊断问题：Q4 Q12 Q1 Q9 Q13 Q6 Q3 Q7 Q14 Q5 Q11 Q8 Q10 Q2

据采访当中人们反映对该小组有重要影响的组织背景因素制作而成的，我们把这些因素一共分成了 16 个方面。

如果把这里的诊断程序放在整个人际网络分析活动结束时召开的汇报会当中进行，那么我们建议这个会议的前半部分还是来集中讨论人际网络分析所产生的结果，而在会议的下半个部分，参加会议的人员最好分成 4 个分组，由每个分组分别讨论 4 个部分的诊断问题，每个分组应当把它们讨论的结果记录在图板上，然后把建议简要地介绍给全体成员。主持人际网络分析的调查人员可以通过投票方式，或者其他的方法，来决定在整个小组内改善人际协作的行动方案。

图 B-2　用调查统计方法分析影响人际协作的组织背景因素

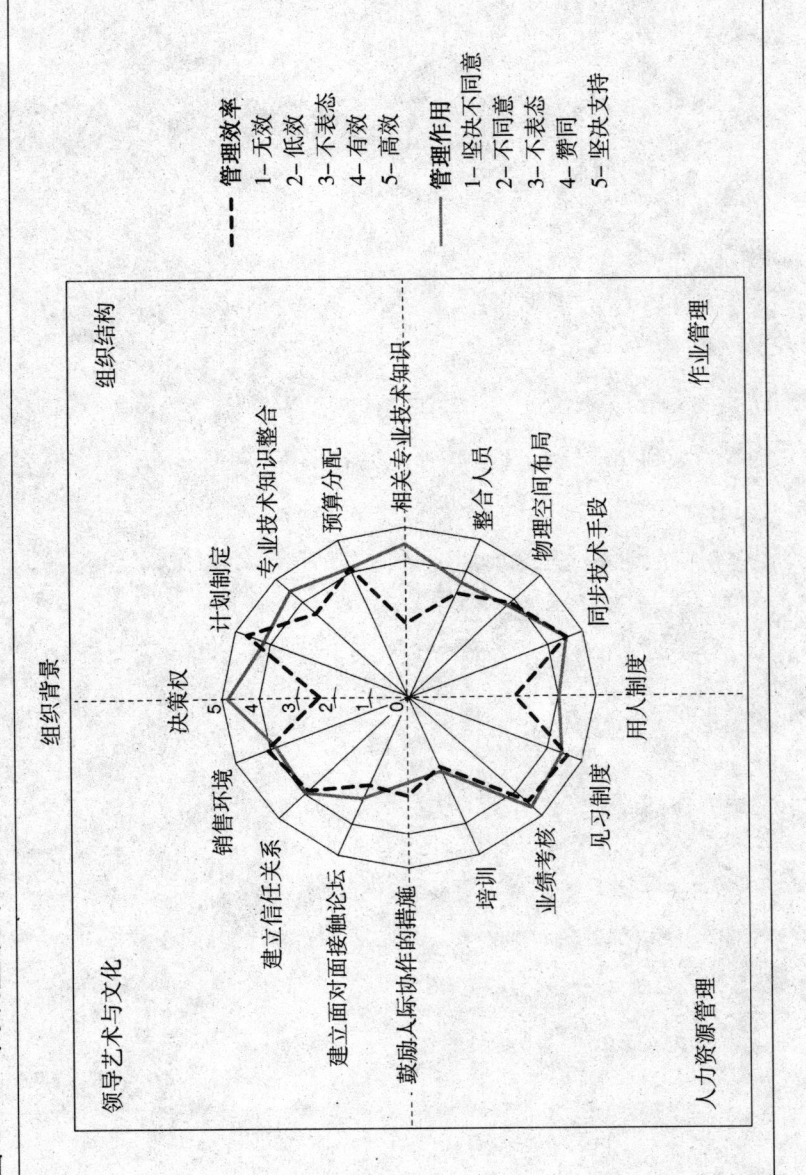

管理效率
1- 无效
2- 低效
3- 不表态
4- 有效
5- 高效

管理作用
1- 坚决不同意
2- 不同意
3- 不表态
4- 赞同
5- 坚决支持

组织结构
- 专业技术知识整合
- 预算分配
- 相关专业技术知识
- 整合人员
- 物理空间布局
- 同步技术手段

作业管理
- 用人制度
- 见习制度
- 业绩考核
- 培训

人力资源管理
- 鼓励人际协作的措施
- 建立面对面接触论坛
- 建立信任关系
- 销售环境

领导艺术与文化

组织背景
- 决策权
- 计划制定

# 注　释

## 前言

1. W. Tsai and S. Ghoshal, "Social Capital and Value Creation: The Role of Intrafirm Networks," *Academy of Management Journal* 41, no. 4 (1998): 464–476; M. Hansen, "The Search-Transfer Problem: The Role of Weak Ties in Sharing Knowledge Across Organization Subunits," *Administrative Science Quarterly* 44 (1999): 82–111; P. Monge and N. Contractor, "Emergence of Communication Networks," in *Handbook of Organizational Communication*, 2d ed., eds. F. Jablin and L. Putnam (Thousand Oaks, CA: Sage, 2000); R. Cross, S. Borgatti, and A. Parker, "Making Invisible Work Visible: Using Social Network Analysis to Support Strategic Collaboration," *California Management Review* 44, no. 2 (2002): 25–46; R. Cross and L. Prusak, "The People Who Make Organizations Go—or Stop," *Harvard Business Review* 80, no. 6 (2002): 1–22; T. Allen, *Managing the Flow of Technology* (Cambridge, MA: MIT Press, 1977); R. Leenders and S. Gabbay, *Corporate Social Capital and Liability* (New York: Kluwer, 1999); S. Gabbay and R. Leenders, *Social Capital in Organizations* (Stamford, CT: JAI Press, 2001); N. Lin, K. S. Cook, and R. S. Burt, *Social Capital: Theory and Research* (New York: Aldine de Gruyter, 2001); and P. Monge and N. Contractor, *Theories of Communication Networks* (New York: Oxford University Press, 2003).

# 注释

2. B. Uzzi, "The Sources and Consequences of Embeddedness for the Economic Performance of Organizations: The Network Effect," *American Sociological Review* 61, (1996): 674–698; B. Uzzi, "Social Structure and Competition in Interfirm Networks: The Paradox of Embeddedness," *Administrative Science Quarterly* 42 (1997): 35–67; R. Gulati, "Social Structure and Alliance Formation Patterns: A Longitudinal Analysis," *Administrative Science Quarterly* 40 (1995): 619–652; and R. Gulati, "Where Do Interorganizational Networks Come From?" *American Journal of Sociology* 104, no. 5 (1999): 1439–1493.

3. 理论界和企业界曾一度探讨通过有关的组织机制向人际网络的组织形式过渡的可能性。这些机制包括合资、合作、企业联盟以及R&D团会(consortia)等组织形态。我们从一些研究著作当中可以看到有关这些方面的情况,例如,R. Miles and C. Snow, "Network Organizations: New Concepts for New Forms", *California Management Review* 28 (1986): 62–73; R. Miles and C. Snow, *Fit, Failure and the Hall of Fame* (New York: Free Press, 1994); R. Miles and C. Snow, "The New Network Firm: A Spherical Structure Built on a Human Investment Policy", *Organizational Dynamics* 23, no. 4 (1995): 5–18; C. Handy, *The Age of Paradox* (Boston: Harvard Business School Press, 1994); C. Heckscher, "Defining the Post-bureaucratic Type" in *The Post-bureaucratic Organization: New Perspectives on Organizational Change*, eds. C. Heckscher and A. Donnellon (Thousand Oaks, CA: Sage, 1994); and J. Galbraith, *Designing Organizations: An Executive Briefing on Strategy, Structure, and Process* (San Francisco: Jossey-Bass, 1995)。但是这些研究工作当中几乎没有涉及组织内部员工的人际网络。

4. J. Moreno, *Who Shall Survive*? (Washington, DC: Nervous and Mental Disease Publishing Company, 1934).

## 注释

5. *New York Times*, 3 April 1933: L17.

6. P. Blau, *Exchange and Power in Social Life* (New York: Wiley, 1964); R. M. Emerson, "Power-Dependence Relations," *American Sociological Review* 27 (1962): 31 - 41; K. S. Cook and R. M. Emerson, "Power, Equity and Commitment in Exchange Networks,"*American Sociological Review* 43, no. 5 (1978): 721 - 739; K. S. Cook, R. M. Emerson, M. R. Gillmore, and T. Yamagishi, "The Distribution of Power in Exchange Networks: Theory and Experimental Results," *American Journal of Sociology* 89, no. 2 (1983): 275 - 305; T. Yamagishi, M. R. Gillmore, and K. S. Cook, "Network Connections and the Distribution of Power in Exchange Networks,"*American Journal of Sociology* 93, no. 4 (1988): 833 - 851; D. Krackhardt, "Assessing the Political Landscape: Structure, Cognition, and Power in Organizations," *Administrative Science Quarterly* 35 (1990): 342 - 369; and D. Brass and M. Burkhardt, "Potential Power and Power Use: An Investigation of Structure and Behavior," *Academy of Management Journal* 36, no. 3 (1993): 441 - 470.

7. B. Wellman, "The Community Question: The Intimate Networks of East Yorkers,"*American Journal of Sociology* 84, no. 5 (*1979*): 1201 - 1231; B. Wellman, "Different Strokes from Different Folks: Community Ties and Social Support,"*American Journal of Sociology* 96, no. 3 (1990): 558 - 588; and B. Wellman, J. Salaff, D. Dimitrova, L. Garton, M. Gulia, and C. Haythornthwaite, "Computer Networks as Social Networks: Collaborative Work, Telework, and Virtual Community,"*Annual Review of Sociology* 22 (1996): 213 - 238.

8. S. Nadel, *The Theory of Social Structure* (New York: Free Press, 1957); J. Mitchell, "The Concept and Use of Social Net-

# 注释

works," in *Social Networks in Urban Situations*, ed. J. Mitchell (Manchester, UK: Manchester University Press, 1969) 1-50; H. White, *An Anatomy of Kinship* (Englewood Cliffs, NJ: Prentice-Hall, 1963); and J. Boyd, "The Algebra of Group Kinship," *Journal of Mathematical Psychology* 6 (1969): 139-167.

9. E. Rogers, *Diffusion of Innovations*, 4th ed. (New York: Free Press, 1995); and T. Valente, *Network Models of the Diffusion of Innovations* (Cresskill, NJ: Hampton Press, 1995).

10. A. Bavelas, "Communication Patterns in Task-Oriented Groups," *Journal of Acoustical Society of America* 22 (1950): 725-730; and M. Shaw, "Communication Networks," in *Advances in Experimental Social Psychology*, ed. L. Berkowitz (New York: Academic Press, 1964): 111-147.

## 第一章

1. D. Krackhardt, "Cognitive Social Structures," *Social Networks* 9 (1987): 109-134; D. Krackhardt, "Assessing the Political Landscape: Structure, Cognition, and Power in Organizations," *Administrative Science Quarterly* 35 (1990): 342-369; T. Casciaro, "Seeing Things Clearly: Social Structure, Personality and Accuracy in Social Network Perception," *Social Networks* 20 (1998): 331-351; and D. Krackhardt and J. Hanson, "Informal Networks: The Company Behind the Chart," *Harvard Business Review* 71 (1993): 104-111.

2. E. Wenger, *Communities of Practice* (Oxford, UK: Oxford University Press, 1998); E. Wenger and W. Snyder, "Communities of Practice: The Organizational Frontier," *Harvard Business Review* 137(2000):139-145.

3. M. T. Hansen, "The Search-Transfer Problem: The Role of

Weak Ties in Sharing Knowledge Across Organization Subunits," *Administrative Science Quarterly* 44(1999):82 - 111; and M. Hansen, J. Podolny, and J. Pfeffer, "So Many Ties, So Little Time: A Task Contingency Perspective on Corporate Social Capital in Organizations,"in *Research in the Sociology of Organizations*, vol. 18, eds. S. M. Gabbay and R. Leenders (Oxford: Elsevier, 2001).

4. A. Bavelas, "Communication Patterns in Task-Oriented Groups,"*Journal of Accoustical Society of America 22* (1950): 725 -730; and M. Shaw, "Communication Networks,"in *Advances in Experimental Social Psychology*, ed. L. Berkowitz (New York: Academic Press, 1964): 111 - 147.

5. J. Cummings and R. Cross, "Structural Properties of Work Groups and their Consequences for Performance,"*Social Networks* 25(3), (2003): 197 - 210.

6. R. Cross, T. Davenport, and S. Cantrell, "Rising Above the Crowd: How High Performing Knowledge Workers Differentiate Themselves,"Accenture Institute for Strategic Change Working Paper (2003).

7. R. Burt, *Structural Holes* (Cambridge, MA: Harvard University Press, 1992); R. Burt, R. Hogarth, and C. Michaud, "The Social Capital of French and American Managers,"*Organization Science* 11, no. 2 (2000): 123 - 147; and M. Gargiulo and M. Benassi, "Trapped in Your Own Net? Network Cohesion, Structural Holes, and the Adaptation of Social Capital,"*Organization Science* 11, no. 2 (2000): 183 - 196.

8. A. Linden, R. Ball, A. Waldir, and K. Haley, "Gartner's Survey on Managing Information"(Note Number: COM - 15 - 0871. Gartner, Inc., 2002).

9. T. Allen, *Managing the Flow of Technology* (Cambridge,

# 注释

MA: MIT Press, 1977); H. Mintzberg, *The Nature of Managerial Work* (New York: Harper Row, 1973); P. Monge and N. Contractor, "Emergence of Communication Networks," in *Handbook of Organizational Communication*, 2d ed., eds. F. Jablin and L. Putnam (Thousand Oaks, CA: Sage, 2000); E. Rogers, *Diffusion of Innovations*, 4th ed. (New York: Free Press, 1995); J. S. Brown and P. Duguid, "Organizational Learning and Communities-of-Practice: Toward a Unified View of Working, Learning and Innovation," *Organization Science* 2, no. 1 (1991): 40–57; and J. Lave and E. Wenger, *Situated Learning: Legitimate Peripheral Participation* (Cambridge, UK: Cambridge University Press, 1991).

10. R. Cross and L. Baird, "Technology Is Not Enough: Improving Performance by Building Organizational Memory," *Sloan Management Review* 41, no. 3 (2000): 41–54.

11. S. Wasserman and K. Faust, *Social Network Analysis: Methods and Applications* (Cambridge, UK: Cambridge University Press, 1994).

12. S. P. Borgatti, M. G. Everett, and L. C. Freeman, *Ucinet for Windows: Software for Social Network Analysis* (Harvard, MA: Analytic Technologies, 2002).

## 第二章

1. 我们曾经使用各种技术分析方法来推断次组织结构,包括:clique analysis, n-cliques, n-clans, k-plexes,以及 lambda sets。对这些方法的详细介绍,见 S. Wasserman and K. Faust, *Social Network Analysis: Methods and Applications* (Cambridge, UK: Cambridge University Press, 1994)。这些方法还可以在一些有关网络分析方法的软件包中找到,例如 UCINET,详见 S. P. Borgatti, M. G. Everett, and L. C. Freeman, *Ucinet for Windows: Software for Social Net-*

*work Analysis*（Harvard，MA：Analytic Technologies，2002）.

2. McKinsey and Lehman Brothers 两家机构近来做的一项研究表明,开发成功一种新的药物平均需要花费14年的时间和大约8亿美元的资金投入。有关情况可见 R. Leheny,"The Fruits of Genomics: Drug Pipelines Face Indigestion Until the New Biology Ripens"（见 McKinsey Lehman Brothers Report,2001）; R. Edmunds III, P. Ma, and C. Tanio, "Splicing a Cost Squeeze into the Genomics Revolution", *McKinsey Quarterly 2*（2000）:71-82。

## 第三章

1. S. Borgatti and R. Cross, "A Social Network View of Organizational Learning: Relational and Structural Dimensions of 'Know Who,'"*Management Science* 49（2003）:432-445.

2. 同上。

## 第四章

1. 我们的同事史蒂夫·博格蒂（Steve Borgatti）也正在利用人际网络分析方法开展这方面的工作。

2. 这里的绩效评估是统一按照针对个人的人力资源年度考核指标进行的。在这三家组织当中,考核指标是一项综合指标,根据个人全年完成项目情况的综合评议结果以及其他一些指标达标的情况。三家组织在进行年度绩效考核时可能强调人力资源管理当中的不同方面,因此这三家组织的绩效考核指标并非完全可比。但是三家组织的考核指标在考核内容以及所采用的计量方法方面基本具有可比性,这是由于三家组织都是针对个人绩效的综合评议。此外,三家组织的绩效考核指标与被评议人员本人对自己的绩效所做出的评估完全没有关系。

## 第五章

1. M. Granovetter, "The Strength of Weak Ties," *American*

# 注释

*Journal of Sociology* 81 (1973): 1287–1303; M. Granovetter, *Getting a Job: A Study in Contacts and Careers*, 2d ed. (Chicago: University of Chicago Press, 1994); N. Lin, W. Ensel, and J. Vaughn, "Social Resources and Strength of Ties: Structural Factors in Occupational Status Attainment," *American Sociological Review* 46 (1981): 393–405; and N. Lin. "Social Resources and Instrumental Action," in *Social Structure and Network Analysis*, eds. P. Marsden and N. Lin (Beverly Hills, CA: Sage, 1982): 131–145.

2. R. Burt, *Structural Holes* (Cambridge, MA: Harvard University Press, 1992); R. Burt, R. Hogarth, and C. Michaud, "The Social Capital of French and American Managers,"*Organization Science* 11, no. 2 (2000): 123–147; and M. Gargiulo and M. Benassi, "Trapped in Your Own Net? Network Cohesion, Structural Holes, and the Adaptation of Social Capital,"*Organization Science* 11, no. 2 (2000): 183–196.

3. A. Mehra, M. Kilduff, and D. Brass, "The Social Networks of High and Low Self-monitors: Implications for Workplace Performance,"*Administrative Science Quarterly* 46 (2001): 121–146; and R. Burt, J. Jannotta, and J. Mahoney, "Personality Correlates of Structural Holes,"*Social Networks* 20 (1998): 63–87.

4. P. Lazersfeld and R. Merton, "Friendship as a Social Process,"in *Freedom and Control in Modern Society*, ed. M. Berger (New York: Octagon, 1964).

5. 这里我们直接利用了比较成熟的 structural hole measure（网络结构空穴度量）这一计量指标(见 R. Burt 所著 *Structural Holes* 一书)，而没有进行纯粹属于网络结构性质的分析。因为这一类计量指标基本上没有提供有关出现人际网络变形的情况下人们所应当采取的行为方式。同时这里我们没有分析有关交流媒介物对人际网络所产生的影响，尽管理解采取面对面的人际接触方式、使用电话、E-mail

以及IM(即时消息)对产生人际网络变形所起的作用,有时可以帮助经理人了解各种交流媒介物的使用如何约束(或增强)向他人学习的能力。

## 第六章

1. G. Stasser, "Discovery of Hidden Profiles by Decision-Making Groups: Solving a Problem Versus Making a Judgement," *Journal of Personality and Social Psychology* 63, no. 3 (1992): 426 - 434; and G. Stasser, "Expert Roles and Information Exchange During Discussion: The Importance of Knowing Who Knows What," *Journal of Experimental Social Psychology* 31 (1995): 244 - 265.

2. W. Baker, *Achieving Success Through Social Capital: Tapping the Hidden Resources in Your Personal and Business Networks* (San Francisco: Jossey Bass, 2000); and D. Cohen and L. Prusak, *In Good Company* (Cambridge, MA: Harvard Business School Press, 2001).

3. L. Abram, R. Cross, E. Lesser, and D. Levin, "Nurturing Trust in Knowledge Intensive Work," *The Academy of Management Executives* (in press).

4. 同上。

5. J. K. Butler Jr., "Toward Understanding and Measuring Conditions of Trust: Evolution of a Conditions of Trust Inventory," *Journal of Management* 17 (1991): 643 - 663.

6. T. Simmons, "Behavioral Integrity: The Perceived Alignment Between Manager's Words and Deeds as a Research Focus," *Organization Science* 13 (2002): 18 - 35; and E. Whitener, S. Brodt, A. Korsgaard, and J. Werner, "Managers as Initiators of Trust: An Exchange Relationship Framework for Understanding Managerial Trustworthy Behavior," *Academy of Management Re-*

# 注释

*view* 23 (1998): 513-530.

7. 尽管经常性的人际交流本身(即有强连接关系,a strong tie)可以看成是一种建立信任关系的有效方法,但是它同时也可能在一段时间内削弱个人的学习,因为你和你有强连接关系的人所知道的事情是相同的。相反,与你有弱连接关系(weak ties)的人可以成为新信息的来源。有关这些方面的情况,见 M. Granovetter, "The Strength of Weak Ties", *American Journal of Sociology* 81 (1973): 1287-1303。此外,延续弱连接关系所需要的人际投入也相对要少,见 M. T. Hansen, "The Search-Transfer Problem: The Role of Weak Ties in Sharing Knowledge Across Organization Subunits", *Administrative Science Quarterly* 44 (1999): 82-111。有趣的是,近来的一项研究发现,几乎所有最有价值的知识都是来自可以信任的弱连接关系——即那些你不太熟悉、但是你确信其是善良和有能力的人。有关这方面的情况,见 D. Levin and R. Cross, "The Strength of Weak Ties You Can Trust", *Management Science* (in press)。与此项发现相一致,其他 9 项建立信任关系的行为方式(见本书第六章"建立相互信任关系的 10 种行为"一节——译者注)同样适用于彼此不太熟悉或不太有经常性交往的人。

8. W. Tsai and S. Ghoshal, "Social Capital and Value Creation: The Role of Intrafirm Networks," *Academy of Management Journal* 41, no. 4 (1998): 464-476; N. S. Argyres, "The Impact of Information Technology on Coordination: Evidence from the B-2 'Stealth' Bomber," *Organization Science* 10 (1999): 162-180; D. Dougherty, "Interpretive Barriers to Successful Product Innovation in Large Firms," *Organization Science* 3 (1992): 179-202; and D. Levin, "Transferring Knowledge Within the Organization in the R&D Arena" (Ph.D. diss., Northwestern University, 1999).

9. D. Katz and R. Kahn, *The Social Psychology of Organizations*, 2d ed. (New York: Wiley, 1978); S. Barley, "Technology as

an Occasion for Structuring: Evidence from Observations of CT Scanners and the Social Order of Radiology Departments," *Administrative Science Quarterly* 31 (1986): 78—108; S. Barley, "The Alignment of Technology and Structure Through Roles and Networks," *Administrative Science Quarterly* 35 (1990): 61—103; and J. Montgomery, Toward a Role-theoretic Conception of Embeddedness, *American Journal of Sociology* 104(1998): 92—125.

10. J. Coleman, "Social Capital in the Creation of Human Capital," *American Journal of Sociology* 94 (1988): S95—S120; and F. Fukuyama, *Trust: The Social Virtues and the Creation of Prosperity* (New York: Free Press, 1995).

11. E. Locke and G. Latham, *A Theory of Goal Setting and Task Performance* (Englewood Cliffs, NJ: Prentice-Hall, 1990); F. Luthans and A. Stajkovic, "Reinforce for Performance: The Need to Go Beyond Pay and Even Rewards," *Academy of Management Executive* 13, no. 2 (1999): 49—57; and E. Whitener, S. Brodt, A. Korsgaard, and J. Werner, "Managers as Initiators of Trust: An Exchange Relationship Framework for Understanding Managerial Trustworthy Behavior," *Academy of Management Review* 23 (1998): 513—530.

12. R. Cross, S. Borgatti, and A. Parker, "Making Invisible Work Visible: Using Social Network Analysis to Support Strategic Collaboration," *California Management Review* 44, no. 2 (2002): 25—46.

## 第七章

1. 对于本章中的许多观点,作者特别感谢鲍勃·托马斯(Bob Thomas),同时需要说明的是,这里所提到的研究工作得到了阿森切尔战略改革研究院(Accenture's Institute for Strategic Change)的资

# 注释

助。

2. 我们根据 R. Yin 在 *Case Study Research: Design and Methods*, 2d ed. (Newbury Park, CA: Sage, 1994) 一书中所介绍的方法，在数据采集工作中利用案例法进行了提纲草稿式调查采访。关于组织背景的有关方面会影响人际网络模式的最初想法起源于我们对以下有关方面的文献所做的仔细研究，这些方面包括：从资源角度来看的企业、组织学习（尤其是那些在组织层面上开展的学习过程当中所涉及到的与途径依赖（path dependence）和行为方式方面有关的想法）、组织设计、文化、领导艺术以及人力资源管理。

3. H. Mintzberg, *Structure in Fives: Designing Effective Organizations* (Englewood Cliffs, NJ: Prentice Hall, 1993).

4. J. Galbraith, *Competing with Flexible Lateral Organizations* (Reading, MA: Addison-Wesley, 1994).

5. R. Grant, "Prospering in Dynamically-competitive Environments: Organizational Capability as Knowledge Integration," *Organization Science* 7 (1996): 375—387; G. Hamel and C. K. Prahalad, *Competing for the Future: Breakthrough Strategies for Seizing Control of Your Industry and Creating the Markets of Tomorrow* (Cambridge, MA: Harvard Business School Press, 1994); and B. Wernerfelt, "A Resource-Based View of the Firm," *Strategic Management Journal* 5 (1984): 171—181.

6. T. Davenport, *Mission Critical* (Boston: Harvard Business School Press, 2000).

7. D. Nadler, M. Gerstein, and R. Shaw, *Organizational Architecture: Designs for Changing Organizations* (San Francisco: Jossey-Bass, 1992); and T. Davenport, R. Thomas, and S. Cantrell, "The Mysterious Art and Science of Knowledge Worker Performance," *Sloan Management Review* 43, no. 4 (2002): 12—21.

8. T. Allen, *Managing the Flow of Technology* (Cambridge, MA: MIT Press, 1977); and P. Monge and N. Contractor, "Emergence of Communication Networks," in *Handbook of Organizational Communication*, 2d ed., eds. F. Jablin and L. Putnam (Thousand Oaks, CA: Sage, 2000).

9. 社会科学的大量研究结果表明了个人人际网络所具有的重要性。个人人际网络作为一项资产,对个人的绩效与事业的发展发挥着十分重要的作用。有关这方面的情况,参见 J. Coleman, "Social Capital in the Creation of Human Capital", *American Journal of Sociology* 94 (1988): S95-S120; R. Burt, *Structural Holes* (Cambridge, MA: Harvard University Press, 1992); and W. Baker, *Achieving Success Through Social Capital: Tapping the Hidden Resources in Your Personal and Business Networks* (San Francisco: Jossey-Bass, 2000). 考虑到人们在利用人际关系寻访信息、学习如何完成他们的工作这些活动方面的重要性,个人人际网络在组织中是一项职业发展计划所必须支持的重要人际资产。

10. T. Brown and K. Iverson, "The Art of Keeping Management Simple: An Interview with Ken Iverson of Nucor Steel," *Harvard Management Update* (May 1988): pp. 2–5.

11. P. Scott-Morgan, *The Unwritten Rules of the Game* (New York: McGraw-Hill, 1994).

## 第八章

1. 本章的内容是根据我们自己的研究工作,以及我们对许多曾经长时间在这方面一直进行研究的人员所进行的采访而形成的。我们尤其需要对他们表示感谢,这些人包括:Paul Adler, Dan Brass, Wayne Baker, Noshir Contractor, Kathleen Carley, Malcolm Gladwell, Ranjay Gulati, Monica Higgins, Herminia Ibarra, David Krackhardt, Valdis Krebs, Nitin Nohria, Larry Prusak, 以及 Barry

# 注释

Wellman（中文译名见本书"致谢"一节——译者注）。同上述人员的讨论是本章内容的闪光之点。

2. B. Gomes-Casseres, "Group Versus Group: How Alliance Networks Compete," *Harvard Business Review* 72 (1994): 62—74; B. Gomes-Casseres, *The Alliance Revolution: The New Shape of Business Rivalry* (Cambridge, MA: Harvard University Press, 1996); J. Moore, *Death of Competition: Leadership and Strategy in the Age of Business Ecosystems* (New York: Harper Business, 1996); and J. Bamford, M. Robinson, and B. Gomes-Casseres, *Mastering Alliance Strategy: A Comprehensive Guide to Design, Management, and Organization* (San Francisco: Jossey-Bass, 2002).

3. R. Gulati, S. Huffman, and G. Neilson, "The Barista Principle: Starbucks and the Rise of Relational Capital," *Strategy and Business* 28 (2002); and R. Gulati, "Network Location and Learning: The Influence of Network Resources and Firm Capabilities on Alliance Formation," *Strategic Management Journal* 20, no. 5 (1999): 397—420.

4. M. Castells, *The Rise of the Network Society*, 2d ed. (Malden, MA: Blackwell Publishers, 2000): 216—302.

5. 对于我们这里所提到的情况，也存在一些明显的例外，参见 M. Burkhardt and D. Brass, "Changing Patterns or Patterns of Change: The Effects of a Change in Technology on Social Network Structure and Power", *Administrative Science Quarterly* 35, no. 1 (1990): 104—127; M. Burkhardt, "Social Interaction Effects Following a Technological Change: A Longitudinal Investigation", *Academy of Management Journal* 37, no. 4 (1994): 869—898; and G. Ahuja, "Collaboration Networks, Structural Holes, and Innovation: A Longitudinal Study", *Administrative Science Quarterly* 45,

no. 3 (2000): 425—455。

6. H. Ibarra, "Homophily and Differential Returns: Sex Differences in Network Structure and Access in an Advertising Firm," *Administrative Science Quarterly* 37 (1992): 471—501; H. Ibarra and S. Andrews, "Power, Social Influence, and Sense Making: Effects of Network Centrality and Proximity on Employee Perceptions," *Administrative Science Quarterly* 38 (1993): 277—303; H. Ibarra, "Race, Opportunity, and Diversity of Social Circles in Managerial Networks," *Academy of Management Journal* 38, no. 3 (1995): 673—703; D. Krackhardt and L. Porter, "When Friends Leave: A Structural Analysis of the Relationship Between Turnover and Stayers' Attitudes," *Administrative Science Quarterly* 30 (1985): 242—261; D. Krackhardt, "The Strength of Strong Ties: The Importance of Philos in Organizations," in *Networks and Organizations: Structures, Form and Action*, eds. N. Nohria and R. Eccles (Boston: Harvard Business School Press, 1992), 216—239; D. Krackhardt and J. Hanson, "Informal Networks: The Company Behind the Chart," *Harvard Business Review* 71, (1993): 104—111; and A. Zaheer, B. McEvily, and V. Perrone, "Does Trust Matter? Exploring the Effects of Interorganizational and Interpersonal Trust on Performance," *Organization Science* 9, no. 2 (1998): 141—159.

7. G. Labianca, D. J. Brass, and B. L. Gray, "Social Networks and Perceptions of Intergroup Conflict: The Role of Negative Relationships and Third Parties," *Academy of Management Journal* 41 (1998): 55—67.

## 附录 A

1. 如果人们保持用同样一种方法来指示他们所列举的人员,或者采用单独一种标识,例如电话号码,来标示每一名关系成员,那么就

# 注释

有可能制作出一张完整的人际网络图来。这样的方法同我们这里所介绍的方法有所不同,它主要依靠数据采集方式,而不是按照人们在其所得到的一张人名单上做出记号的方法。此外,采用这种方法似乎是一种更加有效的途径,因为它可以缩短调查过程所需要的时间。

2. 我们通常采用 Freeman 所介绍的三种网络成员核心程度的计量指标,见 L. Freeman, "Centrality in Social Networks: Conceptual Clarification", *Social Networks* 1 (1979): 215—239。此外,我们认为还有其他一些具有实用价值的人际网络分析的计量指标: structural equivalence, structural holes, 以及几个用于分析网络子集结构的计量指标: cliques, n-cliques 和 n-clans。有关人际网络结构计量分析方法的详细介绍,见 J. Scott, *Social Network Analysis*, 2d ed. (Thousand Oaks, CA: Sage, 2000); and A. Degenne and M. Forsé, *Introducing Social Networks* (London: Sage, 1999)。

# 参考文献

Abrams, L., R. Cross, E. Lesser, and D. Levin. "Nurturing Trust in Knowledge Intensive Work." *The Academy of Management Executives* (in press).

Ahuja, G. "Collaboration Networks, Structural Holes, and Innovation: A Longitudinal Study." *Administrative Science Quarterly* 45, no. 3 (2000): 425–455.

Allen, T. *Managing the Flow of Technology*. Cambridge, MA: MIT Press, 1977.

Argyres, N. S. "The Impact of Information Technology on Coordination: Evidence from the B-2 'Stealth' Bomber." *Organization Science* 10 (1999): 162–180.

Baker, W. *Achieving Success Through Social Capital: Tapping the Hidden Resources in Your Personal and Business Networks*. San Francisco: Jossey-Bass, 2000.

Baker, W., R. Cross, and M. Wooten. "Positive Organizational Network Analysis and Energizing Relationships." In *Positive Organizational Scholarship*, edited by K. Cameron, J. Dutton, and R. Quinn. San Francisco: Berrett-Koehler Publishers, 2003.

Bamford, J., M. Robinson, and B. Gomes-Casseres. *Mastering Alliance Strategy: A Comprehensive Guide to Design, Management, and Organization*. San Francisco: Jossey-Bass, 2002.

Barley, S. "Technology as an Occasion for Structuring: Evidence from Observations of CT Scanners and the Social Order of Radiol-

## 参考文献

ogy Departments." *Administrative Science Quarterly* 31 (1986): 78-108.

Barley, S. "The Alignment of Technology and Structure Through Roles and Networks." *Administrative Science Quarterly* 35 (1990): 61-103.

Bavelas, A. "Communication Patterns in Task-Oriented Groups." *Journal of Acoustical Society of America* 22 (1950): 725-730.

Blau, P. *Exchange and Power in Social Life*. New York: Wiley, 1964.

Borgatti, S., M. G. Everett, and L. C. Freeman. *UCINET for Windows: Software for Social Network Analysis*. Harvard, MA: Analytic Technologies, 2002.

Borgatti, S., and R. Cross. "A Social Network View of Organizational Learning: Relational and Structural Dimensions of 'Know Who.'" *Management Science* 49 (2003): 432-445.

Boyd, J. "The Algebra of Group Kinship." *Journal of Mathematical Psychology* 6 (1969): 139-167.

Brass, D., and M. Burkhardt. "Potential Power and Power Use: An Investigation of Structure and Behavior." *Academy of Management Journal* 36, no. 3 (1993): 441-470.

Brown, J. S., and P. Duguid. "Organizational Learning and Communities-of-Practice: Toward a Unified View of Working, Learning and Innovation." *Organization Science* 2, no. 1 (1991): 40-57.

Brown, T., and K. Iverson. "The Art of Keeping Management Simple: An Interview with Ken Iverson of Nucor Steel." *Harvard Management Update* (May 1988).

Burkhardt, M. "Social Interaction Effects following a Technological Change: A Longitudinal Investigation." *Academy of Manage-*

ment *Journal* 37, no. 4 (1994): 869 – 898.

Burkhardt, M., and D. Brass. "Changing Patterns or Patterns of Change: The Effects of a Change in Technology on Social Network Structure and Power." *Administrative Science Quarterly* 35, no. 1 (1990): 104 – 127.

Burt, R. *Structural Holes*. Cambridge, MA: Harvard University Press, 1992.

Burt, R., J. Jannotta, and J. Mahoney. "Personality Correlates of Structural Holes." *Social Networks* 20 (1998): 63 – 87.

Burt, R., R. Hogarth, and C. Michaud. "The Social Capital of French and American Managers." *Organization Science* 11, no. 2 (2000): 123 – 147.

Butler Jr., J. K. "Toward Understanding and Measuring Conditions of Trust: Evolution of a Conditions of Trust Inventory." *Journal of Management* 17 (1991): 643 – 663.

Casciaro, T. "Seeing Things Clearly: Social Structure, Personality and Accuracy in Social Network Perception." *Social Networks* 20 (1998): 331 – 351.

Castells, M. *The Rise of the Network Society*. 2d ed. Malden, MA: Blackwell Publishers, 2000.

Cohen, D., and L. Prusak. *In Good Company*. Cambridge, MA: Harvard Business School Press, 2001.

Coleman, J. "Social Capital in the Creation of Human Capital." *American Journal of Sociology* 94 (1988): S95 – S120.

Cook, K. S., and R. M. Emerson. "Power, Equity and Commitment in Exchange Networks." *American Sociological Review* 43, no. 5 (1978): 721 – 739.

Cook, K. S., R. M. Emerson, M. R. Gillmore, and T. Yamagishi. "The Distribution of Power in Exchange Networks: Theory and

Experimental Results." *American Journal of Sociology* 89, no. 2 (1983): 275-305.

Cross, R., and L. Baird. "Technology Is Not Enough: Improving Performance by Building Organizational Memory." *Sloan Management Review* 41, no. 3 (2000): 41-54.

Cross, R., and L. Prusak. "The People Who Make Organizations Go—or Stop." *Harvard Business Review* 80, no. 6 (2002): 1-22.

Cross, R., and L. Prusak. "The Political Economy of Knowledge Markets in Organizations." In *Blackwell Handbook of Organizational Learning and Knowledge Management*, edited by M. Lyle and M. Easterby-Smith. Oxford, UK: Blackwell, 2003.

Cross, R., S. Borgatti, and A. Parker. "Making Invisible Work Visible: Using Social Network Analysis to Support Strategic Collaboration." *California Management Review* 44, no. 2 (2002): 25-46.

Cross, R., T. Davenport, and S. Cantrell. "Rising Above the Crowd: How High Performing Knowledge Workers Differentiate Themselves." Working paper, Accenture Institute for Strategic Change, 2003.

Cross, R., W. Baker, and A. Parker. "What Creates Energy in Organizations?" *Sloan Management Review* 44, no. 4(2003): 51-56.

Cross, R., A. Parker, L. Prusak, and S. P. Borgatti. "Knowing What We Know: Supporting Knowledge Creation and Sharing in Social Networks." *Organizational Dynamics* 30, no. 2(2001): 100-120.

Cummings, J., and R. Cross. "Structural Properties of Work Groups and Their Consequences for Performance." *Social Net-*

works 25, no. 3(2003): 197-210.

Davenport, T. *Mission Critical*. Boston: Harvard Business School Press, 2000.

Davenport, T., R. Thomas, and S. Cantrell. "The Mysterious Art and Science of Knowledge Worker Performance." *Sloan Management Review* 43, no. 4 (2002).

Degenne, A., and M. Forsé. *Introducing Social Networks*. London: Sage, 1999.

Dougherty, D. "Interpretive Barriers to Successful Product Innovation in Large Firms." *Organization Science* 3 (1992): 179-202.

Edmunds III, R., P. Ma, and C. Tanio. "Splicing a Cost Squeeze into the Genomics Revolution." *McKinsey Quarterly* 2 (2000).

Emerson, R. M. "Power-Dependence Relations." *American Sociological Review* 27 (1962): 31-41.

Freeman, L. "Centrality in Social Networks: Conceptual Clarification." *Social Networks* 1 (1979): 215-239.

Fukuyama, F. *Trust: The Social Virtues and the Creation of Prosperity*. New York: Free Press, 1995.

Gabbay, S., and R. Leenders. *Social Capital in Organizations*. Stamford, CT: JAI Press, 2001.

Galbraith, J. *Competing with Flexible Lateral Organizations*. Reading, MA: Addison-Wesley, 1994.

Galbraith, J. *Designing Organizations: An Executive Briefing on Strategy, Structure, and Process*. San Francisco: Jossey-Bass, 1995.

Gargiulo, M., and M. Benassi. "Trapped in Your Own Net? Network Cohesion, Structural Holes, and the Adaptation of Social Capital." *Organization Science* 11, no. 2 (2000): 183-196.

Gomes-Casseres, B. "Group Versus Group: How Alliance Networks

## 参考文献

Compete." *Harvard Business Review* 72 (1994): 62-74.

Gomes-Casseres, B. *The Alliance Revolution: The New Shape of Business Rivalry*. Cambridge, MA: Harvard University Press, 1996.

Granovetter, M. "The Strength of Weak Ties." *American Journal of Sociology* 81 (1973): 1287-1303.

Granovetter, M. *Getting a Job: A Study in Contacts and Careers*. 2d ed. Chicago: University of Chicago Press, 1994.

Grant, R. "Prospering in Dynamically-competitive Environments: Organizational Capability as Knowledge Integration." *Organization Science* 7 (1996):375-387.

Gulati, R. "Social Structure and Alliance Formation Patterns: A Longitudinal Analysis." *Administrative Science Quarterly* 40 (1995): 619-652.

Gulati, R. "Network Location and Learning: The Influence of Network Resources and Firm Capabilities on Alliance Formation." *Strategic Management Journal* 20, no. 5 (1999): 397-420.

Gulati, R. "Where Do Interorganizational Networks Come From?" *American Journal of Sociology* 104, no. 5 (1999): 1439-1493.

Gulati, R., S. Huffman, and G. Neilson. "The Barista Principal: Starbucks and the Rise of Relational Capital." *Strategy and Business* 28 (2002).

Hamel, G., and C. K. Prahalad. *Competing for the Future: Breakthrough Strategies for Seizing Control of Your Industry and Creating the Markets of Tomorrow*. Cambridge, MA: Harvard Business School Press, 1994.

Handy, C. *The Age of Paradox*. Boston: Harvard Business School Press, 1994.

Hansen, M. T. "The Search-Transfer Problem: The Role of Weak

Ties in Sharing Knowledge Across Organization Subunits." *Administrative Science Quarterly* 44 (1999): 82–111.

Hansen, M., J. Podolny, and J. Pfeffer. "So Many Ties, So Little Time: A Task Contingency Perspective on Corporate Social Capital in Organizations." In *Research in the Sociology of Organizations*, vol. 18, edited by S. M. Gabbay and R. Leenders. Oxford: Elsevier, 2001.

Heckscher, C. "Defining the Post-bureaucratic Type." In *The Post-bureaucratic Organization: New Perspectives on Organizational Change*, edited by C. Heckscher and A. Donnellon. Thousand Oaks, CA: Sage, 1994.

Ibarra, H. "Homophily and Differential Returns: Sex Differences in Network Structure and Access in an Advertising Firm." *Administrative Science Quarterly* 36 (1992): 471–501.

Ibarra, H. "Race, Opportunity, and Diversity of Social Circles in Managerial Networks." *Academy of Management Journal* 38, no. 3 (1995): 673–703.

Ibarra, H., and S. Andrews. "Power, Social Influence, and Sense Making: Effects of Network Centrality and Proximity on Employee Perceptions." *Administrative Science Quarterly* 38 (1993): 277–303.

Katz, D., and R. Kahn. *The Social Psychology of Organizations*. 2d ed. New York: Wiley, 1978.

Krackhardt, D. "Assessing the Political Landscape: Structure, Cognition, and Power in Organizations." *Administrative Science Quarterly* 35 (1990): 342–369.

Krackhardt, D. "Cognitive Social Structures." *Social Networks* 9 (1987): 109–134.

Krackhardt, D. "The Strength of Strong Ties: The Importance of

Philos in Organizations." In *Networks and Organizations: Structures, Form and Action*, edited by N. Nohria and R. Eccles, 216-239. Boston: Harvard Business School Press, 1992.

Krackhardt, D., and J. Hanson. "Informal Networks: The Company Behind the Chart." *Harvard Business Review* 71 (1993): 104-111.

Krackhardt, D., and L. Porter. "When Friends Leave: A Structural Analysis of the Relationship Between Turnover and Stayers' Attitudes." *Administrative Science Quarterly* 30 (1985): 242-261.

Labianca, G., D. J. Brass, and B. L. Gray. "Social Networks and Perceptions of Intergroup Conflict: The Role of Negative Relationships and Third Parties." *Academy of Management Journal* 41 (1998): 55-67.

Lave, J., and E. Wenger. *Situated Learning: Legitimate Peripheral Participation*. Cambridge, UK: Cambridge University Press, 1991.

Lazersfeld, P., and R. Merton. "Friendship as a Social Process." In *Freedom and Control in Modern Society*, edited by M. Berger. New York: Octagon, 1964.

Leenders, R., and S. Gabbay. *Corporate Social Capital and Liability*. New York: Kluwer, 1999.

Leheny, R. "The Fruits of Genomics: Drug Pipelines Face Indigestion Until the New Biology Ripens." McKinsey Lehman Brothers report, 2001.

Levin, D. "Transferring Knowledge Within the Organization in the R&D Arena." Ph. D. diss., Northwestern University, 1999.

Levin, D., and R. Cross, "The Strength of Weak Ties You Can Trust: The Mediating Role of Trust in Effective Knowledge Transfer." *Management Science*, in press.

Lin, N. "Social Resources and Instrumental Action." In *Social Structure and Network Analysis*, edited by P. Marsden and N. Lin, 131-145. Beverly Hills, CA: Sage, 1982.

Lin, N., K. S. Cook, and R. S. Burt. *Social Capital: Theory and Research*. New York: Aldine de Gruyter, 2001.

Lin, N., W. Ensel, and J. Vaughn. "Social Resources and Strength of Ties: Structural Factors in Occupational Status Attainment." *American Sociological Review* 46 (1981): 393-405.

Linden, A., R. Ball, A. Waldir, and K. Haley. "Gartner's Survey on Managing Information." Note Number: COM-15-0871. Gartner, Inc., 2002.

Locke, E., and G. Latham. *A Theory of Goal Setting and Task Performance*. Englewood Cliffs, NJ: Prentice-Hall, 1990.

Luthans, F., and A. Stajkovic. "Reinforce for Performance: The Need to Go Beyond Pay and Even Rewards." *Academy of Management Executives* 13, no. 2 (1999): 49-57.

Mehra, A., M. Kilduff, and D. Brass. "The Social Networks of High and Low Self-monitors: Implications for Workplace Performance." *Administrative Science Quarterly* 46 (2001): 121-146.

Miles, R., and C. Snow. *Fit, Failure, and the Hall of Fame: How Companies Succeed or Fail*. New York: Free Press, 1994.

Miles, R., and C. Snow. "Network Organizations: New Concepts for New Forms." *California Management Review* 28 (1986): 62-73.

Miles, R., and C. Snow. "The New Network Firm: A Spherical Structure Built on a Human Investment Policy." *Organizational Dynamics* 23, no. 4 (1995): 5-18.

Mintzberg, H. *Structure in Fives: Designing Effective Organizations*. Englewood Cliffs, NJ: Prentice Hall, 1993.

# 参考文献

Mintzberg, H. *The Nature of Managerial Work*. New York: Harper Row, 1973.

Mitchell, J. "The Concept and Use of Social Networks." In *Social Networks in Urban Situations*, edited by J. Mitchell, 1 - 50. Manchester, UK: Manchester University Press, 1969.

Monge, P., and N. Contractor. "Emergence of Communication Networks." In *Handbook of Organizational Communication*, 2d ed., edited by F. Jablin and L. Putnam. Thousand Oaks, CA: Sage, 2000.

Monge, P., and N. Contractor. *Theories of Communication Networks*. New York: Oxford University Press, 2003.

Montgomery, J. "Toward a Role-theoretic Conception of Embeddedness." *American Journal of Sociology* 104 (1998): 92 - 125.

Moore, J. *Death of Competition: Leadership and Strategy in the Age of Business Ecosystems*. New York: Harper Business, 1996.

Moreno, J. *Who Shall Survive*? Washington, DC: Nervous and Mental Disease Publishing Company, 1934.

Nadel, S. *The Theory of Social Structure*. New York: Free Press, 1957.

Nadler, D., M. Gerstein, and R. Shaw. *Organizational Architecture: Designs for Changing Organizations*. San Francisco: Jossey-Bass, 1992.

*New York Times*, 3 Apirl 1933: L 17.

Rogers, E. *Diffusion of Innovations*. 4th ed. New York: Free Press, 1995.

Scott, J. *Social Network Analysis*. 2d ed. Thousand Oaks, CA: Sage Publications, 2000.

Scott-Morgan, P. *The Unwritten Rules of the Game*. New York: McGraw-Hill, 1994.

Shaw, M. "Communication Networks." In *Advances in Experimental Social Psychology*, edited by L. Berkowitz, 111 – 147. New York: Academic Press, 1964.

Simmons, T. "Behavioral Integrity: The Perceived Alignment Between Manager's Words and Deeds as a Research Focus." *Organization Science* 13 (2002): 18 – 35.

Stasser, G. "Discovery of Hidden Profiles by Decision-Making Groups: Solving a Problem Versus Making a Judgement." *Journal of Personality and Social Psychology* 63, no. 3 (1992): 426 – 434.

Stasser, G. "Expert Roles and Information Exchange During Discussion: The Importance of Knowing Who Knows What." *Journal of Experimental Social Psychology* 31 (1995): 244 – 265.

Tsai, W., and S. Ghoshal. "Social Capital and Value Creation: The Role of Intrafirm Networks." *Academy of Management Journal* 41, no. 4 (1998): 464 – 476.

Uzzi, B. "Social Structure and Competition in Interfirm Networks: The Paradox of Embeddedness." *Administrative Science Quarterly* 42 (1997): 35 – 67.

Uzzi, B. "The Sources and Consequences of Embeddedness for the Economic Performance of Organizations: The Network Effect." *American Sociological Review* 61(1996):674 – 698.

Valente, T. *Network Models of the Diffusion of Innovations*. Cresskill, NJ: Hampton Press, 1995.

Wasserman, S., and K. Faust. *Social Network Analysis: Methods and Applications*. Cambridge, UK: Cambridge University Press, 1994.

Wellman, B. "Different Strokes from Different Folks: Community Ties and Social Support." *American Journal of Sociology* 96,

# 参考文献

no. 3 (1990): 558 – 588.

Wellman, B. "The Community Question: The Intimate Networks of East Yorkers." *American Journal of Sociology* 84, no. 5 (1979): 1201 – 1231.

Wellman, B., J. Salaff, D. Dimitrova, L. Garton, M. Gulia, and C. Haythornthwaite. "Computer Networks as Social Networks: Collaborative Work, Telework, and Virtual Community." *Annual Review of Sociology* 22 (1996): 213 – 238.

Wenger, E. *Communities of Practice*. Oxford, UK: Oxford University Press, 1998.

Wenger, E., and W. Snyder. "Communities of Practice: The Organizational Frontier." *Harvard Business Review* 137 (2000): 139 – 145.

Wernerfelt, B. "A Resource Based View of the Firm." *Strategic Management Journal* 5 (1984): 171 – 181.

White, H. *An Anatomy of Kinship*. Englewood Cliffs, NJ: Prentice-Hall, 1963.

Whitener, E., S. Brodt, A. Korsgaard, and J. Werner. "Managers as Initiators of Trust: An Exchange Relationship Framework for Understanding Managerial Trustworthy Behavior." *Academy of Management Review* 23 (1998): 513 – 530.

Yamagishi, T., M. R. Gillmore, and K. S. Cook. "Network Connections and the Distribution of Power in Exchange Networks." *American Journal of Sociology* 93, no. 4 (1988): 833 – 851.

Yin, R. *Case Study Research: Design and Methods*. 2d ed. Newbury Park, CA: Sage, 1994.

Zaheer, A., B. McEvily, and V. Perrone. "Does Trust Matter? Exploring the Effects of Interorganizational and Interpersonal Trust on Performance." *Organization Science* 9, no. 2 (1998):141 – 159.

# 作者简介

　　罗布·克罗斯（Rob Cross）是美国弗吉尼亚州立大学麦金泰尔商学院（the University of Virginia's McIntire School of Commerce）的一位管理学副教授，同时他还指导 IBM 知识与组织绩效论坛开展的人际网络研究计划。在该计划当中，罗布·克罗斯与包括众多行业在内的许多家著名公司以及政府机构组织合作，利用网络研究中的有关概念，解决企业中的关键问题。罗布·克罗斯有关人际网络方面的研究成果发表在著名的杂志上，包括：《哈佛商业评论》(Harvard Business Review)、《斯隆管理评论》(Sloan Management Review)、《加利福尼亚管理评论》(California Management Review)、《组织动力学杂志》(Organizational Dynamics)，以及《经济瞭望》(Business Horizons)。此外，他还在美国及美国以外的许多场合发表演讲、提供咨询，并从事对经理人员的培训工作。

　　安德鲁·帕克（Andrew Parker）是位于美国马萨诸塞州剑桥市的 IBM 知识与组织绩效论坛中一位从事咨询工作的研究人员，他指导了《财富》500 强企业排名中的许多组织以及政府机构组织中的一系列的研究活动。他的研究范围包

## 作者简介

括高级领导成员组织、职能部门组织、工作社区以及合并初期的公司组织。他的研究帮助这些组织了解极其重要的知识创造过程以及如何开展知识共享活动。安德鲁·帕克与他人合作发表了超过10篇以上的论文以及一部关于网络分析的选集。他的文章发表在《斯隆管理评论》(*Sloan Management Review*)、《组织动力学杂志》(*Organizational Dynamics*)以及《加利福尼亚管理评论》(*California Management Review*)上。安德鲁·帕克现在美国斯坦福大学攻读博士学位,他毕业于美国东北大学(Northeastern University)和伦敦经济学院(the London School of Economics)两所大学,并从那里获得学位。